# VOYAGES
## DE
## RICHARD POCKOCKE,

Membre de la Société Royale, & de celle des Antiquités de Londres, &c.

En Orient, dans l'Egypte, l'Arabie, la Palestine, la Syrie, la Grèce, la Thrace, &c. &c. &c.

CONTENANT une description exacte de l'Orient & de plusieurs autres Contrées : comme la France, l'Italie, l'Allemagne, la Pologne, la Hongrie, &c. & des observations intéressantes sur les Mœurs, la Religion, les Loix, le Gouvernement, les Arts, les Sciences, le Commerce, la Géographie & l'Histoire Naturelle & Civile de chaque pays, & généralement sur toutes les curiosités de la Nature & de l'Art qui s'y trouvent :

Traduits de l'Anglois sur la seconde Édition,

Par une Société de Gens de Lettres.

## TOME SEPTIEME.

## A PARIS,
Chez J. P. COSTARD, Libraire, rue Saint-Jean-de-Beauvais.

―――――――――

### M. DCC. LXXIII.
*Avec Approbation, & Privilege du Roi.*

# DESCRIPTION
### DE
## L'ORIENT.

## CHAPITRE III.

*Du cercle de la Haute-Saxe.*

Les édifices publics de *Stralfund* furent détruits pendant le siége de cette place par Charles XII, au sujet duquel nous apprîmes plusieurs particularités intéressantes. Nous fûmes dans l'isle de *Rugen* pour voir l'endroit où se donna la bataille entre les Suédois, les Danois & les Prussiens, & dans laquelle les premiers furent totalement défaits. J'appris que l'on voyoit encore sur la pointe septentrionale de l'isle

Stralfund.

L'isle de Rugen.

*Description de l'Orient*,

Arcona. les ruines de la tour d'*Arcona*, où le fameux pirate *Stechenbechel* avoit fixé sa résidence. La ville fut détruite l'an 1168 par *Woldomar*, Roi de Danemarck.

On compte environ vingt-huit lieues de *Stralsund* en *Suéde*. Le paquebot prend cette route en été, mais l'hiver, que les mers sont glacées, il traverse le *Sund*. M. *Westphal*, libraire, Professeur dans l'Université de *Gripswald*,

Gripswald. au midi de *Stralsund*, nous montra plusieurs urnes de différentes grosseurs, faites comme des cruches de terre, & remplies d'os calcinés. On y trouve des épées pliées, des fers de piques, des queux pour aiguiser les armes, & des cailloux que l'on jettoit probablement avec la fronde. Il me dit qu'il en avoit fait déterrer près de trois cent. On les découvrit pour la premiere fois à *Levenhagen*, environ une lieue au midi de *Gripswal*, en labourant les champs, non point dans des caveaux, mais dans la terre. On n'en trouva qu'une dans une montagne qui est auprès. Il prétend que ce sont des tombeaux des *Vandales*. On voit dans une isle de l'*Oder*,

Wolgast. vis-à-vis *Wolgast*, les ruines d'un magnifique château, où les Ducs de *Wol-*

*& de quelques autres Contrées.*

gaſt faiſoient leur réſidence ; je n'ai rien vu de ſi beau de ma vie. On parle beaucoup de la ſtatue d'une jeune femme que l'on trouva dans un ſouterrein, deux faulx lui ſervoient de bras, & on la faiſoit embraſſer aux criminels, pour qu'elle les coupât en deux.

Nous paſſâmes dans l'iſle d'*Uſedom*, pour voir le fort de *Penemunder*, que le Colonel *Dylep* défendit ſi courageuſement. Il fut cependant pris, mais il ſe fit tuer en combattant, pour ſe conformer à l'ordre que Charles XII lui avoit donné, & que l'on trouva dans ſa poche.

<small>Penemunder.</small>

Étant arrivé dans la *Pologne*, je queſtionnai quelques habitans au ſujet de la *Plique*, qui eſt moins fréquente dans ce canton qu'ailleurs. Ce n'eſt que le bas peuple qui y eſt ſujet. Cette maladie conſiſte dans un entortillement ou entrelacement extraordinaire des cheveux, leſquels ſont tellement collés enſemble, qu'ils forment un ſpectacle monſtrueux. Elle eſt accompagnée de démangeaiſons, & quelquefois de l'enflure de la tête, mais elle n'a rien de dangereux, lorſqu'on laiſſe agir la nature, & elle ſe guérit d'elle même ; mais lorſqu'on coupe les cheveux, ou qu'ils ſe rompent,

<small>La Pologne.</small>

A ij

ils répandent du sang, le malade est attaqué de maux de tête horribles, sa vue s'affoiblit, sa raison s'altere, & il court souvent risque de la vie. Les Polonois l'attribuent à un maléfice, & j'appris qu'on venoit de brûler dix vieilles femmes que l'on soupçonnoit de ce crime.

*Le Marquisat de Brandebourg.* Etant arrivés dans le *Brandebourg*, nous passâmes par quelques domaines des Chevaliers luthériens de S. Jean de Jérusalem, qui dans le tems de la réformation, se séparerent au nombre de six Commandeurs, du Grand-Maître, & élurent le Prince Charles, neveu du premier Roi de Prusse. Je m'informai à *Franckfort* sur l'*Oder* d'une eau qui a la vertu de pétrifier les corps, & de l'*Osteocolle*. On me dit que la premiere ne faisoit seulement qu'endurcir le bois ; & j'appris depuis d'un médecin de *Berlin* qu'on ne trouvoit point d'*Osteocolle* dans ce canton, & que ce qu'on disoit de la premiere de cette eau, étoit une pure fiction.

*Franckfort.*

*Berlin.* La nouvelle ville de *Berlin*, ses palais, les richesses qu'ils renferment, la bibliothéque, la salle où s'assemblent les membres de l'Académie des sciences, l'arsenal, &c. sont dignes de la curiosité des étrangers, & il n'y en a aucun qui ne le connoisse. Le fameux *Puffendorff* est enterré dans l'Eglise de S. Nicolas, avec cet épitaphe sur son tombeau :

Dⁿʳ· Samuelis lib. Baron de Puffendorff, Consil. intimi Sereniss. Elect. Brand. ossa heic recubant anima cœlo recepta. fama per totum orbem volitat. Natus 15, 8 Jan. 1632. Mortuus 26. Oct. 1694.

Le Roi de Prusse a une maniere toute particuliere de recruter ses armées. Certain nombre de paroisses ont ordre de fournir tant d'hommes pour former une compagnie, & il est permis aux officiers d'enrôler celui qui leur plaît, sans en excepter les enfans qui sont au berceau, sauf à les renvoyer lorsqu'ils n'ont pas la taille requise. Tous les fils des gentilshommes sont obligés de servir, & lorsqu'un officier subalterne déserte, on le pend en effigie dans la place publique. La verrerie qui étoit à *Potsdam* a été transférée à *Rispen*, à cause de la commodité du chauffage. On y fabrique des verres qui coûtent jusqu'à cent cinquante livres la piece : on y contrefait aussi le Grenat. Je vis à *Potsdam* parmi les grenadiers du Roi, un nommé *Kirkland*, natif de la Comté de *Longford* en *Irlande*, & quoiqu'il n'eût que vingt-sept ans, il avoit sept pieds trois pouces de haut, & son gras de jambe un pied huit pouces de circonférence. Il étoit très-fort & très-bien proportionné. On croit que les *Lombards*, qui envahirent l'*Italie*, & qui ont donné leur nom à sa partie septentrionale, étoient originaires du Marquisat de *Brandebourg*.

*Luther* & *Melanchthon* sont enterrés à *Wittenberg*. On y voit encore la maison du D<sup>r</sup>. *Faustus*, au sujet duquel on débite quantité d'histoires. Il y a des mines de cuivre près de *Mansfeld* & d'*Eisleben*. La mine est une pierre noire dans laquelle on trouve souvent des figures de poissons, & même quelque peu d'argent. Le palais des Comtes est bâti d'un dendrite, rempli de figures d'arbres. *Luther* étoit natif d'*Eisleben*. Il y a un ruisseau d'eau salée qui prend sa source dans les mines, & va se jetter dans le lac d'*Eisleben*, dont l'eau est pareillement salée, ce qui n'empêche pas qu'on n'y trouve divers végétaux, quantité de carpes & autres poissons d'eau douce.

Il y a à *Hall* plusieurs sources d'eau salée, qui fournissent quantité de sel, une fameuse Université & une maison pour les orphelins où l'on enseigne la grammaire & la philosophie. Elle fut fondée l'an 1697 par le Dr. *Frank*, & elle a depuis augmenté considérablement. On y éleve & nourrit gratuitement cent & onze orphelins, & en outre trois cent quarante-huit étudians, dont cent étudient la théologie, vingt-quatre domestiques, & quarante pauvres filles orphelines. Il y deux cent & quatre-vingt pensionnaires qui mangent à part, & qui payent une somme modique pour leur nourriture & leur logement. L'autre partie, qu'on appelle le *Pédagogue*, est pour les jeunes gens de condition. Ils logent de six en six avec leur maître, & il y a deux tables pour eux. Les étudians se levent à cinq heures, prient Dieu dans leurs chambres jusqu'à six, déjeûnent à neuf, dînent à midi, soupent à sept heures, disent leurs prieres à neuf & se couchent à dix. Ils ont trois jours de vacance par semaine, & ils en profitent pour aller se promener avec leurs maîtres. On leur en-

Hall.

A iv

seigne le latin, le grec, l'hébreu, & ils se rendent aux écoles publiques pour étudier la philosophie. Les orphelins & ceux qui composent la seconde société, s'occupent dans les heures de loisir à scier du bois. Ceux du *Pédagoge* ont différens amusemens, comme le jardinage, le tour, le dessein, la peinture, l'anatomie, la botanique, la physique expérimentale, la partie pratique de l'astronomie, laquelle consiste à polir des verres, à construire des télescopes & autres instrumens semblables. Ils apprennent aussi la musique, & donnent des concerts deux fois par semaine, mais il leur est défendu de sortir sans permission. Le dimanche est destiné à la priere & aux autres exercices de dévotion. On les invite la derniere année à assister aux leçons que l'on donne sur l'Ecriture Sainte, afin qu'ils se perfectionnent dans les langues grecque & hébraïque. Après qu'ils ont achevé leur cours de philosophie, ils vont à l'Université pour y étudier les sciences relatives à la profession qu'ils veulent embrasser. En un mot, cet établissement est le plus beau que je connoisse. On compte deux mille étudians dans cette Université. J'eus le plaisir de lier con-

*& de quelques autres Contrées.*

noiſſance avec Mr. *Jean-Philippe Barratiere*, jeune homme d'un ſçavoir prodigieux, que le lecteur me ſçaura ſûrement gré de lui faire connoître. Il naquit à *Swoback*, qui eſt quatre lieues au couchant de *Nurenberg*, le 19 Janvier 1721. Son pere étoit de *Romans* dans le *Dauphiné*, & miniſtre de l'égliſe françoiſe à *Hall* : ſa mere étoit de *Châlons-ſur-Marne* dans la *Champagne*. Le françois étoit ſa langue maternelle, & il ne fut pas plutôt en état de parler, que ſon pere lui montra le latin & le grec, dans leſquels il fit les progrès les plus rapides. Il commença à ſix ans à étudier l'hébreu, le chaldéen, le ſyriaque & l'arabe. Lorſqu'il fut au fait de ces langues, il s'adonna à l'étude de l'hiſtoire, ſurtout à celle de l'Egliſe. Il lut quantité d'hiſtoriens, entr'autres Joſephe, Tillemont, tous les auteurs claſſiques, & enſuite les écrits des Peres de l'Egliſe. Il étudia la philoſophe, la théologie & la critique, & il poſſédoit à onze ans toutes les différentes connoiſſances dont je viens de parler. On obſervera qu'il ne lut jamais aucune Grammaire, & qu'il n'eut d'autre maître que ſon pere. Il liſoit un volume in-folio en douze jours, & il avoit une mémoire ſi prodigieuſe,

A v

qu'il se rappelloit à l'instant tous les faits, & qu'il lui suffisoit de lire une histoire deux fois, pour sçavoir tout ce qu'elle contenoit. Il aimoit beaucoup à dormir, il se couchoit à huit heures, & se levoit à neuf, & il employoit le reste de son tems à la lecture. Il ne se promenoit jamais qu'un livre à la main ; il aimoit naturellement la solitude, & n'avoit aucun goût pour les divertissemens, de quelque nature qu'ils fussent. Les mathématiques & l'astronomie étoient ses études favorites, & il possédoit parfaitement ces deux sciences à l'âge d'onze ans. Il se plaisoit aussi beaucoup à l'étude de l'histoire & de la philosophie. Il entreprit à onze ans de traduire d'hébreu en françois les voyages du Rabbin Benjamin, qu'il publia en un volume *in*-12 de dix-huit feuilles, avec huit dissertations historiques & philologiques, qui contenoient vingt-quatre feuilles. Il ne mit qu'un mois à cette traduction, quoiqu'il n'y travaillât que deux heures par jour ; les notes & les huit dissertions ne l'occuperent que deux mois, de maniere qu'il eut fini le tout dans les deux derniers mois de sa onzieme année, & dans le premier de sa douzieme : mais son ouvrage ne parut qu'en 1734 : on fait beaucoup de cas de ſes diſſertations. A l'âge de treize ans, il entreprit de réfuter en latin ce que *Grellius* le Socinien a écrit ſur le commencement du premier chapitre de l'Evangile de Saint Jean, ſous ce titre : *Initium Evangelii Sancti Joannis Apoſtoli ex antiquitate eccleſiaſtica reſtitutum, indidemque nova ratione illuſtratum.* Son livre contient trente-quatre feuilles *in-*12, il y fait paroître beaucoup de jugement, une grande connoiſſance de la langue hébraïque, de l'hiſtoire & des Peres, & ſur-tout beaucoup de zele pour ſa religion. Le latin dans lequel il eſt écrit, lui étoit auſſi familier que ſa langue maternelle. Il a pour titre *Ante Artemonius*, & il a été imprimé à *Nurenberg* en 1735. Il compoſa la préface le dernier jour de ſa quatorzieme année. Son pere ayant été appellé vers le printems de la même année pour deſſervir l'égliſe françoiſe de *Stetin*, il paſſa par *Hall*, ce qui donna occaſion à ſon fils de ſe faire connoître aux Profeſſeurs de cette Univerſité : ils furent tellement étonnés de ſon ſçavoir & de ſon érudition, qu'ils en parlerent au Roi, qui, pour l'attacher à cette Univerſité, le nomma Miniſtre de l'égliſe françoiſe. Ce fut là

qu'il commença à étudier la philosophie de Wolf, de Malebranche, de
Descartes, de *Newton*, l'algébre, les
mathématiques & l'astronomie. Il regardoit l'algébre comme une étude séche, & abstraite, aussi l'abandonna-t-il
pour se livrer à celle de l'astronomie
& de l'histoire ancienne. Il ne sçavoit
point encore bien l'allemand lorsqu'il
arriva à *Hall*, mais lorsque nous le vîmes, il possédoit parfaitement cette langue & entendoit assez l'anglois pour
lire les écrits de Newton & de Pope; il
entendoit aussi l'égyptien, mais il n'en
fit jamais son étude. Après qu'il fut
fixé à *Hall*, il étudia l'histoire de tous
les Empereurs Romains, & lut plus de
cent volumes. Le Roi lui conseilla
d'étudier le droit, & quoique cette
science ne fût pas de son goût, il y
fit assez de progrès pour composer un
Traité des loix naturelles, dont il con-
fia l'examen à la société royale de Berlin, dont il étoit membre. J'ai appris
toutes ces particularités de sa propre
bouche, & je lui ai vu traduire en latin
quantité de passages d'Auteurs Orientaux, avec autant de facilité que d'élé-
gance. On trouvoit toujours à profiter
dans sa conversation. Il publia en latin,

## & de quelques autres Contrées.

à l'âge de dix-huit ans, une chronologie des Papes, à laquelle il joignit quatre diſſertations, ſçavoir deux ſur les conſtitutions Apoſtoliques, la troiſieme ſur les écrits de Denis, qu'on appelle improprement l'Aréopagite & la quatrieme ſur Agrippa le jeune, Roi de Judée. Il étoit d'une taille médiocre pour ſon âge; il avoit la phyſionomie modeſte & ſpirituelle, les yeux fort beaux, & une contenance grave & décente; il avoit la répartie prompte & parloit avec beaucoup de facilité. Il avoit obtenu le grade de Maître ès Arts à *Hall*. La foibleſſe de ſon tempérament le rendoit ſujet à de fréquens maux de tête, & ſur-tout lorſqu'il avoit trop lu. On avoit été obligé quelque tems auparavant de lui couper la moitié de l'index de la main gauche, à l'occaſion d'une humeur ſcrophuleuſe qui ſe jetta deſſus. Cette opération n'arrêta point les progrès de l'humeur, & le mal empira au point qu'il mourut le 5 d'Octobre 1640, dans ſa 20 année.

L'Empereur *Rodolphe* eſt enterré dans la Cathédrale de *Merſbourg* avec la main gauche dont l'amputation lui cauſa la mort. Il la prit avant que de mourir & fit quelques réflexions ſur l'audace qu'il

Mersbourg

avoit eue de la lever contre l'Empereur Henri IV, son Seigneur & maître légitime, que l'on punit comme il le méritoit.

**Leipsick.** On voit dans la bibliothéque de l'Université de *Leipsick* une statue de bois noir du dieu *Paster* des Germains, qu'on appelloit aussi *Benstardon Benstrie*. On la trouva à *Rattenberg*. Elle a environ deux pieds de hauteur, & le même enbonpoint que *Bacchus*. Il a la tête un peu élevée, la main droite posée dessus, & la gauche appuyée sur son genou. On en a fait une copie en bronze qui est actuellement dans le palais du Prince de *Swarzbourg*. Nous fumes à *Altramstad*, où le Roi Charles XII campa pendant une année entiere, & où l'on conclut deux fameux traités. Entre cet endroit & *Lutzen* est le champ de bataille où *Gustave-Adolphe* fut tué. On y a élevé un monument, mais sans inscription.

**Meissen.** C'est à *Meissen* qu'est la manufacture de porcelaine de Saxe. On ne m'y montra que ce qu'on a coutume de montrer à tous les étrangers, & voici ce que j'appris à son sujet. Un garçon apothicaire de *Berlin*, nommé *Bedker*, trouva le moyen de se faire donner par un

Juif une poudre ou teinture, qui, à ce qu'on prétend, convertiſſoit les métaux en or. Le Roi de Pruſſe lui donna ordre de venir à la cour, où il le fit garder à vue, mais il trouva le moyen de ſe ſauver à *Wittenberg*, où le Roi de Pologne le fit arrêter, & enfermer dans le château de *Konigſtein* La teinture lui ayant enfin manqué, il fit différens eſſais ſur les terres de *Saxe*, & trouva enfin le ſecret d'en faire de la porcelaine. Le Roi fut ſi content de cette découverte, qu'il le créa Baron, & lui aſſigna des appointemens conſidérables. Cette manufacture fut établie il y a quarante ans; & il n'y en a que vingt que l'inventeur eſt mort. Elle appartient au Roi; il n'y a qu'un ſeul endroit à *Dreſde* & à *Leipſick* où on la vende, & la plus commune eſt auſſi chere que celle de la Chine en Angleterre. On ne fit d'abord que la porcelaine rouge non verniſſée, mais auſſi polie que du marbre; on l'a abandonnée depuis. On y fait des tuyaux d'orgue, des ſtatues de trois pieds de hauteur, & différentes eſpeces d'animaux & d'oiſeaux avec leurs couleurs naturelles, & autres pieces ſemblables.

Il y a quantité de vignobles ſur les

montagnes de *Drefde*, mais le vin qu'on y boit eſt mêlé avec de l'eau-de-vie. Il y a à *Freidberg*, à une petite journée de *Drefde*, pluſieurs mines d'argent, de cuivre, de plomb, d'antimoine & d'arſenic, qui appartiennent à l'Electeur de Saxe, & qu'on exploite d'une maniere particuliere. La ſépulture de la famille Electorale étoit autrefois à *Meiſ-ſen*; elle eſt aujourd'hui à *Fridberg*. J'ai appris que l'on fabriquoit à *Sneeberg*, avec le *Cobalth*, de l'émail bleu. On trouve en Saxe pluſieurs belles ſortes de marbres, entr'autres un marbre verd fort tendre, appellé *Serpentine*, dont on fait divers petits uſtencilcs. On y trouve auſſi du jaſpe, de l'agathe, de l'asbeſte & une grande quantité de pierres précieuſes, comme des améthyſtes, des topaſes, des opales, des chalcédoines, & dans quelques rivieres du *Voigtland*, de la poudre d'or.

Drefde.   Tous ceux qui ont été en Allemagne connoiſſent la ville de *Drefde*, & il faudroit un volume entier pour en décrire toutes les beautés. Il y a à *Zuinger-Garten* une très-belle collection de curioſités naturelles & artificielles, d'inſtrumens de mathématiques & d'eſtampes. Le tréſor du Roi renferme ce qu'il y a de plus curieux & de plus précieux dans les arts, & en fait de bijoux. On voit dans un autre endroit une collection de *Harnois* de chevaux & de différentes sortes d'armes. Le *Palais d'Hollande*, qu'on appelle aussi le *Palais des Indes*, contient tout ce qu'il y a de plus curieux à la Chine & au Japon, & quantité de pieces de porcelaines de *Dresde*; tous les meubles sont d'étoffes des Indes. Le petit palais de Turquie est entiérement meublé à la Turque, & orné de peintures relatives à ces contrées. Le palais du Grand Jardin, qui est hors de la ville, est rempli d'une infinité de pieces antiques. Il est bâti au milieu d'un jardin, orné de quantité de bustes. Une partie du palais de *Pilenitz*, qui est à trois lieues de la ville est bâti dans le goût Chinois. Le pont de l'*Elbe*, que le feu Roi fit élargir, est un des plus beaux qu'il y ait en Europe : il a quatre cent quarante pieds de long sur trente-six de large, il est composé de neuf arches, & entiérement bâti de pierres de taille. Il y a de chaque côté un chemin pour les gens de pied. Ceux qui sortent de la ville passent d'un côté, & ceux qui y viennent de l'autre, ce qui prévient tout embarras. Pour cet effet, il y a à chaque extrémité une barriere qui occupe la moitié de la longueur du pont, qu'on n'ouvre que pour ceux qui suivent le chemin qui leur est indiqué.

*Koningstein.* Le fort de *Koningstein*, qui est à côté du chemin de la *Bohême*, est bâti sur un rocher perpendiculaire, qui a depuis cent jusqu'à trois cent pieds de hauteur, & environ un demi-mille de circuit. Aucun étranger ne peut y entrer sans la permission du Gouverneur de *Dresde*. La montée en est curieuse & difficile. On y voit un puits creusé dans le roc, qui a, dit-on, six cent pieds de profondeur. Ce château est encore fameux par la Tonne que le feu Roi y a fait construire. Les douves ont près d'un pied d'épaisseur; elle a trente pieds de long, & les ornemens en sont fort beaux. Elle est toujours remplie de vin du Rhin, & elle contient quatre cent soixante-dix muids, & par conséquent quatre-vingt de plus que celle d'*Heidelberg*.

# CHAPITRE IV.

## De la Bohême.

LORSQUE nous fûmes arrivés de l'autre côté des montagnes de *Bohême*, nous ne pûmes nous lasser d'admirer la beauté du pays. Nous ne pûmes aller à *Teplitz* à cause du mauvais chemin & de la neige qui étoit tombée. Cette ville est fameuse pour ses bains chauds, & pour ses carrieres de craie. La *Bohême* fut d'abord habitée par les *Boïens* & ensuite par les *Marcomans*. La situation de *Prague*, que l'on croit être l'ancien *Marobudunum*, est la plus belle qu'il soit possible d'imaginer. L'ancienne ville étoit probablement sur la hauteur de *Vissherad*, où étoit le château des Ducs de *Bohême*; le Roi *Wratislas* y fit bâtir une Eglise en 1088. C'est dans la Cathédrale que sont les tombeaux des Rois de *Bohême*, & ceux des deux Patrons du pays, sçavoir, *Wenceslas* & *Saint Jean Népomuscene*.

La chapelle du premier est incrustée de plusieurs sortes de jaspes de *Bohême*, parmi lesquels sont des améthystes & des agathes, mais assez mal distribuées. La châsse du second est ornée de figures & autres ornemens en argent. C'est dans la même Eglise que se fait le couronnement des Rois & des Reines de *Bohême* par les mains de l'Archevêque & l'Abbesse de S. George. *Jean Huss* étoit Curé de l'Eglise de *Saint Gal*; on y montre son calice; sa chaire & plusieurs manuscrits de ses sectateurs & de ceux de *Wickleff*. Le Collége des Jésuites est un des plus vastes qu'il y ait dans l'Europe. Les Franciscains Irlandois y ont un couvent composé d'environ soixante dix religieux. Le fameux *Tycho-Brahé* est enterré dans l'Eglise de *Toyna*; il étoit attaché à Rodolphe II, qui le combla de bienfaits. Il est représenté en relief avec une cotte d'arme de maille, la main gauche appuyée sur la garde de son épée, & la droite sur un globe. Il a autour du cou une chaîne, d'où pend une médaille. Voici l'inscription qui est autour:

ANNO DOMINI 1603, DIE 24
OCTOBRIS OBIIT ILLUSTRIS ET

GENEROSUS TYCHO-BRAHE DNS.
IN KNUDSTRUP SACRÆ CÆSA-
REÆ. MAJESTATIS CONSILIARIUS
CUJUS OSSA HIC REQUIESCUNT.

Il y a au-deſſus un autre monument de marbre avec une longue épitaphe deſſus. L'Univerſité de *Prague* eſt compoſée de ſix mille étudians ; & l'on dit qu'il y en avoit autrefois trente mille. On voit dans la cour du palais royal une très-belle ſtatue de Saint George, qui fut fondue l'an 1333. L'Obſervatoire qui eſt dans le jardin, à quelques défauts près, peut paſſer pour un excellent morceau d'architecture. Ce fut, ſi je ne me trompe, Ticho-Brahé qui le fit bâtir, & qui l'appropria à ſon uſage. Le palais des Comtes de *Lobkowitz*, de *Webna*, de *Coloutrat*, de l'Archevêque, & des Norbertins, ſont dignes de la curioſité des étrangers; les autres ſont de mauvais goût. Ceux des Comtes *Hallaſti* & *Straka* ſont fort vaſtes, mais le plus magnifique eſt celui du prince *Tſchemen*.

Le pont de *Prague* ſur la *Muldaw*, eſt un des plus beaux de l'Europe. Il fut commencé par l'Empereur Charles

Le Pont.

IV, l'an 1357, & ne fut achevé qu'en 1502. Il a 1580 pieds de long, & 30 pieds 4 pouces de large ; il est composé de dix-sept arches, & entiérement bâti de pierres de taille. On a placé des deux côtés sur chaque pile la statue d'un Saint.

L'Hôpital. On a commencé près de la ville un hôpital magnifique pour les malades & les infirmes, composé de treize cours, dont deux sont achevées. Les Comtes de *Pelting* ont à une lieue au nord de *Prague*, un palais appellé *Troya*, dont l'architecture est fort bonne. Nous vîmes à *Wessenberg* ( la montagne blanche ) l'endroit où les impériaux, commandés par Ferdinand II, battirent l'Electeur Palatin Frédéric, qui avoit épousé la fille de Jacques I, Roi d'Angleterre. Ce dernier perdit le Royaume de *Bohême* & son Palatinat, après avoir été couronné à *Prague*, & les conquérans bâtirent un Eglise sur le champ de bataille. Près de là est le parc d'*Eynstern*, dont le bâtiment a la figure d'une étoile. Il est à trois étages & à six pointes. Il y a six appartemens en forme de lozange, avec une salle ronde au milieu. Les plafonds des appartemens du plein pied sont ornés de compartimens en

*& de quelques autres Contrées.* 23
relief, qui repréfentent divers fujets hiftoriques, l'étage du milieu n'a point
d'ornemens, & au haut eft une falle où
eft repréfentée la bataille dont je viens
de parler.

On prétend que *Prague* eft, après Nobleffe
Rome, Londres & Paris, la plus belle de Prague.
ville de l'Europe. La Nobleffe y vit
fplendidement, & d'une maniere con-
venable à fon rang ; & la campagne y
eft fi agréable, que la plûpart des chefs
de famille refufent des emplois, de
crainte d'être obligés d'en fortir.

Il y a à *Carlsbad* deux fources mi- Carlsbad.
nérales, dont une qui eft extrémement
chaude, eft dans le lit même de la riviere. Elle laiffe par-tout où elle paffe
un fédiment qui prend un auffi beau
poli que le jafpe. Cela vient probablement des particules pierreufes & minérales que l'eau charrie avec elle. On
trouva dernierement en creufant les
fondemens d'une maifon une efpece de
pierre blanche fort tendre, dans laquelle étoient quantité de petits cailloux
blancs & ronds comme des pois, parmi
lefquels il s'en trouva qui avoient la forme d'un œuf. Ces cailloux étoient compofés de plufieurs enveloppes minces,
difpofées par couches. L'eau des bains

forme sur sa surface une pellicule de l'épaisseur d'une gaufre, qui étant séche, se réduit en poussiere. On prétend que cette eau minérale est un composé de craie, de bol rouge, de nitre, d'alun, de vitriol, de fer & d'esprit de soufre volatil. La source du moulin, qui est à quelque distance, est de même nature, moins chaude & moins chargée de particules minérales. On s'en sert en guise de bain & de boisson sur le lieu, & on la dit bonne pour les personnes d'un tempéramment chaud & foible ; les autres conviennent davantage à celles d'un tempérament froid & robuste. Ces eaux en général passent pour lever les obstructions, pour chasser la gravelle, & pour faire cesser la stérilité. Il y a à un demi-mille de la ville une fontaine, qu'on appelle *la fontaine aigre*, dont l'eau est chalybée, & aussi forte que celle de *Spa*. On en boit avec du vin, & elle a une qualité purgative. Il y en a une autre à deux lieues de *Slackenwald*, qui posséde les mêmes propriétés, & que l'on boit à *Carlsbad* avec du vin. Le Prince de *Bade* y a un trèsbeau palais. Le régime que l'on observe en prenant ces eaux est extrémement désagréable. On y trouve quantité de

noblesse

*& de quelques autres Contrées.*

noblesse des environs, sur-tout de Saxe & de Bohême, & le Czar Pierre y fut trois fois pour en boire. On fabrique à *Carlsbad* des manches de couteaux damasquinés, & de la vaisselle d'étain, que l'on tire des mines de *Slackenweld*; cette derniere est fort estimée. Il y a aussi des mines d'étain à *Shonfield* & à *Lauterback*, & une fonderie à *Crazlitz*, qui est à six milles.

Nous trouvâmes à cinq lieues de *Carlsbad*, sur le chemin d'*Egra*, près du village d'*Hammersberg*, une fontaine d'eau chalybée, moins forte que celle de *Spa*, & plus loin une source minérale. Il y a à *Shonbach*, près des frontieres de la Saxe plusieurs mines de cinnabre, dont on tire du vif-argent; & à une lieue au nord d'*Egra* une source d'eau minérale de même nature que celle de *Pirmont*, dont on use en guise de bain & de boisson. Il y en a une autre auprès, dont l'eau est trouble, & qui ne sert que pour les bains. Quelques-uns croient qu'*Egra* est l'ancien *Usbium*; d'autres le placent à *Besenbeug* sur le *Danube*, vis-à-vis d'*Ips*.

La Bohême est gouvernée par un *Burgrave* ou Viceroi, & par le Conseil de *Prague*. Tous les gentilhommes font

*Tome VII.*          B

valoir eux-mêmes leurs terres, & tous les payfans font ferfs. Ils ne peuvent fe marier ni tefter fans le confentement de leurs Seigneurs, auffi les haïffent-ils fouverainement. Le Prince profite de cette difpofition d'efprit pour contenir la nobleffe dans fon devoir, car elle craint toujours qu'il ne rende la liberté aux vaffaux. Le criftal de *Bohême* eft prefqu'auffi beau que celui d'Angleterre ; on taille les verres à *Breflau*, & j'en ai vu un dont la façon feule avoit coûté vingt livres fterling. On trouve quantité de curiofités naturelles dans la *Bohême*, indépendamment de celles dont j'ai parlé. Il y a au couchant de *Prague* près de *Kutenberg*, des mines d'argent mêlé de cuivre, où l'on trouve une efpece de criftal que l'on croit être formé par les fleurs du cuivre ; on y trouvoit auffi autrefois de l'antimoine. Il y a auffi des mines d'argent à *Joachamfdale*, qui eft fix lieues au nord de *Carlfbad*, & une efpece de terre appellée *Medulla Saxi*, qui prend le même poli que le marbre. J'oubliai de demander fi ce n'étoit pas ce qu'on appelle communément de la *Serpentine*. C'eft dans les environs que font les montagnes de grenats, qui contiennent de l'argent & du fer. Les grenats de *Bohême* font les plus eſtimés. Cette contrée produit auſſi quantité de pierres précieuſes, entr'autres des améthiſtes, des opales, des topaſes, & du très-beau criſtal de roche, parmi lequel il s'en trouve de jaune que l'on vend pour des topaſes

## CHAPITRE V.

### *Le Cercle de Baviere.*

Le Danube.
ÉTANT arrivés près d'*Egra*, nous entrâmes dans le haut Palatinat de *Baviere* & nous vîmes à *Waldsassen* une très-belle Abbaye de l'ordre de Citeaux. Nous vînmes de là dans la basse *Baviere*, & à *Ratisbonne* sur le *Danube*, auquel Appien donne le nom d'*Ister*, depuis le confluent de la *Save*, & Strabon depuis la cataracte qui est près d'*Axiopolis*. Nous entrâmes ici dans

La Vindélicie.
l'ancienne *Vindélicie*, ainsi appellée des rivieres *Vinde* & *Lycus*, qui se joignent au-dessous d'*Augsbourg*. Les Romains ayant conquis cette contrée de même que la *Rhétie*, ils en firent une province sous le nom de la derniere, & appellerent les habitans de la premiere *Rhæti Vindelici*.

Ratisbonne.
*Ratisbonne* s'appelloit *Reginum* du nom de la riviere qui se jette dans le *Danube*. *Castra Reginensia* étoit auprès. Elle devint la capitale des *Boïens* qui se

fixerent dans ces contrées, après qu'ils eurent été chassés de la *Bohême*. On croit qu'elle s'appelloit aussi *Augusta Tiberii*, à cause d'une colonie que Tibere y envoya. Cette ville étoit la station de la troisieme légion italique, d'où vient qu'on l'appella *Quartanorum Colonia*. Il y a une Abbaye Ecossoise à *Ratisbonne*. Son pont passe pour le plus beau qui soit sur le *Danube*; il est composé de quinze arches, & il a environ trois cens cinquante verges de long, sur huit de large.

Nous nous embarquâmes sur le *Danube* pour nous rendre à *Vienne*. On peut faire ce voyage en très-peu de tems, parce que les bateaux font une lieue & demie par heure; mais ceux qui portent les marchandises, sont près d'un mois à remonter ce fleuve.

Il y a à quatre lieues au-dessous de *Ratisbonne* un village appellé *Aubourg* dont la situation s'accorde avec celle d'*Augustana Castra*. Je crois que *Straubing* est *Serviodunum*. On ne peut rien voir de plus beau que les vitres de la Collégiale pour les peintures & la correction du dessin. Nous passâmes par *Osterhoven*, que l'on croit être *Petrensia Castra*. On place *Quintiana* à *Kin-*

*Aubourg.*

*Straubing.*

Paſſau. ʒen. *Paſſau*, que les Latins appelloient *Batava Caſtra*, eſt ſur l'*Inn* ou l'*Ænus* des anciens, & *Noricum* à l'orient. Cette ville étoit autrefois fameuſe par ſes mines de ſel, & par les épées qu'on y fabriquoit. *Boiodurum* étoit de l'autre côté ſur l'*Inn*. Les habitans de ces contrées ont beaucoup de dévotion pour une Vierge qui eſt à *Paſſau*. On voit dans une muraille qui eſt près de la Cathédrale une tête coloſſale de pierre, que l'on croit être celle d'une ancienne ſtatue de Saint Chriſtophe. On débite pluſieurs hiſtoires à ſon ſujet. L'*Ilʒ* ſe jette dans le *Danube* vis-à-vis de *Paſſau*. On y trouve des perles qui ont un œil noirâtre, mais dont quelques-unes ne ſont point inférieures à celles d'Orient. L'eau de cette riviere paſſe pour être fort ſaine, & pour guérir les écrouelles. Elle eſt de couleur noirâtre. Celle de l'*Inn* eſt d'un verd pâle, celle du *Danube* jaune; & l'on diſtingue leurs couleurs avant qu'elles prennent leur cours dans le même lit.

# CHAPITRE VI.

## De la Haute & de la Basse Autriche.

Lintz. **L**INTZ est sûrement le même que *Lentia*. On m'a dit qu'on avoit trouvé un chemin Romain qui alloit à *Saltzbourg*, & une colonne itinéraire. C'est une très-belle ville, l'Archiduc d'Autriche y a un palais, & les Chevaliers de l'ordre Teutonique un Prieuré, ou une Commanderie. *Lintz* est fameuse pour ses canons de fusils, & il y a une manufacture de draps & d'étoffes de soie. *Enns* s'appelloit *Anasus* Enns. dans le moyen âge; & la riviere sur laquelle elle est située s'appelle encore *Enns*.

Lorch. On voit encore à *Lorch*, qui est à un demi-mille au midi des murailles de cette ville, quelques restes de l'ancien *Lauriacum*, qu'on appelloit aussi *Aureliana Lauriacensis*. C'étoit là, & à *Lentia*, que campoit la seconde lé-

B iv

gion. Lorsque les Empereurs Romains passerent en-deçà des Alpes, ils résiderent d'abord à *Sirmium*, & ensuite dans la ville dont je viens de parler ; & il y a tout lieu de croire que la cohorte Prétorienne y avoit aussi ses quartiers. Les *Huns* saccagerent cette ville l'an 570, & elle fut entiérement rasée l'an 737, à l'exception de la Cathédrale. On voit, dans l'encoignure nord-ouest de l'ancienne ville, des vestiges d'un fossé, qui s'étend jusqu'à l'Eglise de *Saint Nicolas de Lorch*, & forme un vaste circuit. Ce peut être le reste des anciennes murailles ; car l'on trouve dans ces ruines quantité de médailles d'argent du bas Empire. Il y a deux reliefs, dont l'un dans la Cathédrale, & l'autre dans la ville d'*Enns*. Je vis les lignes que l'on construisit depuis *Enns*, pour s'opposer aux progrès des Turcs (*a*). Il

---

(*a*) Quelques-uns prétendent qu'*Aschaw*, près de *Lintz*, est *Jovidum*, & *Erlack Elegium* ; *Lacus* ou plutôt *Locus Felicis*, *Oberwels*, que je crois être *Niderwall Sée* dans la carte d'*Homan* : *Ips est ad pontem isis*. On trouve plusieurs médailles près de *Fechlarn*, que l'on croit être *Arlupe* & *Melch Namarc*. On observera que *Stanacum* peut être *Neykir-*

y a près de *Greyn* plusieurs rochers dans le lit du *Danube*, d'où l'eau se précipite & forme plusieurs torrens au bas. Les Bénédictins ont sur la montagne qui est au-dessus de *Melck*, la plus belle Abbaye qui soit dans l'Europe, tant pour les bâtimens, que pour l'Eglise, dont les statues, les sculptures & les dorures sont ce qu'on peut voir de plus superbe. On trouva dans les environs quatre bas-reliefs qu'on a enchâssés dans les murailles de l'Eglise. L'un représente Romulus & Remus avec la louve qui les allaite, & le second un monument sépulchral ; on y trouve aussi quelques médailles, mais en moindre quantité qu'à *Pecklarn*. Nous passâmes par le château de *Diernstain*, où l'on dit que Richard, Roi d'Angleterre, fut détenu prisonnier pendant près de dix-huit mois. On trouve des médailles sur les bords de la riviere qui passe près de *Stein*. La riche Ab-

―――――

ken, entre *Aschaw* & *Passau*, & *Lefferding Ovilabim*. On conjecture que *Trasmar* est *Trigisanum*, *Pixendorf Pirumtortum* ; & quant à l'Abbaye de *Ketwind*, ce n'est point *Czeizelmaer*, mais *Comagena*, qui n'est point sur le *Danube*, mais à deux lieues de ce fleuve.

Gotweich. baye de Bénédictins de *Gotweich*, qu'on appelle communément *Ketwind*, est deux milles au sud-est de *Maubern*. *Godefroi Beselius*, qui en est Abbé, est un prélat rempli d'humanité, & extrémement versé dans la littérature. Il vient de publier une histoire de son Abbaye, une carte d'Allemagne du moyen âge & un essai sur la maniere dont on écrivoit dans les différens siecles. Il a une très-belle collection de médailles & de curiosités naturelles, entr'autres de pierres sur lesquelles sont les figures de différentes fleurs & de différens animaux ; on les trouva près de *Wurtzbourg*, & je n'ai rien vu de plus curieux dans mes voyages. On a trouvé sur cette montagne quantité de médailles, & trois inscriptions. Quelques-uns croient qu'elle faisoit partie du *Mont Commagenus*. C'est à *Cloyster Newbourg* que commencent les montagnes qui séparoient la *Norique* de la *Panonnie supérieure*. A l'orient est un endroit appellé *Calenberg*, & un vieux château, où résidoient anciennement les Ducs d'Autriche, après qu'ils eurent abandonné *Melck*. Quelques-uns croient que c'est *Cetius*, dont il est fait mention dans les Tables ; mais ce pourroit bien être

*& de quelques autres Contrées.*

*Cloyster Newbourg*, car l'on soupçonne que l'Itinéraire se trompe à l'égard de la distance de cette place.

*Vienne* est une ville si connue, que je me dispenserai d'en donner la description. On croit que *Baden* est l'ancienne *Aquæ*, fameuse pour ses bains. Les Archiducs ont un palais à *Nieustat*, où l'Empereur Maximilien I alloit fort souvent: il y avoit fait bâtir un hermitage, & il est enterré dans l'Eglise. Les Comtes *Senni*, *Frangipani* & *Ragotzki* y furent enfermés; le dernier trouva le moyen de se sauver, & les deux autres furent décapités, & enterrés dans le même endroit. On croit que *Mandorf*, au midi de *Petronel*, est le *Mutenum* de l'Itinéraire, d'autres ont prétendu sans aucun fondement que c'étoit *Musa*. Il y a une source d'eau minérale chaude impregnée de soufre, dont on ne se sert qu'en guise de bain.

L'ancienne *Carnuntum*, capitale de la *Panonie* supérieure, paroît avoir été dans l'endroit où sont aujourd'hui *Petronel*, *Altenbourg* & *Haymbourg*. Cette ville étoit très-ancienne. Le Consul *Licinius* l'assiégea en vain dans la premiere année de la guerre contre Persée, Roi de Macédoine, c'est-à-dire, cent

Baden.

Carnuntum.

soixante-onze ans avant Jesus-Christ. Tibere la prit l'an 10 de Notre Sauveur. C'étoit là que campoit la quatorzieme légion, & que les Romains tenoient la flotte qu'ils avoient sur le *Danube*. C'étoit aussi la résidence du Préfet. On y envoya une colonie, elle fut faite ville municipale, & l'Empereur Marc-Aurele y séjourna long-tems. *Altenbourg* & *Petronel* sont deux pauvres villages, éloignés l'un de l'autre d'environ une lieue. Je vis à moitié chemin du côté de l'orient des vestiges des anciennes murailles, qui me parurent avoir environ un mille de circuit. Il y a toute apparence que les fauxbourgs s'étendoient fort avant de côté & d'autre, du moins à en juger par la quantité de briques & de ruines que l'on voit dans les champs, sur-tout dans le parc & près de la riviere, où l'on trouve quantité de médailles. Tous ces endroits étoient probablement fortifiés du tems des Romains. Je vis près de *Steinabrun* un vieux chemin qui se portoit vers le sud, & qui alloit probablement à *Scarabantia*, *Saberia* & *Pætovio*. Entre ce chemin & *Steinabrun*, est un endroit qui m'a paru avoir servi de camp. Quelques-uns croient que *Carnuntum*, que les *Panoniens* bâtirent, étoit à *Haymbourg*; que la colonie Romaine de *Petronel*, le palais & les bains d'*Altenbourg*, étoient contigus & ne formoient qu'une seule ville. Environ un quart de lieue au midi des ruines qui sont au couchant de *Petronel*, on voit dans le milieu des champs, les restes d'un arc de triomphe. Le bas est bâti de pierres brutes, & le haut d'un mélange de pierres & de briques. Il paroît avoir été revêtu de pierres de taille. Quelques-unes des pierres paroissent avoir appartenu à d'anciens édifices, ce qui me fait croire qu'on le bâtit à la hâte. L'arcade a environ vingt pieds d'ouverture, & dix d'épaisseur, & les pieds droits douze pieds de large. Le ceintre de l'arcade est élevé d'environ vingt-quatre pieds au dessus du niveau du terrein, qui s'est élevé considérablement dans quelques endroits. Le massif qui est au-dessus, a quinze pieds de hauteur, & il paroît qu'il y avoit une autre arcade contiguë, ce qui formoit en tout quatre arches comme au *Forum de Janus* à Rome. Comme ce monument est éloigné de la riviere & hors de la ville, il est plus naturel de croire que c'étoit un arc de triomphe pareil à ce-

*Petronel.*

lui de *Laodicée* en *Syrie*, & qu'on l'éleva en l'honneur de Tibere; car nous lisons dans Dion Cassius qu'on lui décerna les honneurs du triomphe, & qu'on lui érigea deux arcs de triomphe dans la *Panonie*. Environ un demi-mille au sud-ouest de cet arc, on voit les restes d'un édifice, qui peut avoir servi d'amphithéatre. On voit quelques anciennes inscriptions à *Petronel*, une entr'autres dans le palais du Comte de *Traun*, qui fait mention d'un portique. On y voit aussi deux reliefs, dont l'un représente Mercure avec les emblêmes qui lui sont propres, sçavoir un caducée, une bourse & un coq, & l'autre *Vertumne* avec une gerbe de bled d'une main, un marteau de l'autre, & un chien à ses côtés. Il y a deux autres inscriptions à *Altenbourg*, dont l'une est dans le palais de l'Archiduc, & l'autre dans la maison d'un tailleur de pierres: il y a aussi un bain d'eau minérale, dans laquelle il paroît que le soufre domine. L'inscription la plus curieuse est celle de l'hôtel de ville d'*Haymbourg*, par laquelle il paroît que *Carnuntum* étoit une ville municipale. On y voit deux reliefs, dans l'un desquels la ville est représentée sous la figure d'une femme

*Altenbourg.*

*Haymbourg.*

*& de quelques autres Contrées.*

couronnée de tours, avec une patere de la main droite, & une corne d'abondance de l'autre. Le second relief ne différe de celui-ci, que par le gouvernail & le globe qu'elle tient de la main droite. Il y a à l'orient d'*Haymbourg* une montagne sur laquelle il paroît y avoir eu un camp. On y trouve quantité de médailles mal frappées, dont un côté repréfente une tête d'homme, & l'autre un cheval. On y fabrique du tabac en poudre, que l'on tire de *Debreokſin* en *Hongrie*, & quelques draps. Les Tartares s'y rendirent l'an 1683, & maſſacrerent inhumainement la plûpart des habitans qui s'étoient réfugiés dans le château.

Comme nous retournions à *Vienne*, nous vîmes à douze milles de *Petronel*, & environ à un mille de *Vishmund*, les veſtiges d'une vieille muraille. C'eſt probablement *Æquinoctium*. *Manſwerth* me paroît être *Ala Nova*, & le même que *Villagai* des Tables. *Sweckat* eſt fameuſe pour ſes fabriques de toiles peintes, & pour l'entrevue que l'Empereur Léopold y eut avec le Roi Jean Sobieski de Pologne, après la levée du ſiége de Vienne; à l'occaſion de laquelle on a élevé un obéliſque avec

*Sweckart*

une inscription. L'Empereur a un pa‑
**Ebersdorf.** lais à *Ebersdorf*, où l'on voit la figure d'un esturgeon que l'on pêcha dans le *Danube*; il avoit soixante-dix pieds de long, & il pesoit huit cent quatre-vingt-sept livres. On pêche communément ce poisson au-dessous de *Bude*, & il est très-bon à manger.

**Le nouveau Geban.** *Rodolphe II*, étant allé au *Nouveau Gebaw*, fit enfermer le camp de Solyman le Magnifique, à la maniere des Turcs, de murailles flanquées de tours, avec un jardin au milieu. On voit au couchant les vestiges d'un camp, qui est probablement celui des Turcs, & au nord une maison de plaisance, que ce même Empereur fit vraisemblablement bâtir. Les jardins sont construits en forme de terrasse, & l'on découvre de là le *Danube* & tous les environs aussi loin que la vue peut porter.

# CHAPITRE VII.

*De quelques villes de Hongrie qui sont dans les environs de Vienne, & entre Presbourg & Bude.*

Nous fîmes un voyage au sud-est de *Vienne* pour voir quelques anciennes villes d'*Hongrie*. Nous fûmes de *Neustat* à *Oedenbourg*, que l'on croit être *Julia Searabantia*, dans la contrée appellée les *Deserts des Boïens*. Nous vîmes à *Haska*, une lieue à l'orient d'*Oedenbourg*, une pile sépulchrale avec cette inscription : M.SCARB, qui semble signifier que c'étoit une ville municipale. On trouve à *Oedenbourg* quantité de reliefs, de médailles, d'inscriptions & autres antiquités semblables. Les routes & les différences des itinéraires depuis cet endroit jusqu'à *Vindebona*, varient si fort, que les Ecrivains modernes ne sçavent à quoi s'en tenir.

Comme mon deſſein n'eſt point d'entrer dans aucune diſcuſſion ſur ce ſujet, je me contenterai d'obſerver qu'on peut ſe rendre au même endroit par trois différens chemins, ſelon qu'on voyage à cheval, dans l'été ou dans l'hiver.

Scharpin.

Nous fûmes à *Scharpin*, que quelques-uns croient être *Scarabantia*, mais ſi cela étoit on y trouveroit quelques antiquités, & nous n'en vîmes aucune. C'étoit une ville conſidérable que les Turcs brûlerent. *Stenemanger* eſt ſûrement *Colonia Claudia Sabaria*, que quelques-uns placent à *Sarwar*, à cauſe de la conformité des noms, mais ſans aucun fondement, car on n'y trouve aucun monument. On dit que le Préfet de la Panonie y faiſoit ſa réſidence, & *Aurélien-Victor* aſſure que Septime Severe y fut proclamé Empereur. *Spartien* dit que ce fut à *Carnuntum*. Nous vîmes à *Stenemanger* pluſieurs bouts de colonnes de granite. Il y a tout lieu de croire que Domitien honora cette ville de ſes bienfaits, car nous vîmes deux inſcriptions en ſon honneur, dans leſquelles ſon nom étoit effacé, ainſi qu'on le fit dans toutes les autres par ordre du Sénat. On trouve dans la ville pluſieurs autres inſcriptions & reliefs cu-

Stenemanger.

*& de quelques autres Contrées.* 43

rieux. On prétend sans aucun fondement qu'Ovide y est enterré. On dit encore que Saint Martin y naquit l'an 335, & que son pere y exerçoit la charge de Tribun de Constantin le Grand.

Le lac de *Newsidlersée* est l'ancien lac *Peiso*, dont l'Empereur *Galerius* conduisit l'eau dans le *Danube* par le moyen d'un canal de communication avec la *Rabnitz*, qui prend sa source dans les marais qui sont à l'orient. Son eau est salée & quelquefois fort basse, & le lac peu poissonneux. Le sol est impregné de quantité de nitre, & l'on fabrique quantité de salpêtre à *Newsidel*. Ce fut près de ce lac qu'*Hunnimund*, Roi de *Savia* fut totalement défait par *Théodomir*, frere de *Walamir*, Roi des *Goths*. Il y a près du lac de *Wolf* une source d'eau minérale sulphureuse que l'on fait chauffer, & dont on use en guise de bain; & à *Eisenstatt* plusieurs mines de fer que les habitans négligent d'exploiter, parce qu'ils trouvent mieux leur compte à cultiver la vigne. Le prince *Esterhazi* y a un très-beau palais. Cette ville fut donnée à l'Empereur Fréderic III, par Mathias Corvin, Roi d'Hongrie, comme un gage pour

*Newsidlersée.*

*Wolf.*

*Eisenstatt.*

la couronne d'Hongrie que l'Empereur lui céda, ainsi qu'on le voit dans une inscription qui est au palais.

Au sortir de *Vienne* nous nous rendîmes en *Hongrie* au nord du *Danube* & nous traversâmes les montagnes que l'on croit être l'extrémité du mont *Crapacz*, qui séparoit la *Hongrie* & la *Dacie* de la *Sarmatie* (a). Après que les Turcs eurent pris *Bude*, *Presbourg* devint la capitale de la Hongrie, on y garde les marques de la royauté, & les Turcs n'ont jamais pu la prendre.

Presbourg.

Ayant pris notre route à l'orient, en tirant au midi du *Danube*, nous passâmes par *Carlsbourg*, que l'on croit être *Gerulata*, où nous vîmes les vestiges d'un retranchement, dont une partie a

Carls-
bourg.

---

(*a*) Ce sont des montagnes fort étendues de l'orient à l'occident, entre la Pologne au nord, & la Haute-Hongrie, & la Transilvanie au midi. Elles ont différens noms, selon les endroits qu'elles touchent. Les Allemands l'appellent *Veissenberg* & *Scheberg* entre la *Moravie* & la *Hongrie*, & les Esclavons *Tatary*, & du côté de la Russie & de la Transilvanie, on la nomme *Krempach* & *Serpely*, & plus au levant, les Russes l'appellent *Bias Seiady*, & entre la Pologne & la Hongrie *Tarczal*, en Hongrois, & *der Munch* en allemand.

*& de quelques autres Contrées.* 45

été emportée par le *Danube*, & les fondemens de quelques édifices Romains. On croit qu'*Altenbourg* est *Ad Flexum*. On a trouvé à *Wiselbourg*, qui est demi-lieue à l'orient, deux ou trois inscriptions. Nous vîmes près d'une ferme appellée *Baratfoldaye*, les fondemens d'une muraille d'environ trois cent pieds en quarré, & plusieurs briques dans un terrain que l'on venoit de remuer, & dans lequel on nous dit que l'on trouvoit souvent des médailles. Cette ferme est éloignée de deux milles d'Hongrie, de *Rahab* & d'*Altenbourg*, & nous conclûmes que c'étoit *Quadrata*, ce qu'aucun Auteur n'a observé. *Rahab* est l'ancienne *Arrabo*. Cette ville fut prise par les Turcs l'an 1594, & on la leur reprit quatre ans après à l'aide d'un stratagême. Il y avoit autrefois plusieurs inscriptions, mais il n'en reste plus qu'une, qui est encastrée avec un relief dans la muraille septentrionale de la Cathédrale. Nous vîmes aussi une inscription & un relief dans un village appellé *Ais* (a). La

*Altenbourg.*

*Quadrata Rahab. Arrabo.*

───────────────

(*a*) *Bana* est deux lieues au midi de *Rahab*. On dit qu'il y a des mines, & ce peut être

*Commorre.*

*Zeny.*
*Bregetio.*

citadelle de *Commorre* n'a jamais été prise. Il y a dans la ville trois cercueils de pierre, & plusieurs inscriptions qu'on y a transportées de *Zeny*. On croit communément que *Bregetio* étoit dans le même endroit que *Gran*, mais nous avons découvert par le moyen des distances & des inscriptions qu'on a trouvé à *Zeny*, une lieue au-dessous de *Commorre*, que *Bregetio* étoit dans ce dernier endroit. Environ un demi-mille au couchant de *Zeny*, est un endroit entouré d'un petit fossé, où il paroît y avoir eu des maisons; il y en a un autre à l'orient. On trouve entre le dernier & l'endroit où étoit anciennement la ville, les débris d'un théatre ou d'un amphithéatre. Tout autour de l'ancienne ville sont les vestiges d'un double fossé, qui a six cent quarante pas du levant au couchant, & sept cent cinquante du septentrion au midi. Il y a

---

*Ad murres*, ou *Ad muros*. On prétend que *Justine*, veuve de Valentinien, résidoit avec son fils Valentinien dans un village près de *Bregetio*, *in valla muro cincta*, qui pouvoit être *Ad muros*. La *Panonie* inférieure étoit à l'orient d'*Arrabo*.

au nord deux autres foffés, qui s'étendent environ deux cent pas jufqu'à la riviere. Un peu plus bas de l'autre côté eft un enclos d'environ cent trente pas en quarré, avec deux entrées, & deux foffés qui aboutiffent à la riviere : ils paroiffent avoir été conftruits pour en défendre le paffage, & on appelle cet endroit *Leanywar*. Nous trouvâmes de part & d'autre quantité de briques Romaines, mais toutes les infcriptions ont été transportées dans deux Eglifes qui font environ une lieue à l'orient, dans un endroit appellé *Futufy*. Elles font dans une efpece de péninfule que forme la *Dotis* dans l'endroit où elle fe jette dans le *Danube*. Nous vîmes au fud-oueft de l'Eglife qui eft à l'orient, une infcription où il eft parlé de la premiere légion qui étoit logée à *Bregetio*; & ayant apperçu une groffe pierre à l'extrémité orientale de l'Eglife, nous la fîmes déterrer, & nous trouvâmes une infcription deffus, qui faifoit mention de même que l'autre, de la troifieme légion de *Thrace*. Nous vîmes fur un autel de la même Eglife deux ou trois autres infcriptions tronquées, & quelques reliefs. Nous trouvâmes au village de

48 *Description de l'Orient*,

*Zeny* le couvercle d'une pile sépulchrale ; & à la porte de l'église calviniste une pierre avec une inscription, que les paysans ne voulurent point déterrer. On nous dit qu'il y avoit une autre inscription à une lieue au midi du village.

Dotis. Nous étant détournés environ quatre lieues au sud-est du chemin de *Gran*, nous arrivâmes dans une petite ville appellée *Dotis*, qui me parut être très-ancienne, & dont la situation s'accorde parfaitement avec celle de *Floriana*. Il y a dans un coin de l'Eglise un pilastre quarré avec deux compartimens de trois pieds de long, dans chacun desquels est un relief qui m'a paru représenter quelques divinités du paganisme, parmi lesquelles je ne pus distinguer que Junon avec son paon. Il y a dans le château un relief d'Hercule qui combat le lion de Nemée, & dans la maison d'un particulier un gros cercueil de marbre avec une inscription, de chaque côté de laquelle est un Cupidon appuyé sur un flambeau éteint : il m'a paru avoir servi de tombeau à la femme d'un médecin ordinaire de la premiere légion, *Adjutrix*, laquelle étoit native de *Forum Hadriani*, dans la Basse-Allemagne,

que

*& de quelques autres Contrées.*

que l'on croit être *Voorbourg*, vis-à-vis *Ryſwick*, à une lieue de la *Haye*. Ce furent les Turcs qui firent fortifier le château, mais ils le firent fauter l'an 1565, lorſqu'ils l'abandonnerent. On trouve dans cet endroit, de même que dans les montagnes des environs des carrieres de marbre rouge commun, & quelques fources minérales, que je n'eus pas le loiſir de voir.

Au ſortir de *Dotis*, nous fîmes quatre lieues au nord, au pied des montagnes, nous paſsâmes près des deux Egliſes de *Futuſy*, & nous vinmes à *Almas*, qui eſt environ à quatre lieues de *Commorre*, & à trois de *Bregetio*. C'étoit là probablement qu'étoit *Azao*, que l'Itinéraire place entre *Bregetio* & *Lacus Felicis*, & qui peut être le même que *Lepaviſt* que les Tables placent à ſix milles de *Bregetio* : on n'y trouve aucune antiquité. Demi-lieue au-delà eſt *Neſmid*, la premiere poſte en venant de *Commorre*, dont il eſt éloigné de ſix milles d'Hongrie. Nous côtoyâmes encore le *Danube* pendant deux milles, juſqu'à un endroit où nous fûmes obligés de monter une montagne, parce que le terrein étoit inondé, & nous arrivâmes à *Neudorf*. Environ un quart

*Almas*

*Tome VII.* C

de lieue au nord ouest de la ville, il y a près de la riviere une montagne d'où l'on découvre le pays à perte de vue, & qu'on a pu fort bien appeller *Locus Felicis*, dont le *Lacus Felicis* des Tables est probablement une corruption. Elles se trompent pareillement à l'égard de *Valsée* sur le *Danube* en Allemagne, dont la situation n'est point inférieure à celle dont je viens de parler. L'Itinéraire place cette ville à dix-huit milles de *Bregetio*, & c'est à peu près sa distance, car elle n'est pas à plus de sept lieues de *Zeny*, *Neudorf* qui est au-delà n'étant qu'à quatre milles d'Hongrie de *Commorre*. Ce qui m'a confirmé dans ce sentiment est une place appellée *Gardellaca* dans les Tables, qui est à treize milles de *Lepavist* que je crois être *Almas*, de maniere que la distance entiere de *Bregetio* est de dix-neuf milles, ce qui est beaucoup plus juste que celle que l'Itinéraire lui assigne. Je me fonde encore sur le nom ; car c'étoit probablement une place qui servoit à défendre le passage du *Danube*, & les bateaux y paient encore aujourd'hui un droit. Mais ce qui termine toute dispute, ce sont les inscriptions Romaines qu'on y trouve, dont deux font à l'hermitage qui eſt ſur la montagne, la troiſieme ſur un autel encaſtré dans une muraille, & la quatrieme ſur le piédeſtal d'une ſtatue qu'on y a érigée par dévotion. Je vis dans le cimetiere de *Neudorf* un morceau d'autel, & une ancienne pierre avec quelques caracteres deſſus. Les rebelles d'Hongrie s'étoient fortifiés ſur cette montagne & ils y furent tous taillés en pieces. Je vis parmi les ruines du fort quantité de briques Romaines, & dans d'autres endroits les fondemens de quelques murailles que les Romains avoient ſans doute bâties.

*Gran* étoit autrefois le lieu de la réſidence des Rois d'Hongrie, mais on le prendroit aujourd'hui pour un gros village plutôt que pour une ville; & comme il ne s'y fait aucun commerce, les habitans n'ont d'autre moyen pour ſubſiſter que l'agriculture. *Gran* eſt la Métropole de la province de la Haute-Hongrie, de même que *Colocza* l'eſt de la Baſſe. L'Archevêque de *Gran*, qui réſide à *Preſbourg*, eſt Primat de toute la *Hongrie*. Le château eſt très-fort d'aſſiette. Solyman II. le prit l'an 1542, & ne le garda pas long-tems; mais il reſta entre les mains du Sultan

Gran.

Achmet jusqu'en 1683. L'armée confédérée de l'Empereur & du Roi de Pologne battit celle des Turcs près du château de *Barcan*, de l'autre côté du *Danube*, & reprit la ville & le château de *Gran*, quatre-vingt ans après que les Turcs s'en furent emparés. Ces derniers tenterent de la reprendre en 1685, mais les Ducs de Lorraine & de Baviere les obligerent à lever le siége, & leur livrerent bataille dans la plaine où passe le chemin de *Commorre* à *Bude*. Les Turcs, quoiqu'au nombe de soixante mille hommes, furent entiérement défaits; ils abandonnerent leur camp & tout leur bagage, & ceux qui échapperent à l'épée du vainqueur, se retirerent dans les montagnes de *Bude*. La bataille se donna au nord de la chapelle où les Chrétiens furent enterrés. La victoire fut si complette que les infideles furent contraints de demander la paix. Etienne III. & Bela IV. sont enterrés dans cette ville. Saint Etienne, Roi d'Hongrie naquit à *Gran* & fut baptisé, à ce qu'on dit, dans une chapelle qui est près de la Cathédrale, où étoient probablement les Fonts baptismaux. La Cathédrale qui est dans le château est presqu'entiérement ruinée, à l'exception de la porte occidentale, qui est un chef-d'œuvre d'architecture gothique. Elle est bâtie de marbre de différentes couleurs, & ornée de figures de Saints. Le *Roi Bela* y est représenté tenant le relief de l'Eglise dans sa main, avec l'Archevêque à côté de lui : je crois que ce fut lui qui fonda la Cathédrale. La chapelle attenante à l'Eglise est d'une très belle architecture, & revêtue de marbre rouge. Elle fut bâtie par le Cardinal *Bacocz* l'an 1507. Quelques Auteurs prétendent qu'il y a des bains à *Gran*, mais je n'ai pu sçavoir où ils étoient. Nous passâmes par l'endroit où se donna la fameuse bataille dont j'ai parlé ci-dessus, & près de la chapelle où furent enterrés les Chrétiens qui y perdirent la vie, & ayant repris le grand chemin de *Bude*, nous vîmes au nord le mont *Pilis*, à l'orient duquel sont les ruines d'un grand monastere. Nous arrivâmes au village de *Czaba*, où il y a une paroisse, & un peu plus loin sur le chemin une autre Eglise ruinée, où l'on trouva il y a quelque tems deux inscriptions qui sont actuellement dans l'Eglise paroissiale; je ne doute point qu'on n'en trouvât quantité d'autres, si l'on

*Czaba.*

C iij

se donnoit la peine de fouiller parmi les décombres. *Crumeros*, que je crois être la même que *Lusimari*, a pu fort bien être dans cet endroit. C'étoit un fort qui servoit à défendre le passage de la montagne. Il est parlé dans une des inscriptions de la quatrieme légion qui y étoit cantonnée.

Etant arrivés au-dessus du village de *Woresivar*, nous quittâmes la grande route pour nous rendre à *Saint André*, qui est à l'orient sur le *Danube*. Nous arrivâmes à une croix qui est vis-à-vis une Eglise ruinée qui est au nord, près de laquelle est une colonne itinéraire, & quoique les noms des Empereurs soient presqu'effacés, nous ne laissâmes pas que de reconnoître ceux de Marc-Auréle, Antonin & de Lucius Verus, au-dessous desquels sont ces lettres AB. AC. MP, qui marquent probablement les milles qu'il y avoit depuis cet endroit jusqu'à *Arincum* ou *Bude*, bien que les nombres soient effacés. Nous passâmes par deux villages de la *Rascie* (*a*), sçavoir *Sobantza* & *Pomasz* : on

―――――――――

(*a*) La *Racie* est un pays de la Turquie d'Europe, qui forme maintenant la partie sep-

& de quelques autres Contrées. 55

voit à l'orient du dernier les ruines d'un château. Nous arrivâmes dans la petite ville de *Saint André*, qui est presque toute habitée par des *Rasciens*, qui y ont plusieurs Eglises ; les Valaques y en ont deux, & les Allemands une. Nous fûmes obligés, faute d'auberge, de loger dans un méchant cabaret, où nous ne trouvâmes pas seulement un lit. Nous envoyâmes chercher des provisions au marché, & nous les fîmes apprêter dans un bouchon. Il y a vis-à-vis cette ville une isle d'environ une lieue de large, qui s'étend depuis *Visegrad* jusqu'à *Bude*.

S. André.

Nous fîmes quatre lieues au nord jusqu'à *Visegrad* : nous passâmes par *Bogdani*, vis-à-vis duquel nous vîmes sur la rive orientale du *Daunbe* une

Visegrad.

---

tentrionale de la *Servie* : il est ainsi nommé de la riviere de *Rasca*, qui, après l'avoir arrosé, se jette dans la grande *Morave*. Il a eu autrefois des Rois propres de la famille de *Nimagna* ; ensuite il a été uni à la *Servie*, avec laquelle il est tombé sous la puissance des Turcs. Ses principales villes sont *Belgrade*, *Samendrie* & *Colomback*. On appelle ceux de ce pays les *Rasz* en allemand, & les *Rasciens* en françois.

petite ville appellée *Vaiz*. Il y a vis-à-vis *Vifegrad* une montagne sur laquelle est un château ruiné, dont l'assiette est extraordinairement forte. Ce fut là que l'on garda les marques de la royauté jusqu'au tems que les Turcs s'emparerent de cette contrée, & depuis elle a été souvent prise & reprise par les Hongrois & par les troupes des Othomans. Quelques Rois Hongrois, entr'autres Mathias Corvin, y ont fait leur résidence. Charles, Roi de Naples, ayant été déclaré Roi d'*Hongrie*, & ayant reçu une blessure à la tête, on le transporta dans ce château sous prétexte de vouloir le panser, & on l'étrangla.

# CHAPITRE VIII.

*De Bude, & de quelques autres contrées de la Hongrie & de la Croatie.*

La ville de *Bude* a beaucoup souffert des guerres, mais on y voit encore deux mosquées turques parfaitement bien bâties. La forteresse fut prise l'an 1526 par Solyman le Magnifique, & il la perdit l'année suivante. Il y rentra l'an 1529, & les Chrétiens tenterent inutilement de la lui enlever; mais enfin le Duc de Lorraine la prit d'assaut l'an 1680. Elle sauta l'an 1723, à l'occasion d'un magasin à poudre auquel le tonnerre mit le feu; & il reste aujourd'hui peu de chose du palais des Rois d'Hongrie que Mathias Corvin, le protecteur des arts & des sciences, y avoit fait bâtir; non plus que de la bibliothéque qu'il avoit composée. Le vieux *Bude*, qui est au nord, est sûrement l'ancien *Ancincum* ou *Aquincum*;

<sub>Bude.</sub>

on y trouve quantité de reliefs & d'inscriptions dans lesquelles il est fait mention de la seconde légion *Adjutrix* qui avoit ses quartiers à *Acincum*. Elles sont la plûpart dans la maison des Comtes de *Schetsin*. Nous vîmes au nord du vieux *Bude* des vestiges des murailles de la ville, & les restes d'un édifice, qui nous parut être un amphithéatre. L'eau se rendoit à la ville par un aqueduc d'environ une lieue de long, soutenu dans plusieurs endroits par des arcboutans, & dont la solidité étoit augmentée par les pétrifications que l'eau formoit, & que j'ai vues dans plusieurs autres aqueducs. On voit quantité de ruines au nord du vieux *Bude*, mais il m'a été impossible de deviner la nature des bâtimens dont elles sont formées. Il y a dans le fauxbourg de *Rascie* un fragment de statue habillée à la longue, dont la tête manque. La ville de *Bude* est fameuse par ses eaux minérales chaudes, qu'on dit être un composé d'or, de fer, de soufre, de sels, d'alun & de plusieurs autres minéraux. Il y a cinq bains qui possedent tous des qualités différentes, dans l'un desquels il se forme de pétrifications pareilles à celles de *Carlsbad*.

*& de quelques autres Contrées.*

Pesth, qui est probablement *Transa-* Pesth.
*cincum*, est vis-à-vis *Bude*, & le séjour
en est fort agréable. On y trouve quelques inscriptions & plusieurs bouts de
colonnes de granite. Il y a sur la riviere qui coule au nord de la ville une
ruine qui paroît être l'extrémité d'un
pont, mais comme il n'est pas probable que l'on en ait construit un dans cet
endroit, tant à cause de la difficulté de
l'entreprise, qu'à cause qu'il n'en est
aucune mention, il est plus naturel de
croire que ces ruines sont les restes d'une tour qui défendoit le passage de la
riviere. Les habitans mourroient de faim
sans les deux tribunaux où se décident
toutes les affaires civiles de la *Hongrie*.

Nous fûmes de *Bude* à *Stool-Weissenberg*. C'est à une lieue au midi de la
ville que finissent les montagnes qui
bordent une partie de la plaine qui est
au midi de *Bude*. On appelle cet endroit *Promontorium*, & le Comte de
*Marsili* prétend y avoir trouvé un édifice Romain. Nous trouvâmes quantité
de briques dans les champs, & il a bien
pu y avoir eu un fort pour défendre
le passage. Il y a quantité de carrieres
de pierre de taille dans les montagnes;
& nous vîmes à quelque distance les

C vj

restes d'un chemin que les Turcs avoient fait construire. Les personnes versées dans les antiquités de la *Hongrie*, disent qu'*Attila* & les premiers Rois des *Huns* résidoient dans la plaine qui est à l'orient de *Bude*, sçavoir à *Yasberin*, ou dans les environs. Je vis à deux milles de *Bude*, dans la maison du Baron *Banitzky*, qu'on appelle *Martinweiser*, un relief d'Hercule qui tue l'hydre de Lerne, un second qui représente un tombeau, & un troisieme un autel sur lequel sont deux reliefs, dans l'un desquels est une personne qui tient un *simpulum* : on appelloit ainsi un petit vase qui servoit aux libations. On trouva tous ces reliefs à *Bude*. Le pays, quoique naturellement fertile, est inculte & assez mal peuplé. La noblesse fait élever dans ses terres quantité de bêtes à cornes, qu'elle envoie vendre en Allemagne, & même en Italie. Les moutons du pays ont les cornes faites comme celles de la Gazelle.

Stool-Wissenbourg.  *Stool-Weissenbourg* est situé dans un marais qui s'étend de part & d'autre de la *Sarwtiz* jusqu'à *Simontornya*, ce qui fait que l'air y est fort mal sain. Cette derniere ville est fameuse pour ses vins, que l'on vend pour du *Tokai*, de même que ceux d'*Eperies* & de *Caſ-chaw*. On conjecture par la quantité d'inſcriptions & de reliefs qu'on y a trouvé, qu'il y a eu anciennement une ville ſur le chemin de *Sirmium* à *Lauriacum* ou *Carnuntum* ; dans le premier cas, ce ſeroit *Valco*, & dans le ſecond *Cimbrianæ*. On dit que les Rois de Hongrie y réſiderent quelque tems, & qu'ils avoient leurs tombeaux dans la ville, & qu'elle ne conſiſtoit qu'en un palais & une Collégiale, dont les débris prouvent encore la magnificence. Les Turcs la détruiſirent, & on n'a pu ſçavoir ce que les corps des Rois ſont devenus. Quelques-uns de leurs tombeaux, de même que les reliefs de marbre rouge dont ils étoient ornés, ſont encaſtrés dans les murailles de la ville, avec la plûpart des incriptions. Les Turcs prirent cette ville l'an 1543 ; l'Empereur Mathias la reprit l'an 1601 ; mais ils y entrerent l'année ſuivante, & la garderent juſqu'en 1688; l'Empereur fit démolir ſes fortifications l'an 1703. On y voit encore une moſquée, une fontaine, & les débris d'un bain.

Nous vîmes en allant à *Veſprin*, du côté du ſud-eſt, un marais qui me pa-

*Veſprin.*

rut s'étendre vers le lac *Balaton*, & dans ce cas il s'enfuivroit que la *Sarvitz* fort de ce lac, au lieu que les cartes placent le marais & la riviere au nord-ouest. Nous passâmes par le village & le château de *Palota*, qui tint quelque tems contre les Turcs; tous les champs font remplis de Fraxinelle. *Vesprin* est situé sur un rocher d'environ un demi-mille de circuit, autour duquel est le fauxboug. Cette ville fut prise & reprise plusieurs fois dans la premiere guerre contre les Turcs, mais elle est enfin restée aux Impériaux. Il y a une fort belle Cathédrale, avec une chapelle souterreine, où l'on dit que Saint Emerick, Duc de Hongrie, alloit fort souvent.

*Le lac Balaton.* Nous trouvâmes sur le chemin du lac *Balaton*, environ à une lieue de *Vesprin*, des paysans qui fouilloient parmi les décombres d'un ancien édifice pour en tirer les pierres. C'étoit probablement un fort qui servoit à défendre le passage. Le lac *Balaton* est très-poissonneux, & lorsque la gelée est venue, les paysans font des trous dans la glace, jettent leurs filets dedans, & en retirent une quantité de poisson prodigieuse. Il y a sur la rive une source

*& de quelques autres Contrées.* 63
d'eau minérale spiritueuse, purgative, dont le goût approche de celle de *Pirmont*. On la fait chauffer lorsqu'on veut en user en guise de bain. On prétend qu'elle contient beaucoup de nitre, & ce qui me le persuade est l'incrustation qui se forme autour des chaudieres dans laquelle on la fait chauffer. On ne sçauroit concevoir la quantité de paysans qui s'y rendent tous les matins. Nous le traversâmes dans un bac vers l'extrémité occidentale ; c'est dans cet endroit que se jette la *Sala*, qui traverse la contrée de *Salawar*. On fit passer notre voiture sur un radeau porté par quatre bateaux faits d'une piece de bois creuse.

Nous vîmes, en traversant les bois, quantité d'Eglises & de villages ruinés par les dernieres guerres. Les habitans sont la plûpart Calvinistes, & quelques-uns Catholiques Romains & Luthériens. Les cabarets y sont si mauvais, que nous aimâmes mieux rester dans les bois que d'y entrer. Nous arrivâmes enfin à *Canisha*, ville autrefois fortifiée, que les Turcs prirent l'an 1600. Les Impériaux l'assiégerent plusieurs fois ; & ne la prirent que sous l'Empereur Léopold,

*marginal note:* Canisha.

qui la fit raser : elle n'est plus aujourd'hui qu'un village.

Nous passâmes la *Drave* pour nous rendre dans la *Croatie*, & ayant repassé l'ancien lit de la *Drave*, nous retournâmes à *Le Grad* en *Hongrie*. Cette riviere a changé de lit depuis quarante ans, de maniere que cette ville se trouve aujourd'hui entre l'ancien lit & le nouveau. Il y a dans le premier un petit ruisseau, qui se jette dans la *Drave* un quart de lieue au-dessous de *Le Grad*, & qui forme une isle d'environ une lieue & un quart de tour. *Le Grad* est composé de cinq cent maisons, dont cent sont habitées par des Luthériens, qui ne souffrent aucun Ministre parmi eux. Nous fûmes au village de *Stridona*, la patrie de *Saint Jerôme*, où l'on a bâti une chapelle, où sont représentés les principaux événemens de sa vie. On dit qu'il naquit à *Stridona* sur les confins de la *Dalmatie* & de la *Panonie*, mais comme la *Panonie* s'étendoit plus loin, je croirois plutôt qu'il naquit à *Zerin* dans la *Croatie*, ou selon d'autres à *Sdregna* dans l'*Istrie*.

*Czakathurn* peut être *Alicanum* :

*& de quelques autres Contrées.* 65
étant fur le grand chemin de *Pettaw* à
*Stenemanger*, l'ancienne *Sabaria*. On
y voit une pierre avec une infcription
latine & quelques reliefs, dont l'un repréfente Romulus & Remus, avec la
louve qui les allaite, & un autre un
capricorne avec une queue de poiffon.
Nous quittâmes la Hongrie pour entrer dans la *Croatie*.

C'eft le Duc de Lorraine qui eft le  Etat de la
premier Viceroi de Hongrie, & le Pa-  Hongrie.
latin tient le fecond rang après lui,
en qualité de Généraliffime des troupes
du royaume. Il eft élu par les Etats,
lefquels font compofés de la haute &
petite nobleffe, du Clergé, & des dé-
putés des villes, & il préfide à leurs
affemblées. La religion dominante eft la
Catholique Romaine; les Luthériens,
les Calviniftes & les Rafciens du rite
grec, y font fimplement tolérés; ils ont
des Eglifes dans les villes où il n'y a
point de Catholiques, & leurs miniftres
ne perçoivent point la dîme, comme
ceux de Tranfilvanie. Les Luthériens
tirent les leurs de la Saxe, & les Calviniftes d'*Alba Julia*. Il y a quantité
de Rafciens du rite grec en Hongrie,
qui font corps avec les *Chingeners*, qui
ont les mêmes qualités que les Bohé-

miens. Ils commercent en coutellerie, & campent autour des villes, mais on n'en souffre aucun dans l'Allemagne.

*Histoire naturelle.* L'air & le climat de Hongrie passent pour être très-mal sains pour les étrangers, ce qui vient de la quantité de nitre dont l'air est rempli : les jours y sont chauds, les nuits froides, & les rosées abondantes, il est dangereux de coucher dehors, à moins qu'on ne soit bien couvert. Les vins du pays ont un fumet agréable, mais ils sont pésants, & causent la pierre & la gravelle. Le sol est extrémement fertile, & produit une si grande quantité d'arbres, qu'on est obligé de les dépouiller de leur écorce pour les faire mourir, & ensuite de les brûler. Les bois & les pâturages sont si communs dans les environs des villes, que les voyageurs peuvent en user, sans que les habitans y trouvent à redire. Les montagnes, sur-tout celles qui sont au nord-est, renferment quantité de mines d'or, d'argent, de cuivre, de fer, de plomb, d'antimoine & de cinnabre. Les principales sont au nord de *Gran*, à *Neusoll*, *Altsoll*, *Kremnitz* & *Schemnitz*. Il y a au nord-est de la derniere des mines de sel, qui en fournissent à toute la Hongrie : il y en a d'auſſi blanc & d'auſſi tranſparent que l'albâtre.

On pêche dans le Danube des eſturgeons qui ont juſqu'à vingt-un pieds de long. Ils viennent du Pont-Euxin, & remontent le fleuve dans le printems juſqu'à *Bude* pour frayer. On les entoure avec un filet, & lorſqu'on voit qu'ils ſont pris, un homme ſe jette dans l'eau, les perce ſous le ventre, & les traîne ſur le rivage. On doit bien ſe garder de les approcher lorſque l'eau a beaucoup de fond, car ils tueroient un homme d'un coup de queue. Leur chair a le même goût que celle du Turbot.

Le Royaume de *Croatie* eſt un des cinq qui dépendoient de la Hongrie ; les quatre autres étoient la Dalmatie, l'Eſclavonie, la Servie & la Boſnie. Nous fûmes à *Waraſdin*, qui eſt à quelque diſtance du Danube ; les fortifications en ſont médiocres, & la ville n'a rien de remarquable. La *Croatie* eſt gouvernée par un *Ban* ou Viceroi, qui releve du Souverain d'Hongrie. Les habitans ne paient aucun impôt, & n'ont jamais voulu en payer aucun, mais en revanche, ils fourniſſent des ſoldats, qu'ils ſoudoyent eux-mêmes, les gen-

La Croatie.

tilhommes servent en qualité d'officiers ou de volontaires. Ils sont extrémement braves & fidéles à leur Souverain. C'est ce même peuple, si je ne me trompe, qui en tems de guerre envoie la moitié de ses gens en campagne, tandis que l'autre reste dans le pays pour cultiver la terre. Sa langue est l'esclavonne. C'est une langue orientale qui est d'un grand usage dans les contrées nord-est du globe, & dont les dialectes s'étendent jusqu'à la Chine, si bien qu'on peut la regarder comme une langue mere. On prétend que la langue hongroise est un dérivé de l'hébreu & des autres langues orientales. Les *Huns* sont les mêmes que les *Scythes*, qui habitoient auprès du *Palus Méotide*.

# CHAPITRE IX.
## *De la Stirie.*

La *Stirie* est appellée *Steir Marck*, c'est-à-dire, *Stirie sur les frontieres* de l'Allemagne; car *Marck* signifie bornes, frontieres, limites; d'où vient qu'on appelloit *Margravats* les contrées limitrophes, & ceux qui les gouvernoient *Margraves*. Leur emploi paroît avoir été le même que celui des *Duces Limitanei* de l'Empire Romain, qui gouvernoient les contrées & les provinces limitrophes. Les Empereurs accorderent ces contrées à leurs Généraux avec le titre de *Margraves*, à condition qu'il défendroient les frontieres de l'Empire contre leurs ennemis.

*Pettaw* est l'ancienne *Petovia*, laquelle étoit située sur la montagne du château, & sur les éminences qui sont au nord. Lorsque les Romains assiégerent cette ville, les habitans des environs vinrent à son secours; mais Auguste fut à leur rencontre pour les empêcher de jetter du secours dans la ville, & fut blessé au genou d'un coup de pierre. Les Romains en firent une colonie, comme il paroît par les inscriptions que l'on voit encore dans l'Eglise de Saint Martin, qui est à un mille de la ville, & à *Emssield*, dans la maison du Comte de *Saur*. Il y a à environ une lieue hors de la ville, dans les jardins du Baron *Cramp*, un cercueil d'albâtre, dont les ornemens m'ont paru être du moyen âge. On voit plusieurs reliefs dans le château, & un dans la ville qui représente l'histoire d'Orphée & quelques autres sujets. La pierre sur laquelle il est, est d'albâtre; elle a seize pieds de long sur six de large, & le P. de Montfaucon l'a inféré dans son Antiquité expliquée.

Il y a dans le château de l'Evêque de *Seccau*, au-dessus de *Leibnitz*, plusieurs inscriptions & reliefs, qu'on a probablement trouvées dans la vallée qui est au-dessous. Il paroît par une inscription qui est dans celui de *Gratz*, que du tems de l'Empereur Maximilien, on trouva à *Leibnitz* un vaisseau de terre rempli de cendres & d'ossemens, parmi lesquels il y avoit une médaille Romaine ; d'où l'on conclut que

*& de quelques autres Contrées.* 71

*Muroela* étoit quelque part dans les environs de *Leibnitz*. Nous prîmes le grand chemin de *Trieste* & de *Vienne*, & nous arrivâmes dans la belle & florissante ville de *Gratz*, capitale de la *Stirie*, que l'on croit avoir été bâtie par les *Vindi* ou les *Sclavi* sur la montagne où est le château, environ cinq cent quatre-vingt ans après qu'ils eurent conquis la *Panonie*, *Carnium* & *Noricum*; mais après que Charlemagne les en eut chassés, & qu'il eut fixé l'*Arab* pour les bornes de la *Germanie*, ils bâtirent *Windish-Gratz*, qu'on appella dans la suite *Gratz des Bavarois*, parce que ces derniers s'y établirent.

<small>Gratz.</small>

Les Marquis de *Stirie* résidoient à *Styre*, & ce fut l'Empereur Fréderic Barberousse qui érigea leur domaine en Duché. Cette famille s'étant éteinte à la mort d'*Ottocarus*, ce Duché revint à Léopold le Vertueux, beau-pere d'*Ottocarus*, & Marquis d'*Autriche*, qui résidoit à *Gratz*. C'est de *Charles de Gratz*, fils de *Ferdinand I.* que la maison d'Autriche descend en ligne directe, sçavoir de Ferdinand II. son fils: c'est ce qu'on appelle la ligne de *Gratz*, car Maximilien II. fils aîné de Ferdinand I. eut pour successeur son fils aîné

Rodolphe II. auquel succéda son frere cadet *Mathias*, à la mort duquel la ligne de *Maximilien II.* fut éteinte. Elle fut continuée dans la personne de *Charles de Gratz*, fils cadet de *Ferdinand I.* lequel étant mort avant *Mathias* son aîné, *Ferdinand II.* succéda à l'Empire.

On trouve quantité d'inscriptions dans le palais de l'Archiduc d'Autriche, de même que dans la ville, ce qui donne lieu de croire que *Carrodunum* étoit dans les environs. Nous fîmes une lieue jusqu'à l'Eglise de *Strangany*, qui est sur une montagne, où je vis une inscription & quelques reliefs. Il y en avoit d'autres qu'on a transportées ailleurs, & il y a tout lieu de croire que la ville étoit anciennement dans cet endroit, car c'est une ancienne Eglise Métropolitaine, dont plusieurs autres dépendent.

Nous prîmes notre route par le mont *Cetius*, qui séparoit le *Noricum* de la *Panonie*, & de là au nord jusqu'à *Rettlestein*, qui est vis-à-vis une haute montagne de même nom, sur le sommet de laquelle il y a, dit-on, une grotte de deux milles de profondeur, dans laquelle on trouve ce qu'on appelle

*& de quelques autres Contrées.* 73

pelle des os de dragons, qui ne font probablement que ceux des animaux que les bêtes de proie y ont porté ; car nous ne pûmes y aller, parce qu'il nous falloit traverser la riviere. Nous fûmes de-là à *Maria-Zell*, où il y a une image de la Vierge, pour laquelle les peuples ont beaucoup de vénération. Le tréfor est des plus riches ; on y voit quantité de bagues de diamants, & de pierres gravées, des statues, & des vases d'or & d'argent, dont quelques-uns sont enrichis de pierres précieuses. Il y a sur le chemin une forge, où l'on réduit en gueuses le fer que l'on tire des mines d'*Eisenarts*, qui est au couchant. Ces mines & celles de l'Archevêché de *Saltzbourg*, sont probablement les mêmes d'où l'on tiroit le fer de la *Norique*, dont les Anciens faisoient tant de cas. Les montagnards de la *Stirie* sont fort sujets au gouëtre, ce qu'on attribue à l'eau de neige qui leur sert de boisson.

Maria-zell.

Il n'y a d'autre Evêché dans la *Stirie* que celui de *Seccau*. Il y a dans la Cathédrale une chapelle revêtue de marbre & richement décorée, que Charles de Gratz fit bâtir pour servir de

Seccau.

Tome *VII*. D

sépulture à sa famille. Nous vinmes delà dans la *Carinthie* (*a*).

Le Comté de *Cilley* fait aujourd'hui partie de la *Stirie*. Il fut gouverné pendant trois cent ans par ses propres Comtes, jusqu'à la fin du quinzieme siecle, qu'il passa dans la maison d'Autriche. C'est à *Gratz* que s'assemblent ses Etats & ceux de *Stirie*.

Nous nous rendîmes de *Laubach* dans la *Carniole*. Après avoir fait cinq milles, nous traversâmes la *Save*, que les Tables placent mal-à-propos à neuf milles d'*Emona*. Nous passâmes la *Trisnitiz* (*b*) cinq milles plus loin. *Trajanibourg*, ou la *Montagne de Trajan*, est un village situé au pied d'une montagne, à cinq milles d'Allemagne, de *Laubach*. Nous y trouvâmes trois anciennes inscriptions. Ce doit être la

---

(*a*) Je conjecture qu'*Houndsmark* étoit *Ad pontem*, que les Tables placent entre *Ovilabis* & *Patovio*; & que *Neumark* n'est point *Noreia*, comme quelques-uns l'ont cru, ainsi que je le prouverai ailleurs.

(*b*) Je crois que *Mutatio ad quartodecima* de l'Itinéraire de Jérusalem, & *Ad decima* des Tables, étoient dans les environs.

*& de quelques autres Contrées.* 75
*Manſio*, appellée *Hadrante* ou *Adrian-te*; ces endroits ſont dans la *Carniole*.

Etant arrivés dans le comté de *Cilley*, nous vîmes à *Frantz* une grotte où l'on trouve quelques pétrifications curieuſes; mais nous ne pûmes ſçavoir ſi elle communiquoit ou non avec le ruiſſeau qui coule au-deſſous. Cet endroit étoit probablement *Ad medias. Upellis* étoit ſur la même route à ſeize milles de *Cilley*; & le village de *Cuple* paroît avoir retenu quelque choſe de ce nom.

*Cilley* eſt l'ancienne *Cileia*, appellée dans une inſcription *Claudia Cileia*, à cauſe probablement que *Claudius* y fonda une Colonie. Nous y vîmes pluſieurs têtes avec des cornes de taureaux ou de béliers, ce qui nous fit conjecturer qu'on y adoroit Jupiter Ammon. On trouve un grand nombre d'antiquités & d'inſcriptions, tant dans la ville que dans les environs, ſur-tout dans les Egliſes de Saint Maximilien & de S. André, de même qu'à *Okanick* ſur le chemin de *Vienne*, & dans le château appellé *Ober Cilley*. Les Comtes de *Cilley* ſont enterrés dans l'Egliſe des freres Mineurs: ils logeoient dans le palais qui appartient aujourd'hui à l'Archiduc d'Autriche.

Comté de Cilley.

Cilley.

D ij

## CHAPITRE X.

### De la Carinthie.

Freisach. Nous fûmes de *Seccau* dans la *Stirie*, à *Freisach* dans la *Carinthie* que je crois être *Noreia*, quoique d'autres prétendent le contraire. Je me fonde sur Strabon, qui nous apprend qu'il y avoit à *Noreia* de mines de fer, & que l'on trouvoit de l'or parmi le fable des rivieres. En effet, il y a des mines de fer à une demi-lieue de la ville, & des mines d'argent dans les montagnes qui font à l'orient, mais qu'on n'exploite plus, parce qu'elles font probablement épuisées. On trouve quantité de reliefs & d'inscriptions dans la ville, & tout auprès des carrieres de marbre gris, dont les habitans se servent pour bâtir leurs maisons.

Gurck. *Gurck* est une ville Episcopale. J'y vis une pierre fort ancienne avec une inscription à moitié effacée, & un relief qui repréfente une personne avec un vase à la main. Quelques-uns croient sons fondement que cette ville est la même que *Graviacis*. Il y a à *Saint Veit* un bassin de fontaine de neuf pieds de diametre, que l'on trouva près du moulin de *Solfeld* : il est surmonté d'une petite statue de bronze, que l'on trouva dans le même endroit, avec plusieurs reliefs & inscriptions Romaines.  Saint Veit.

Nous prîmes le chemin de *Solfeld* (*a*), appellée par les Latins *Solva*, ou *Flavium Solvense*, que l'on croit être une colonie fondée par *Vespasien* avec le titre de ville municipale. Quelques- Solfeld.<br>Solva.

---

(*a*) Nous trouvâmes sur la route des inscriptions dans tous les endroits suivants ; dans les Eglises d'*Unter Milback*, de *Saint Donat*, de *Saint Michel*, de *Prunniers-Cross* & de *S. Antoine*, & au moulin, où l'on voit les ruines d'un ancien édifice. On dit qu'il y avoit au midi de la croix, un temple dédié au soleil ; mais je n'y vis autre chose que quantité de briques répandues dans les champs. Je vis sur la montagne qui est au-dessus du moulin, les ruines d'un édifice. Ayant fait encore un quart de lieue vers l'orient, nous passâmes par la maison d'un gentilhomme, qui est près de *Meiselbourg*, d'où nous nous rendîmes aux Eglises de *Possaw* & de *Rotzendorf*, & de-là à *Tilshack*, qui est un palais qui appartient au Comte de *Grobenich*.

uns prétendent qu'elle fut détruite par *Attila*, mais sans aucun fondement ; & comme *Odoacre* chassa tous les *Romains* de la *Norique*, il est plus naturel de croire que ces villes n'étant plus habitées, elles tomberent insensiblement en ruine. On l'appelle *Maria Sol* d'une Eglise de même nom, où l'on voit un ancien vase qui sert de fonts baptismaux. La ville étoit anciennement bâtie, partie dans la plaine, & partie sur la croupe des montagnes ; & s'étendoit probablement depuis l'Eglise d'*Arndorf* jusqu'à *Lindwurmb Gruben*, qui en est éloigné d'une lieue. Elle s'étend à gauche jusqu'à la riviere, & à droite sur la montagne jusqu'à l'Eglise de *Retzendorf* & au bois de *Telshach*.

Au sortir de *Maria Zell*, nous entrâmes dans la plaine où est le monument appellé *Kaisarstool*. Il consiste dans une grosse pierre de six pieds de long sur cinq de large, posée debout, sur laquelle il y en a une autre du côté du couchant, qui s'appuie dessus. Il y a entre-deux deux petites pierres, sur l'une desquelles est le fragment d'une inscription latine. Le siége est de l'autre côté, il consiste en une pierre posée sur un chapiteau gothique, de chaque côté de laquelle il y en a une autre, contre laquelle on posoit les armes. Au haut de la grosse pierre sont écrits ces mots : *Rudolphus Dux*, qui fut le premier qui posséda la *Carinthie*. *Æneas Sylvius* fait mention d'une cérémonie extraordinaire qu'on observoit dans l'installation des Ducs. Le palais de *Tonsonberg* est sur la montagne qui est au couchant. On y montre plusieurs choses relatives à Maximilien I. qui y naquit, à ce qu'on prétend ; mais on sçait que *Neustat* fut le lieu de sa naissance. Nous vîmes dans cet endroit quantité d'inscriptions & de reliefs.

*Clagenfurt* est une des plus jolies villes que j'aie vues dans mon voyage. Les maisons en sont très-bien bâties, & il y a des ruisseaux dans toutes les rues (a). On n'y trouve ni médailles, Clagenfurt.

---

(a) *Cellarius* croit que c'est *Claudia* ou *Claudivium* ; mais je conjecture plutôt que c'est *Beliandro*, sur le chemin de *Varuno* à *Juvavia*, quoique les distances ne s'accordent point. Le chemin passoit le long de la *Drave*, où est maintenant celui de *Saltzbourg*, jusqu'à *Clagenfurt*. On m'a dit que l'on voyoit les restes d'un chemin Romain dans la vallée d'*Heyden*, environ une lieue à l'orient de *Clagenfurt*.

ni antiquités, ou s'il y en a, elles font en petit nombre. On voit dans la rue une ſtatue coloſſale, dont la tête eſt caſſée ; elle m'a paru tenir de la main gauche des faiſceaux Romains : on y voit auſſi un relief qui repréſente Hercule & un centaure. On nous parla d'une inſcription, qu'il ne nous fut pas poſſible de voir ; il y en avoit quantité autrefois. Nous en copiâmes une qui eſt dans une l'Egliſe ruinée ſur la montagne de *Spittalberg*, à une demi-lieue au nord-oueſt. Il y a dans la place une fontaine de cinquante-cinq pieds de long, ſurmontée d'un dragon de trente pieds, qui eſt les armories de la ville. Elle eſt faite d'une eſpece de pierre verdâtre que l'on trouve dans le pays ; ſur le devant eſt une ſtatue coloſſale d'Hercule avec ſa maſſue levée, qui paroît vouloir aſſommer le monſtre.

Wurtſée. Nous côtoyâmes la rive ſeptentrionale du *Wurtſée* ou du lac, dont les eaux ſont mal ſaines, & cauſent le dévoiement & la colique. On y pêche quantité de truites, de barbeaux & d'écreviſſes. Nous vîmes ſur une montagne le palais de *Landſcroon*, où l'on trouva dernierement quantité de médailles Romaines.

Le Lac Oſ-ſiaker. Le lac *Oſſiaker* eſt à deux

*& de quelques autres Contrées.* 81

lieues au nord-ouest. Il croît quantité de noyers autour de ces deux lacs, dont le fruit sert à faire de l'huile pour les peintres, & le marc, de nourriture aux pauvres gens, qui le mangent avec du pain. Quelques Auteurs font mention des noix du lac *Offiaker* sous le nom de *Tribulus aquaticus*, ajoutant qu'on en fait du pain. M'étant informé de la chose, j'appris que ce lac produisoit une plante dont la baye servoit à faire du pain ; mais qu'il étoit malsain, & causoit souvent des fiévres.

Quelques-uns croient que *Villach* est le même que *Julium Carnium*, mais cela est faux. Cette ville est à quarante milles d'Italie, de *Volkmark*, que l'on croit être *Virunum* ; & comme *Graviacis* en étoit éloignée de quarante & un milles, il a plus d'apparence que c'est celle-ci. On nous dit qu'il y avoit quelques ruines près de la ville, entre la *Drave* & la *Guil*, mais nous n'en trouvâmes aucune. On a publié les inscriptions qui y sont, & nous en trouvâmes plusieurs autres sur le chemin de *Spittal*, qui est huit lieues au couchant, sur-tout dans l'Eglise de Sainte Anne, qui est à une demi-lieue de la ville, à *Hillerberg*, à *Vistritz*, dans l'Eglise de

Villach.

D v

Saint *Paternion*, & dans un palais qui appartient à un noble Vénitien. *Minuno* a pu être près du dernier de ces endroits.

S. Peterhulst. Ternia.

*Saint Peterhulst* est sur une colline isolée près de la *Drave*, & l'on croit que c'est *Teurnia*, que Pline met au nombre des villes de la *Norique* dans les environs du *Danube*. Gruter rapporte une inscription, dans laquelle il est parlé du *Duumvir* de *Teurnia*. On l'appelloit ainsi dans le moyen âge, elle étoit le siége d'un Evêque, & la Métropole de la *Norique*. On y voit quelques inscriptions, & un morceau d'un cercueil de pierre. On dit qu'on y en trouva un rempli de cornes de différens animaux. Nous vîmes deux reliefs, dont l'un représentoit S. Pierre & S. Paul, & l'autre un Evêque & une autre figure. On trouve au haut de la montagne les fondemens de quelques murailles, dont on a presqu'emporté toutes les pierres.

De retour à *Villach*, nous primes notre route au midi, & au bout d'une lieue, nous trouvâmes deux sources d'eau minérale chaude, appellée *Warmbad*, qui contient du soufre, de la chaux & quelques autres minéraux. On n'en boit point parce qu'elle purge, mais on prétend qu'en guise de bain, elle résout les nœuds qui se forment dans les jointures, & fortifie les membres qui ont été disloqués.

Nous entrâmes dans les montagnes appellées par les Anciens *Alpes Noricæ* pour les distinguer de celles qui sont au midi, & qu'ils appelloient *Alpes Carnicæ*. Il y a dans l'Eglise d'*Arnoldstein* deux anciens reliefs, dont l'un représente une espece de crocodile avec la queue entortillée, & l'autre les bustes d'un homme & d'une femme; le premier tient un rouleau dans sa main, & est habillé d'une façon toute particuliere.

## CHAPITRE XI.

### Du Comté de Gorice, & du Duché de Carniole.

*Comté de Gorice.* L E Comté de *Gorice* fut ánciennement gouverné par fes propres Comtes, & devint enfuite fujet aux Ducs de *Carniole*. L'ancienne ville de *Gorice* paroît avoir été dans l'endroit où les Comtes avoient leur château. On me dit qu'il y avoit une tête d'une ancienne ftatue, que nous n'eûmes plus le tems de voir. On nous montra le tombeau du dernier Comte, dont les armes font furmontées d'une couronne qui reffemble à la thiare que portoient les Phrygiens. Nous fûmes de-là à *Comorns*, où fept à huit Patriarches d'*Aquilée* ont réfidé en tems de guerre. Ils logeoient probablement dans le château qui eft au fommet de la montagne, & dont on voit encore quelques reftes.

*Gorice.*

*Comorns.*

*& de quelques autres Contrées.*

Nous fûmes à *Hayddenshaft* (a), qui est sur le chemin de *Vienne* à *Venise* ; celui de *Villach* est beaucoup plus court, mais la poste n'y passe point. Le Comté de *Gorice* produit d'excellens vins. Le bas peuple parle la langue *Forlane*, qui est un composé de l'italien, du françois & de l'esclavon ; mais les gens de qualité parlent italien. [*Hayddenshaft.*]

Nous fûmes d'*Hayddenshaft* dans la *Carniole*, qui faisoit autrefois partie du pays des *Carni* ; mais les *Windi* ou *Selavi* étant venus s'établir dans la basse & la moyenne *Carniole*, on l'appella *Windisch-Marck* ; & ce qu'on appelle la langue *Windisch*, est un dialecte que l'on parle dans toute cette contrée. Nous entrâmes dans la vallée [*La Carniole.*]

---

(a) Le nom de ce village signifie *Paganisme*, & les Italiens l'appellent *Ideusina*. Ce nom, joint aux médailles & aux autres antiquités qu'on y trouve donne lieu de croire que c'est une ancienne ville, & la même probablement que *Mutatio* appellé *Castra* dans le voyage de *Jérusalem*, où il est ensuite parlé des *Alpes Julia*. Il y avoit anciennement un chemin depuis cet endroit jusqu'à *Ober Laubach*, qui passoit sur la montagne ; mais on en a fait un nouveau dont le détour est de quatorze milles.

où coule la riviere *Vipao*, qu'on appelloit anciennement *Frigidus*, près de laquelle Théodose remporta une victoire signalée sur *Eugene*. L'endroit appellé *Ad Frigidum amnem*, dans l'Itinéraire étoit, à ce que je crois, sur le chemin d'*Aquilee* à *Emona*. Le nouveau chemin de *Venise* à *Vienne* passe par cette vallée & par *Gorice*, laissant le grand chemin de *Vienne* à *Trieste*, à *Prewalt*, qui est à six lieues de *Trieste*. Nous prîmes celui qui conduit à *Laubach*, nous gagnâmes au bout de deux lieues le sommet des *Alpes Carnicæ* ou *Juliæ*, & étant arrivés dans une gorge où il y a une hôtellerie, nous quittâmes le grand chemin pour nous rendre à *Hydria*, à dessein de voir la mine de vif-argent qu'on y exploite depuis plus de deux cents ans, & qui passe pour la plus riche de l'Europe. Cette mine a près de huit cents pieds de profondeur, & lorsque nous y arrivâmes, on travailloit à en étançonner les rameaux, & à construire des escaliers pour y descendre commodément. La mine consiste en une ardoise noire, entremêlée d'argile de même couleur dans laquelle on voit le vif-argent en forme de petits globules ronds. On brise la pierre & on la lave

Hydria.

pour l'en tirer, & sur cent livres de cinnabre, on retire cinquante livres de vif-argent. On trouve dans le ruisseau qui traverse le village, quantité de parcelles de mercure vierge, que le bas peuple ramasse en cachette, bien que cela soit strictement défendu.

Nous nous rendîmes par *Ober Laubach* à *Laubach* qui est l'ancienne *Emona*. La ville étoit anciennement au midi de la riviere, & s'étendoit vers le nord, où ses murailles servent encore d'enceinte à une partie de la ville même ; comme l'Eglise de Saint Pierre, qui est l'ancienne Eglise paroissiale, est aussi au nord, à un demi-mille de la ville, on conclut de-là que la ville s'étendoit autrefois jusqu'à cet endroit. On trouve dans la ville, de même que dans l'Eglise de *Sistra*, qui en est éloigné d'un mille, plusieurs inscriptions anciennes. On dit que *Laubach* fut bâti par les *Argonautes* qui remonterent l'*Ister*. La montagne sur laquelle le château est bâti, quoique extrémement escarpée, est couverte d'arbres, & ce fut là probablement qu'ils bâtirent la ville.

Laubach.

Nous retournâmes à *Ober Laubach*, l'ancien *Nauportum*, sur la riviere de *Laubach*, appellée par les anciens *Nau-*

Ober Laubach.

88    *Description de l'Orient,*

*portus.* Pline dit que cette ville reçut son nom des Argonautes, dont le vaisseau remonta jusqu'à cet endroit. Tacite parle de *Nauportum* comme d'une ville municipale ; & nous y trouvâmes une inscription. Environ à un mille d'*Ober Laubach*, la riviere forme trois grands ruisseaux au sortir de la montagne. Pour expliquer la nature de cette riviere, il faut sçavoir qu'il y a dans les contrées méridionales de la *Carniole* plusieurs rivieres qui se perdent sous terre, entr'autres la *Untz*. L'autre est la *Poig*, qui a sa source dans les montagnes de *Carso*, au nord de *Trieste*. Elle forme dans la carte d'Homan trois ruisseaux, qui après s'être réunis, se perdent sous terre. On prétend qu'elle prend son cours dans une grotte qui est près de *Postoine*, & qu'après avoir coulé sous terre l'espace de vingt milles d'Angleterre, elle vient sortir par une autre qui n'est pas loin de *Planina*, près du château de *Kleinhausel*, où on l'appelle la *Untz*. Elle reçoit dans cet endroit un ruisseau qui vient du lac de *Czirknitz*, & après avoir parcouru environ trois milles d'Angleterre, elle se perd de nouveau à *Eibenchus*. Elle revient sortir trois milles plus loin, près

*Riviere de Laubach.*

de la Chartreuse de *Frudenthall*, sous le nom de *Untz*. Elle se perd à trois milles au-dessus pendant l'espace de deux milles, & revient sortir près d'*Ober-Laubach* sous le nom de *Laubach*. Les sources & le cours de ces rivieres sont dignes de la curiosité des étrangers.

Nous fûmes d'*Ober Laubach* au village de *Planina*, où nous étant détournés du grand chemin l'espace de cinq milles d'Angleterre vers l'orient, nous arrivâmes sur le lac de *Czirknitz*, qui est la chose la plus curieuse que l'on puisse voir dans la nature. Il a environ vingt milles de circuit, il se vuide communément vers le mois de Juin, lorsque la saison n'est point pluvieuse, & l'on y seme du bled. Il reçoit sept ou huit ruisseaux, qui se vuident par deux grandes ouvertures qui sont au couchant. Le bassin forme une pente douce de part & d'autre d'un canal profond, dans lequel il y a environ douze trous ; & il y en a d'autres au midi du lac, par lesquels l'eau entre & sort. L'eau baisse dans les tems secs, & dans les grandes gelées, & après que le lac a commencé de baisser, si le tems reste au sec pendant

*Lac de Czirknitz.*

deux mois, il n'en refte plus que dans le canal, lequel commence à fe deffécher au bout de quatorze jours, l'eau s'écoule par la plus grande ouverture, & il tarit au bout de quinze autres jours. L'eau commence pour l'ordinaire à baiffer dans le mois de Juin, & revient généralement dans celui de feptembre ; mais cela dépend du tems ; car lorfque l'année eft feche, il fe vuide jufqu'à trois fois, & depuis trente ans, l'eau ne s'eft point retirée pendant fept ans. Il y a fept principales ouvertures par où l'on a obfervé que l'eau s'écouloit réguliérement. Comme le terrain eft plus élevé du côté du nord-oueft qu'ailleurs, elle commence à s'écouler par les ouvertures qui y font. On donne différens noms à ces ouvertures. Celle de *Vodonos*, qui eft la plus élevée & la plus grande, refte à fec une heure après que l'eau a commencé à baiffer. *Retia* commence à fe vuider une heure après, & tarit dans le même efpace de tems. *Kreutz* commence à fe vuider fix heures après, & eft environ deux heures à tarir. Trois jours après *Refchetto* commence à fe vuider, & refte à fec au bout de deux heures & demie. Trois jours après *Koten* fe vuide au bout de quatre heures : ces deux dernieres ouvertures font au midi du lac. Trois jours après, *Leuifcha* commence à fe vuider à fon tour, & tarit au bout de fix heures. A mefure que l'eau fe retire dans le canal, elle laiffe à découvert un rocher appellé *Ribef-kakamen*, & pour lors les pêcheurs fe difpofent à jetter leurs filets dans le premier trou. Il ne commence pas plutôt à fe vuider, qu'ils les plongent dedans, & prennent le poiffon que l'eau entraîneroit avec elle fous terre ; il y en a même qui y entrent, & le fuivent bien avant pour ne point le manquer. Quantité de petits poiffons fe fauvent dans les trous qui n'ont point d'iffue, & on laiffe aux femmes le foin de les attrapper. Lorfque le lac refte un an ou deux fans fe vuider, il fourmille de poiffons ; il y en a moins lorfqu'il fe vuide tous les ans. Les poiffons qu'il produit font des merlus, la tanche, un efpece d'anguille ; on y pêche des écreviffes de neuf pouces de long, & même plus. La pêche appartient à la Chartreufe qui eft auprès ; mais après que l'eau s'eft retirée, on permet aux habitans d'y pêcher, moyennant une petite fomme. Lorfque le lac fe vuide de bonne heure, on seme sur les bords du bled sarrasin; & le dedans devient une belle prairie, où croissent quantité de plantes rares, qui servent à nourrir le bétail. On trouve parmi les roseaux quantité de liévres, de bécasses & des bécassines. Dès que les pluyes commencent; l'eau s'écoule à l'instant par les ouvertures. Lorsque le lac tarit en été, il reste environ deux mois à sec; si c'est dans le printems, deux mois, & en hiver environ dix jours. Le canal se remplit au bout de vingt-quatre heures, & le lac au bout d'une semaine. Quelquefois l'eau revient de bonne heure & inonde ce qu'on a semé. Il est couvert en hiver de cignes, de canards sauvages & d'oyes, & ce qu'il y a de plus extraordinaire est, qu'au bout de quelques jours on voit dans le même endroit des oiseaux aquatiques, du poisson, du bled, des pâturages, & toutes sortes de gibier & de volaille. Il y a du côté où les bords du lac sont les plus élevés quatre ouvertures, où dans les tems d'orage on entend un bruit pareil à celui d'un tambour. Il y en a deux d'où il sort dans ces tems là quantité d'oiseaux aquatiques, entr'autres des buisars aveugles, dépouillés d'une partie de leurs plumes. La raison en est qu'étant entraînés dans ces trous lorsque l'eau se retire, ils font effort pour en sortir, & s'arrachent les plumes en frottant contre les rochers. Le grand jour les éblouit si fort au sortir delà, qu'il est aisé de les tuer ou de les prendre. Nous vîmes au bas du rocher un trou dans lequel un homme peut entrer ; il y a toujours de l'eau, & il étoit plein lorsque nous y fûmes. Il y en a deux à l'extrémité occidentale du lac, par lesquels l'eau a coutume de s'écouler. Les deux courans se réunissent, & après avoir coulé environ l'espace de deux milles sous terre, ils viennent sortir dans une petite prairie entourée de bois. L'eau va passer à un demi-mille plus loin sous une espece de pont naturel, formé par un rocher de deux cent pieds de haut, & de cent vingt pieds d'épaisseur ; au-dessus duquel est un passage, élevé de cent quarante pieds au-dessus de l'eau, & de cent quarante pieds de large. Environ cent verges plus loin, le torrent se jette dans la grotte de *S. Kanzien* qui a deux cent pieds de hauteur & cent de largeur, & vient sortir par un passage étroit d'environ trois milles de longueur près de *Planina*, où il se joint avec la *Untz*, dont j'ai parlé ci-dessus. Le passage étoit tellement rempli d'eau, que nous ne pûmes y entrer ; on peut le faire lorsque le lac est à sec, & on y trouve quantité de pétrifications curieuses. J'ai dit ci-dessus ce qu'on pensoit du cours des rivieres qui se jettent dans la *Laubach* ; mais mon opinion est que la *Poig*, & quelques autres rivieres qui sont à l'orient, & qui sont plus hautes que le lac, prennent leur cours sous terre, & que, communiquant avec ses ouvertures, elles le remplissent ; & que, venant à tarir, l'eau du lac doit nécessairement tarir aussi. Homan fait passer ces rivieres par *Gottsche*, *Weixelberg*, *Guttenfelds* & *Sneebery*.

Grottes. Nous fîmes cinq milles depuis *Planina* jusqu'à *Luek*, pour voir une grotte que la nature a formée dans un rocher de trois cent pieds de hauteur, & dont l'entrée est ce qu'on peut voir de plus curieux. On trouve à mi-chemin une cavité spacieuse, dans laquelle est un château, où l'on arrive par un passage pratiqué dans le rocher. L'entrée de la grotte est au-dessous, & il y a au fond une cavité qui se retrécit insensiblement, & qui ne laisse qu'autant d'espace qu'il faut pour un petit ruisseau. La grotte a depuis dix pieds jusqu'à cinquante de hauteur, & depuis cinq pieds jusqu'à quinze de largeur. La plus grande partie est séche, mais il y a des endroits où l'eau filtre à travers & forme des pétrifications, dont quelques-unes ressemblent à des dais gothiques. Nous reprîmes le grand chemin à *Postoina*. Il y a dans cet endroit une grotte d'environ un mille de longueur, & médiocrement haute, dans laquelle passe une riviere que je crois être la *Poig* dont j'ai parlé ci-dessus. Il y a au-dessus un pont naturel, que l'eau a probablement formé. Toute la grotte est remplie de stalactites. Nous fûmes à deux milles de ce viliage pour voir la grotte de Sainte Marie Magdelaine, dont les pétrifications sont extrémement curieuses à voir. Elle est entiérement incrustée de rocailles qui forment diverses figures grotesques d'une beauté admirable. Au sortir de *Postoina*, nous traversâmes les montagnes de *Carso*, pour nous rendre à *Trieste*.

*Trieste* étoit une colonie Romaine, connue sous le nom de *Tergeste*. On y a trouvé quantité d'inscriptions & d'antiquités, entr'autres un arc de triom-

<sub>Trieste.</sub>

phe, dont les faces étoient ornées de plufieurs pilaftres corinthiens, furmontés d'un attique. Le terrain s'eft confidérablement élevé tout autour. Della Croce l'a fait graver dans fon hiftoire de *Triefte*. On voit au clocher de la Cathédrale quatre colonnes corinthiennes cannelées, qui paroiffent avoir fait partie du portique d'un temple. On en a ôté l'entablement. La frife eft ornée de cafques, de boucliers, & de différentes fortes d'armes. Il y a dans le clocher une tête coloffale d'Augufte, & dans les murs de la Cathédrale deux beaux bas-reliefs qui repréfentent le combat des Amazones. On voit fur un autre plufieurs têtes d'une famille qui portoit le nom de *Barbius*; dans la ville les reftes d'un théatre bâti de pierres & de briques, & fur le port les ruines d'un mole que les Romains avoient fait conftruire, & qui avançoit plufieurs centaines de pas dans la mer.

Aqueduc. On voit à dix milles à l'orient de *Triefte*, dans les montagnes de *Carfo*, les reftes d'un aqueduc qui conduifoit l'eau d'une fontaine à la ville. Il a quatre pieds fix pouces de largeur, & il eft revêtu de briques qui le retréciffent d'un pied dix pouces; il eft voûté d'un bout

bout à l'autre. On descend du château de Saint Servolo dans une grotte remplie de pétrifications curieuses.

*Proseccio* est situé près de la mer, sur une éminence, à sept milles au couchant de *Trieste*. Ce doit être le château de *Pucinum*, dont Pline & Ptolemée font mention. Pline rapporte que Livie attribuoit sa grande vieillesse au vin de *Pucinum* dont elle faisoit usage, & qui étoit fort rare de son tems. Cette ville est encore fameuse pour ses vins muscats.

Proseccio.

Nous nous rendîmes sur la riviere *Timao*, la même que le *Timave*, qui étoit si renommé dans l'antiquité. Cette riviere a fourni matiere aux Poëtes, qui ont jugé à propos de la placer près de *Padoue*, pour mieux s'accommoder à l'histoire d'*Antenor* ; & quiconque s'en rapporteroit à la description qu'ils en donnent, se trouveroit fort éloigné de la vérité. Les anciens Géographes & les Naturalistes placent sa source fort loin, & lui font faire vingt milles de chemin sous terre. Elle prend sa source dans les montagnes de *Carso*, au nord-est de *Trieste*, où on l'appelle la *Recca*. Elle coule l'espace de vingt milles sous les montagnes, & forme en

Le Timave.

Tome VII.                                      E

sortant sept branches, dont la grosseur varie selon les tems. On dit qu'elle fait souvent beaucoup de bruit en sortant, d'où vient qu'on appelle cet endroit *S. Joanni della Trumba* ( S. Jean de la Trompette ). Ce que les Poëtes disent de ses embouchures & du bruit de ses eaux, doit s'entendre de celui qu'elle fait au sortir des montagnes. Elle se partage ensuite en trois ruisseaux d'eau douce, qui, après s'être réunis, vont se jetter ensemble dans la mer. Il y avoit tout auprès un temple consacré à Diomede, où l'on sacrifioit tous les ans un cheval blanc à Neptune, dont le port & la grotte étoient tout près. Nous vîmes près de leur source un pavé en mosaïque, & comme on travailloit derniérement au chemin, on découvrit les fondemens de quelques murailles. Il y a encore actuellement un bois dans les environs. L'air de cette contrée est fort mal sain, ce qu'on attribue aux exhalaisons des eaux, qui ne valent rien pour boire. Il y a dans les montagnes, qui sont au-dessus de la source du *Timave*, trois fosses extrémement profondes, dans deux desquelles il y a de l'eau; mais les bords en sont si escarpés qu'il seroit dangereux d'y descendre pour voir la communication qu'elles peuvent avoir. Il y a à l'embouchure du *Timave* une petite isle appellée *Belforte*, que la mer a presque emportée, de maniere qu'elle la couvre presque toute dans les hautes marées. Les Anciens parlent de certaines sources chaudes qui grossissoient & diminuoient avec la marée.

# CHAPITRE XII.

## De l'Istrie.

<small>Muglia.
Capo d'I-
stria.</small>

Nous fretâmes une barque à *Trieste* pour aller voir les villes d'*Istrie* qui sont sur la côte. Nous trouvâmes à *Muglia* quelques anciens reliefs, & une inscription. *Cabo d'Istria* est situé dans une isle, qui communique avec le continent par un pont & une chaussée. Il n'y a que trois pieds d'eau entre deux dans la basse marée. C'est l'ancienne *Ægida*, qu'on appelloit dans le moyen âge *Justinopolis*; mais on sçait aujourd'hui que l'inscription qu'on dit y avoir trouvée, & qui portoit que la ville avoit été bâtie par *Justin*, est une inscription forgée à plaisir; on dit cependant que cet Empereur y fit construire une forteresse. Nous n'y trouvâmes d'autre antiquité qu'un vase avec une inscription fort courte.

<small>Pirano.</small> Les fonts baptismaux de l'Eglise de *Pirano* consistent dans un ancien vase,

sur lequel est un Cupidon en relief, monté sur un dauphin. On conjecture que la ville est postérieure à *Attila*. *Umago*, où nous vîmes une inscription, peut être *Nerigum* de l'Itinéraire, étant à vingt-huit milles de *Trieste*, & à dix-huit de *Parentium*. L'air de *Citta Nova* est si mauvais, que ses habitans l'ont presque abandonnée. On y trouve quelques inscriptions. Cette ville, qui est fort ancienne, est probablement la même que *Mutila* ou *Favena*, dont il est parlé dans Tite-Live. Le siége de *Laubach* y fut une fois transferé; & c'est la raison pour laquelle ses Evêques prennent encore aujourd'hui en latin le titre d'Evêque d'*Emona*. Les Historiens d'*Istrie* prétendent que cette derniere ville étoit dans les environs; ils donnent à l'ancienne riviere de *Nauportus* le nom de *Quiete*; & disent que les ruines de l'ancienne ville sont quatre milles plus haut au nord de la *Quiete*. Nous fûmes les voir, & nous trouvâmes en effet les ruines d'une ville ou d'un château, qui nous parut avoir été bâti dans le moyen âge. *Cluvier* conjecture que c'est la *Salvo* des Tables, ce qui ne peut être, vu qu'on la place entre *Parentium* & *Pole*.

Umago.

Citta Nuova.

*Parenzo*, qu'on appelloit autrefois *Parentium*, étoit fameuse pour un temple de Neptune, dont on voit encore les fondemens à l'extrémité occidentale de la ville, qui m'a paru avoir cinquante pieds de longueur, & dont il est parlé dans une inscription qui est dans la place, de même que des moles dont on voit encore les débris. On dit que l'Empereur Othon se servit de ses matériaux pour bâtir la Cathédrale. On y voit quelques ouvrages en mosaïque, dont celui qui représente des tridents & des dauphins, peut avoir fait partie de l'ancien pavé du temple. Il y a sur le rivage de la mer quelques autels dont les inscriptions ont été effacées par les vagues. L'isle de Saint Nicolas, qui est vis-à-vis *Parenzo*, appartient aux Bénédictins de Saint George de Venise, & est entièrement plantée d'oliviers. *Orsera* & son territoire appartiennent à l'Evêque de *Parenzo*; mais le Pape en a la souveraineté. *Rovigno* est une ville extrémement peuplée, où il se fait un grand commerce de vins & d'huiles. Vis-à-vis est l'isle de Saint André, où il y a un couvent de Bénédictins : elle est entièrement couverte de bois. Nous vîmes en allant à *Pole*,

la petite ville de *Perdoli*, laquelle est  Perdoli.
habitée par des Grecs qui s'y fixerent
après la prise de *Candie*. Il y a quelques
isles vis-à-vis le port de *Pole*, entr'autres
celle de *Saint Nicolas*, qui a près de  S. Nicolas.
cinq milles de circuit. Elle est couverte
de buissons, & n'est habitée que par
des carriers qui fournissent du marbre
commun à Venise. Celle de *Brioni* qui
est auprès, est également fameuse pour
ses environs. Il y a quelques autres isles
dans la baie, dans l'une desquelles est
une ancienne Eglise grecque. On voit
dans celle de *Scoglio Grande* les ruines
d'un château, & les débris d'un ancien
temple.

*Pole* a retenu son ancien nom. Elle  Pole.
s'appelloit *Julia Pietas*, & l'on dit
qu'elle fut bâtie par les *Colchiens*, qui,
n'ayant pu retrouver les *Argonautes*,
n'oserent point retourner auprès du Roi
*Æetes*. Cette ville fut faite colonie Romaine du tems d'Auguste : elle fut d'abord détruite par *Attila*, & ensuite
par les Vénitiens, & elle est aujourd'hui peu considérable, si l'on en excepte ses antiquités. Son amphithéatre
est un des plus beaux qui soient au
monde ; je parle du dehors, car le dedans est entiérement détruit, à l'excep-

E iv

tion des murailles fur lefquelles portoient des fiéges de bois. Il eft bâti de groffes pierres de taille, liées avec des crampons de fer. On defcend de l'amphithéatre dans un paffage fouterrain de trois pieds de haut, & de dix-huit de large, dans lequel il y a plufieurs détours, mais qui paroît aboutir à la mer ; il fervoit probablement à faire écouler les eaux qui s'amaffoient dans la plaine. Le Marquis Maffei en a donné le deffein & la defcription. Le temple d'Augufte & de Rome eft près de la mer, & fert aujourd'hui de maifon. Il y a tout auprès un autre temple qui lui reffemble fi fort, qu'il y a toute apparence qu'il ne fervoit que pour la fymétrie. On trouve à l'extrémité méridionale de la ville un arc fépulchral, qui paroît avoir été bâti par une Dame de la famille des *Sergiens*. Il eft orné de fculptures & de vignes, fur-tout des deux côtés de la porte, en dedans de rofes diftribuées par compartimens, & il y a dans le ceintre un aigle qui tient un ferpent avec fes ferres. On trouve près du théatre les débris d'un bain froid, qui forme un demi-cercle de vingt-fix pieds de diametre ; on y monte par quatre marches, & la fource eft dans le milieu. Il y a à l'orient de la ville, à côté d'une montagne, un théatre appellé *Zadro*, qui étoit en entier il y a deux cent ans, & dont on trouve le deffein dans *Serlio*. Un ingénieur le démolit & fe fervit des matériaux pour bâtir un fort fur la montagne ; mais comme il ne fervoit à rien, on jugea à propos d'en murer l'entrée. On trouve tout auprès plufieurs belles corniches de marbre blanc, qui appartenoient vraifemblablement au théatre. Je copiai l'infcription dont parle *M. Spon* : elle ne dit point que *Pole* fût une République, mais feulement une ville Romaine qui avoit fes loix & fes magiftrats, & que fes habitans avoient érigé l'autel dont il parle. *Pole* eft aujourd'hui une ville très-pauvre & dont l'air eft très-mal fain. Il paroît que la Cathédrale & les autres Eglifes ont été bâties avec les matériaux de l'ancienne ville. On voit fur le rivage de la baie, à deux milles au couchant de la ville, les reftes d'un phare qu'on appelle la *Tour de Roland*, il eft bâti de briques, & je ne doute point que ce ne foit un ouvrage des Romains.

# CHAPITRE XIII.

*Du Frioul, & de quelques autres contrées d'Italie.*

Nous traversâmes un peu au dessus du *Timave*, dont j'ai parlé, la riviere de Saint-Jean, & nous entrâmes dans le *Frioul*, qui appartient aux Vénitiens. Cette riviere sort du lac de *Pietra Rossa*, & après avoir coulé l'espace d'un mille au-delà du château, elle se perd pendant un demi-mille sous une montagne, & revient sortir environ à deux milles de la mer, & est navigable. L'eau entre dans le lac du côté du nord-est, ce qui donne lieu de croire qu'elle vient d'un autre qui est deux milles plus haut, & qu'on appelle *Lago Dobardo*. Elle reçoit le petit ruisseau de Saint Antoine, dont la source est au midi de *Monte Falcone*, à quelque distance de la mer. Tout auprès sont les bains sulphureux de *Monte-Falcone*, dans lesquels l'eau de la mer entre par une communication souterraine. Nous fûmes curieux de voir le lac de *Pietra Roffa*, que l'on croit être le lac *Timave*, dont parle Tite-Live, & où les Romains camperent dans la guerre qu'ils eurent avec les peuples de l'*Iſtrie*. Il y a au midi une haute montagne où l'on voit les veſtiges d'un retranchement, & qui eſt probablement l'endroit où les Romains camperent. Les montagnes qui ſont au nord s'appellent *Vallone*; il y a au bas quelques maiſons qui portent le même nom. C'eſt là probablement que les *Iſtriens* ſe mirent en embuſcade, & d'où ils ſe coulerent à la faveur de la nuit derriere les deux collines qui ſont à l'orient de la haute montagne, où les Romains étoient campés, & les attaquerent avant le jour, ſans être apperçus de leur camp, qui étoit du côté de la mer. Cette montagne n'en eſt éloignée que d'un mille & demi, de ſorte que l'hiſtorien a pu bien dire qu'elle étoit près de la mer. Nous traverſâmes le *Liſenzo*, & nous entrâmes dans la Comté de *Gradiſca* qui appartient à la maiſon d'Autriche. Nous vîmes dans la maiſon du Baron *Delfin* quelques inſcriptions & quelques antiquités qui y ont été portées d'A-

*quilée*. Nous rentrâmes au sortir de là dans le territoire de Venise. Les fortifications de *Palma* sont très-belles, & la ville très-bien bâtie; mais elle n'étoit pas encore achevée de mon tems. Nous trouvâmes sur le chemin de *Palma* à *Aquilée*, bon nombre d'inscriptions & d'antiquités à *Deal*, *Campolongo*; *Villa Michaelis*, & *Villa Vicentina*, où nous logeâmes. Nous allions tous les jours à *Aquilée*, & nous retournions chez nous à l'entrée de la nuit pour nous garantir du mauvais air. Nous fûmes le lendemain à *Cervignan*, *Saint Martin* & *Mureis*, pour voir les inscriptions & les antiquités qui y sont. *Terzo* étoit probablement à un tiers de mille d'*Aquilée*. Nous n'eûmes pas plutôt passé la *Terzo*, que nous vîmes des fondemens à notre gauche; & à quelque distance de là, un aqueduc qui s'étend jusqu'à *Aquilée*, & dont les arches sont remplies de pétrifications. La muraille a sept pieds d'épaisseur & environ dix de hauteur, mais elle m'a paru avoir été plus haute. Nous ne pumes découvrir d'où l'eau venoit, mais il y a tout lieu de croire que c'étoit de la riviere qui passe à *Terzo*. L'ancien chemin d'*Aquilée* à *Concordia* passoit le long de cet aqueduc, & l'on traverſoit les marais & la riviere d'*Ariſa*, qu'on appelloit *Alſa* ſur un pont qu'on appelle aujourd'hui le *Pont de Roland*, qui eſt à cinq milles d'*Aquilée*, & dont on voit encore quelques reliefs. Il eſt parlé de ce chemin & de ce pont dans une inſcription que nous vîmes dans un couvent de Religieuſes, & que nous ne manquâmes pas de copier. Le nom de l'Empereur, qui eſt probablement *Domitien*, étoit effacé. Nous traverſâmes pluſieurs petits ruiſſeaux ſur des ponts de pierres de taille, que les Romains avoient ſans doute fait conſtruire; nous vîmes quelques ruines près de l'Egliſe de Saint Etienne, & une inſcription dans une maiſon qui eſt auprès. Nous arrivâmes enfin à *Aquilée*, ville fameuſe dans l'hiſtoire ancienne, que les Romains firent bâtir, pour s'oppoſer aux incurſions des Barbares. Elle fut érigée en colonie Romaine l'an 570 de Rome; & l'on accorda trois milles pieds de terrain aux habitans, cent aux Centurions, & cent cinquante aux Chevaliers, ce qui fait en tout ſeize milles de terrain en quarré. Ils jouirent dans la ſuite des mêmes privileges que les Citoyens Romains, & ils furent

*Aquilée.*

aggrégés à la Tribu *Velenienne*. Les Empereurs y résiderent souvent, surtout pendant la guerre qu'ils eurent à soutenir contre les *Germains*. Les Dames d'*Aquilée* firent un trait de bravoure, que je ne dois point passer sous silence. L'Empereur *Maximin*, ayant assiégé la ville, & les habitans ne pouvant plus se servir de leurs arcs faute de cordes, elles se couperent les cheveux pour en faire. Les troupes, voyant la résolution des assiégés, & craignant d'avoir du pire, couperent la tête à *Maximin*, & se soumirent au Sénat. La ville fut entiérement rasée par *Attila* l'an 453 ; *Narsés* la fit rebâtir, mais elle n'a jamais pu recouvrer son ancienne splendeur. Nous vîmes quelques inscriptions dans lesquelles il est fait mention de *Belenus* : c'étoit le nom sous lequel les habitans d'*Aquilée* & ceux des contrées occidentales de la *Gaule* adoroient *Apollon*. On croit qu'un de ses temples étoit à *Sainte Marie Belligné*, où nous vîmes les fondemens d'un édifice considérable, & six belles colonnes de granite d'Egypte. Les anciennes murailles d'*Aquilée* que les Patriarches firent bâtir existent encore & peuvent avoir deux milles de circuit.

*& de quelques autres Contrées.* 111

La ville, ou pour mieux dire, le village, est sur la rive orientale de la riviere qui se jette dans la *Natiso*. Il y a quantité d'inscriptions à *Aquilée*, surtout dans le couvent de Religieuses, & chez le Chanoine *Bertoli*, à qui nous devons les antiquités & les inscriptions d'*Aquilée*. Il y a dans la Cathédrale une petite chapelle dans laquelle on prétend que Saint Jerôme fut baptisé, & une niche où l'on garde les saintes huiles que l'on distribuoit autrefois dans tout le Patriarchat. Le pavé de l'Eglise est en mosaïque, & l'on voit dessus les noms des personnes qui en firent la dépense. Après qu'*Attila* eut détruit la ville d'*Aquilée*, les Patriarches transporterent leur siége à *Grado*, qui dans un Synode fut reconnue pour la Métropole de *Venise* & de l'*Istrie*. Ils obtinrent quantité de terres & de privileges, qu'ils ont laissé perdre dans la suite. Les Lombards établirent un autre Patriarche, qui établit sa résidence à *Cormons* & *Cividad Friuli* ; mais cette affaire fut terminée par le Pape dans un Concile qui se tint à *Mantoue*. Les Patriarches retournerent à *Aquilée* ; ils furent ensuite à *Udine* & à *Venise*, d'où ils revinrent à *Udine*, & le siége de

112 *Description de l'Orient,*
*Venise* fut érigé en Patriarchat. Ils obtinrent il y a quelque tems, le privilege de nommer leurs successeurs ; mais l'Archiduc d'Autriche refusa de le reconnoître, prétendant que la nomination lui appartenoit ; il voulut même exiger qu'ils prêtassent hommage à l'Empereur, parce qu'*Aquilée* appartient à la maison d'Autriche, & sur leur refus, on fit saisir leurs revenus. Le Patriarche ne peut se fixer à *Aquilée*. C'est le Sénat qui nomme les Chanoines, mais l'Archevêque exige qu'ils soient nobles, & se réserve la nomination du Patriarche. Tous ces démêlés ont réduit la ville d'*Aquilée* dans un état déplorable.

Nous nous rendîmes d'*Aquilée* dans les isles ; nous remontâmes ensuite la *Limene*, qu'on appelloit anciennement *Romatinus*, jusqu'à *Porto Gruaro*. *Concordia* est un peu au-dessous : c'étoit autrefois une colonie Romaine dont il ne reste que quelques reliefs & quelques inscriptions. Nous entrâmes dans le *Frioul* par *Ponteba Veneta*, & nous fûmes à *Venzone*, où l'on trouva il y a quelque tems, quelques cadavres entiers, comme ceux de *Bremen*, que l'on conserve dans un caveau qui est sous le

Venzone.

## & de quelques autres Contrées. 113

Baptiſtaire. Nous vîmes ſur le chemin d'*Udine* une inſcription à *Spitaletto*, & une autre à *Gemona* avec quelques reliefs. Nous arrivâmes à *Triceſimo* que l'on croit être à treize milles d'*Aquilée* & de *Julium Carnicum*: elle eſt appellée *Ad Triceſimum* dans les Tables. Nous vîmes une inſcription dans le château. On croit que *Julium Carnicum* eſt *Julia*. Cette ville eſt dans les montagnes de la contrée qu'on appelle *Cargnia*, & l'on prétend qu'on y a trouvé quelques ruines.

*Udine* est une très-belle ville, que l'on dit avoir été bâtie par Attila après la deſtruction d'*Aquilée*. C'eſt la patrie de Paul l'Hermite. On montre dans le palais du Comte *Gorgi* quantité d'inſcriptions & d'antiquités, entr'autres pluſieurs urnes, parmi leſquelles il y en a de verre: on les trouva à *Aquilée*. Il y a dans l'Egliſe des Religieuſes de Sainte Claire une ancienne tête de marbre fort curieuſe. C'eſt la réſidence du Patriarche d'*Aquilée*, qui y a fondé un ſéminaire & une bibliothéque. L'hôtel de ville conſiſte dans un grand bâtiment gothique, vis-à-vis duquel *Palladio* a fait conſtruire un beau portique ionique. Nous traverſâmes en allant à *Cividad*

*Marginalia:* Triceſimo. Udine.

*di Friuli* le lit de la *Torre* ou de l'ancien *Turrus*, qui se jette dans la *Natiso*. Les eaux de ces deux rivieres se rendent en été à *Udine* par deux ruisseaux. *Cividad di Friuli* est certainement *Forum Julii* ; elle fut détruite par *Théodoric*, mais on la rebâtit dans la suite. C'étoit là que résidoient les Ducs du *Frioul* & les Patriarches d'*Aquilée*. Nous y trouvâmes quelques inscriptions où il est parlé de la Tribu *Scaptiane*, à qui l'on croit que cette colonie appartenoit. C'est la patrie du poëte *Cornelius Gallus*, favori d'Auguste, & de Paul, Diacre d'*Aquilée*. Il y a quantité de manuscrits précieux dans la Collégiale, entr'autres un Nouveau Testament latin, écrit en grosses lettres quarrées, qui m'a paru du sixieme siécle. Il appartenoit aux Ducs de *Frioul*, dont on voit encore les noms dessus, entr'autres ceux d'*Anselme*, *Pierre* & *Ursus*. Les Dominicains ont une histoire de Paul Diacre, qu'ils disent avoir été écrite de son tems. On pratique dans la Collégiale le jour de l'Epiphanie une cérémonie extraordinaire, en mémoire de la souveraineté temporelle dont le Patriarche jouissoit anciennement.

& *de quelques autres Contrées.* 115
Le Diacre, qui a lu l'Evangile, met un casque de bois sur sa tête, & prenant une épée nue dans sa main, il va trouver le Prêtre qui officie, & la brandit plusieurs fois devant lui.

## CHAPITRE XIV.

*Des isles de Grado, Gorgli, & de quelques autres contrées d'Italie.*

Grado.

ON donne le nom de *Lagunes* au pays qui est entre *Aquilée* & *Grado*, parce qu'il est couvert d'eau dans la haute marée. En allant à *Grado*, nous fûmes dans l'isle de Saint-Côme ou de *Gorgo*, pour voir l'Eglise qui y est. La ville de *Grado* occupe presque toute l'isle. Quoique la Cathédrale ne paroisse point ancienne, il y a cependant douze cent ans que son pavé est fait, comme cela paroit par les inscriptions grecques & latines qu'on y trouve, & qui font mention de ceux qui en ont fait la dépense.

Gorgli.

Nous fûmes de *Grado* dans l'isle de *Gorgli*, qui est le siége d'un Evêque, & où l'on trouve quelques antiquités. Il y a à *Torcello*, qui est une des isles de Venise, une Cathédrale que l'on dit avoir été bâtie l'an 697. Nous vîmes à Venise la bibliothéque de *Pisanni*, & le cabinet du Signor *Apostolo Zeno*, Poëte, & si je ne me trompe, Historiographe du défunt Empereur. Il consiste en un grand nombre d'antiquités & de médailles. M. *Marc-Antoine Diedo*, Noble Vénitien, nous fit la politesse de nous montrer le sien. On y trouve quantité de médailles grecques qui n'ont point encore été publiées. Il fit cette collection pendant qu'il étoit Amiral du Levant, & Gouverneur d'Istrie, de Dalmatie, de Corfou, de Zanthe & de Céphalonie. En allant de *Venise* à *Trevise*, nous passâmes par *Altino*, appellée par les Latins *Altinum*, qui fut détruite par *Attila*. Nous n'y trouvâmes que deux inscriptions. On nous montra à *Bassano* plusieurs tableaux du *Bassan* & de ses quatre fils. Nous ne vîmes à *Feltri*, l'ancienne *Feltria*, qu'une seule inscription; nous en trouvâmes trois à *Belluno*, avec un cercueil de marbre orné de trois beaux reliefs. Le clocher de la Cathédrale est fort beau, & le dedans de l'Eglise a été bâti d'après le dessein de *Palladio*.

118 *Description de l'Orient;*
La *Fiave* dans cet endroit est si profonde & si rapide, qu'on fait huit milles par heure, j'arrivai à *Trente*, d'où je me rendis par *Mantoue* à *Livourne*, où je m'embarquai pour *Alexandrie d'Egypte*.

# DESCRIPTION
## DE
## L'ORIENT.

## LIVRE VI.

*Observations Géographiques.*

## CHAPITRE PREMIER,

*Remarques sur la Géographie ancienne.*

J'AI suivi, comme je l'ai dit dans ma Préface, les cartes publiées par ordre de M. de Maurepas, dans ce qui concerne la figure de la Terre, & la situation des ports de mer. J'ai mis les anciens noms en caracteres romains ; & les modernes en italiques, & lorsque le nom d'une ville n'est qu'en caracteres romains, on doit se souvenir que c'est celui que les anciens & les modernes lui donnent. Il faut en excepter la *Syrie* & quelques autres contrées, où j'ai inséré quelques villes conformément aux distances que les Itinéraires leur donnent, observant de les marquer par des figures que j'ai mises entre deux, encore que l'on ignore les noms que les modernes leur donnent. Quant aux autres, je n'ai point marqué leurs anciens noms, lorsque j'ai eu lieu de soupçonner qu'elles pouvoient être dans les endroits où elles sont placées dans nos cartes, à l'exception des ports, des caps, des rivieres & des lacs, que l'on peut déterminer par leur situation.

Le cap *Sassoso* de l'isle de *Candie* est le même que celui de *S. Sebastien*, que les anciens appelloient le *Prémontoire de Dion*, au couchant duquel est le cap de *Sainte Croix* ; & j'ai eu tort de les confondre.

Quant à la carte de l'*Asie Mineure*, j'ai lieu de croire que ce que j'ai avancé dans mon voyage d'*Alep* à *Constantinople*, au sujet de la riviere d'*Hermus*,

&

& d'*Ancyre* dans la *Phrygie*, est faux, aussi l'ai-je corrigé dans ma carte. Il peut se faire aussi que *Sis* que l'on trouve sur la route, soit la même qu'*Anawasy*, & *Tocia* que *Ticua*. Je me suis apperçu aussi que j'ai pris l'isle de *Saint-André* qui est près de *Cyzique*, pour *Calolimno*; la raison en est que le mauvais tems m'empêcha d'y aller, lorsque je fus de *Rodosto* à *Montagna*. Je l'ai placée dans la carte de la *Propontide* vis-à-vis le *Rhyndacus*, ce qui s'accorde avec la situation de l'isle *Besbicus* des anciens. J'ai suivi pour la carte de la *Thrace* & de la *Grece* celles qu'*Homan* a données du cours du *Danube*, de la *Grece* & de l'*Achaïe*, excepté pour la *Morée* où je me suis conformé à celle de *Samson* pour la figure de la terre & le cours des rivieres. A l'égard des noms & de la situation des villes méditerranées, j'ai suivi, excepté pour le couchant, une carte moderne de la *Grece*, que *Jacques Gustaldo* a fait imprimer à *Venise*, parce qu'elle m'a paru contenir les noms modernes des villes, d'après les observations qui ont été faites de son tems.

A l'égard des villes situées sur la *Propontide*, je les ai placées, tant dans cette carte que dans celle de l'*Afie Mineure*, d'après mes propres obfervations, au lieu que la carte de la *Propontide* eft exactement la même que celle de *Bonn*. J'y ai marqué la route de *Salonique* à *Conftantinople*. Elle eft prefque la même que la route Romaine appellée *Via Egnatia*, d'où l'on fe rendoit des deux ports les plus fréquentés d'Italie, fçavoir de *Dyrrachium* & d'*Apollonie* à *Conftantinople*. Elle paffoit par *Theffalonique* & *Millifurgis*, qui en eft à vingt milles, & probablement dans les environs de *Kifely*, & à vingt-fix milles de *Salonique*, fur le chemin de *Conftantinople*. Elle paffoit enfuite par *Apollonie*, qui étoit dix-huit milles plus loin, près d'*Orphano*, qui en eft éloigné de dix-neuf milles. *Saint Paul* y fut dans le voyage qu'il fit d'*Amphipolis* à *Theffalonique*. Et paffoit encore par *Philippi*, qui eft trente-deux milles plus loin, & dont on voit encore les ruines. L'Apôtre écrivit une lettre aux habitans de cette ville: elle eft environ fix milles au nord de *Cavalla*. On paffe aujourd'hui par *Cavalla*, qui eft à vingt-trois milles d'*Orphano*, d'où l'on compte vingt-deux milles jufqu'à *Carab Enfheh*, qui eft probablement la même que les anciens appelloient *Acontisma*, & qui étoit à vingt deux milles de *Philippi*. *Néapolis* étoit entre *Philippi* & *Acontisma*. La seconde ville que l'on trouve sur la route est *Caraoulago*, qui en est éloignée de vingt-trois milles. Elle pouvoit être vers les *Etables de Diomede*, que l'on place à quarante milles ; *Topiro* étoit entre deux, à dix milles, probablement sur le lac appellé dans la carte marine *Lago*, que je crois être celui de Stentor ( *Lacus Stentoris.* ) Dix-huit milles plus loin est un village de *Bulgares*, dont la distance est exactement la même que celle d'*Impara* ou *Pyrsoalis*, qu'on appella dans la suite *Maximianopolis*. Vingt-quatre milles plus loin est *Osikneh*, qui pouvoit être dans l'endroit où est *Trajanopolis*, qu'on dit être éloigné de cinquante-sept milles ; *Bricize* étoit entre deux. Cette distance, de même que les autres qui suivent dans l'Itinéraire, sont trop grandes. On trouve vingt-deux milles plus loin, *Develia*, que je crois avoir été plus près de *Rodosto* qu'*Apris* que l'on place à vingt-six milles, au lieu que *Develia* n'est qu'à quatorze. On compte quatre-vingt mil-

F ij

les de *Trajanopolis* à *Apris*, mais il paroît que ce n'est pas la route directe, vu qu'on y place *Cypsala*, qui est probablement la même qu'*Ypsala*; elle a dû être au midi de *Trajanopolis*, environ seize milles au nord de l'embouchure de la riviere *Heber*. Il y avoit une autre route de *Trajanopolis* à *Héraclée*, au sujet de laquelle j'ai fait quelques observations ailleurs.

En considérant plus attentivement la situation de *Plotinopolis* & de *Trajanopolis*, il y a tout lieu de croire que la premiere étoit à *Ouzounkupri*, & la seconde à l'orient, dans l'endroit où est *Jeribol*.

J'ai suivi dans ce que j'ai dit des rivieres *Ardah*, *Tounsah* & *Meritcheh*, ce que j'en avois appris à *Andrinople*; mais je vois que d'autres font venir la *Tounsah* du nord, font passer la *Meritcheh* par *Philippopoli*, & venir l'*Ardah* du couchant; & je crois effectivement que la *Meritcheh* passe par *Philippopoli*. *Ienegia*, près la *Næstus*, a retenu dans la langue turque quelque chose du nom de *Néapolis*, & sa situation est la même. Saint Paul étant parti de *Troas*, fut à *Samothrace*, &

le lendemain à *Néapolis* (a) & de-là à *Philippes*. *Stratonice* étoit probablement située sur la baie qui est au midi du mont *Athos*. *Stephanus* dit qu'elle étoit près de la *Carie*, ce qui me persuade que c'est la ville du mont *Athos* qu'on appelle aujourd'hui *Cares*. *Palaiocastro* ne sçauroit être *Thronium*, car celui-ci étoit sur le *Boagrius*, à quelque distance de *Pharmacuse*, où *Attalus* fut tué, & Jule César pris par les pirates. J'ai une médaille de bronze dont un côté représente une tête avec la barbe, & l'autre un taureau qui ressemble à l'*Urus*, avec cette inscription ΦΑΡΜΑ, ce qui me fait croire qu'il fut tué dans cette isle.

Comme *Samson*, dans sa carte de la *Morée*, n'a placé plusieurs villes anciennes que par conjecture, & d'après les descriptions que les anciens en ont données, j'ai mieux aimé les placer dans

---

(*a*) Act. des Apôtres c. XVI. v. 11. 12. C'étoit une ville située sur les confins de la *Thrace* & de la *Mecédoine*, à quelque distance de *Philippe*, vis-à-vis l'isle de *Thasus*, qu'il ne faut pas confondre avec la ville & le royaume du même nom, qui fait partie de l'*Italie*.

les endroits où on les met aujourd'hui. J'ai observé que la premiere riviere qui est au couchant de *Corinthe* est la *Ne-mée*, & la seconde l'*Asopus*.

Malgré les soins que je me suis donnés pour rendre mes cartes les plus correctes qu'il m'a été possible, je ne doute point qu'il n'y ait bien des erreurs, quant aux anciennes villes. Je puis m'être trompé dans mes conjectures, mais elles serviront du moins à fixer leur situation. Je serai ravi qu'on me fasse connoître les fautes que je puis avoir commises, parce que cela servira à perfectionner la Géographie ancienne.

## CHAPITRE II.

*Itinéraire d'Europe.*

Comme je n'ai point parlé dans mes observations sur l'Europe de quantité de villes que j'ai vues, j'ai cru faire plaisir au lecteur de l'instruire de la route que je pris à mon retour du Levant, & avant que de m'y rendre. J'y ai joint celle que je tins dans le voyage que je fis en France & en Italie en 1733 & 1734, ce qui, avec la description que j'ai donnée de l'Orient, comprend toute la tournée que j'ai faite.

### SICILE.

*Novembre 13. 1740.*

MESSINE, *Messana*, *Mamertina*. Ville considérable d'Italie en Sicile, dont elle est la seconde capitale, dans la province de *Demona*, avec un Archevêché, & un des plus beaux ports de mer de la Méditerranée; sur le bras de mer que l'on appelle le *Phare de Messine*. Elle est fort ancienne, & d'un très-grand commerce, ce qui la rend très-peuplée.

## ITALIE.

### *Royaume de Naples.*

REGGIO ou Rhege, Regge. Ville du Royaume de Naples, dans la basse Calabre, dont elle est la capitale, avec un Archevêché & un port de mer sur la côte du Phare de Messine, dans une belle plaine, vis-à-vis de la Sicile. Elle est à huit milles de Messine à l'orient en passant vers le cap de Spartivento, & autant du cap dell'*Armi* au septentrion, en allant vers *Cozenfa*, dont elle est à près de quatre-vingt-dix milles.

SCYLLA, *Scylla.* C'est un écueil de la mer Méditerranée, composé de plusieurs rochers, dans le Phare de Messine, devant le cap de *Sciglio*, & vis-à-vis du goufre nommé *Charybde*. Cet écueil fait beaucoup de bruit, & est extrêmement dangereux, lorsque la mer est agitée.

BAGNARA, *Bagnara.* Petite vil-

*& de quelques autres Contrées.* le de la Calabre ultérieure, province du royaume de Naples, avec le titre de duché. Elle est sur la côte de la mer de Toscane, entre *Gioia* & *Rhegio.*

PALMA, *Palma.* Bourg du royaume de Naples, dans la basse Calabre, sur la côte de la mer de Sicile & du golfe de *Gioia,* près de *Seminare* & de l'embouchure de la riviere de *Marro,* à sept milles d'*Oppido* au couchant, & à vingt-trois de *Rhegio* vers le nord.

ROSARNO, *Rossarnum.* Ville d'Italie, dans la Calabre ultérieure, près de la riviere de *Metramo,* au levant de *Nicotera.* C'étoit anciennement une ville des Brutiens, laquelle s'aggrandit des ruines de *Seunnus,* détruite par les Sarrasins. Son Evêché a été transféré à *Nicotera.*

MONTE LEONE, *Hippo, Vibo Valentia.* Ville du royaume de Naples, dans la Calabre ultérieure, au pied du mont Apennin, & proche de la côte du golfe de Sainte-Euphémie, dont elle n'est qu'à quatre milles. Elle fut presque ruinée par le tremblement de terre qui arriva le 27 de Mars 1638.

CASTIGLIONE.
LAGO NEGRO, *Lacus Niger,*

*Neralium*. Petite ville du royaume de Naples, dans la province de la *Basili-cate*, au pied du mont Apennin, & aux frontieres de la principauté citérieure, à cinq milles de *Lauria* au septentrion, & à sept du golfe de *Policastro* au levant.

COSENZA, *Consentia*. Ville du royaume de Naples, capitale de la Calabre citérieure. C'est une des principales villes du royaume, avec un Archevêché, sur la riviere de *Grati*, où elle reçoit le *Vasento*, au pied d'une montagne, & à l'entrée d'une fort belle plaine, avec un bon château sur une colline. Elle a été plusieurs fois maltraitée par des tremblemens de terre.

LAURIA, *Lauria*, *Ulci*. Ville du royaume de Naples, dans la province de la Basilicate, aux confins de la Calabre citérieure, au pied du mont Apennin, à huit milles de la côte de la mer de Naples, & du golfe de *Policastro*, sur le chemin de *Salerne* à *Cosenze*.

ROVELO NERO.

EVOLI, *Ebolum*, *Ebulum*, *Eburi*. Ville du royaume de Naples, dans la principauté citérieure, avec titre de duché, à six mille pas du golfe de

& *de quelques autres Contrées.* 131
*Salerne* au levant, à quinze de *Salerne*, & à six de la riviere de *Selo* & de la ville de *Campagne.*

SALERNE, *Salernum, Salerna.* Ville du royaume de Naples, dans la principauté citérieure dont elle est capitale. Ses habitans l'appellent *Salerno.* Elle est sur la côte de la mer de Naples & du golfe de *Salerne*, à qui elle donne le nom, & près du torrent de la *Busalona*, avec un bon port, un ancien château sur une hauteur, & un Archevêché, qui fut érigé en 794 par Boniface VII.

NOCERA, *Nuceria.* Ville du royaume de Naples, en *Pouille*, dans la *Capitanate*, avec un Evêché suffragant de l'Archevêché de *Benevent.* On l'appelle aussi *Nocera delli Pagani* ou *Luceras.* Elle est dans une belle plaine entre *Benevent* & *Manfredonia*, à sept milles de *Troia* au septentrion en allant vers *S. Severo.*

L'ANNONCIATA.

NAPLES, *Neapolis.* Ville d'Italie, capitale du royaume de Naples, dans la province de *Labour*, dont elle est la principale. C'est une des plus grandes & des plus peuplées de l'Europe. Elle

F vj

132   *Description de l'Orient*,
est extrémement sujette aux tremblemens de terre.

SORRENTO, *Surrentum.* Ville du
royaume de Naples, dans la province
de *Labour*, avec un Archevêché, sur
la côte du golfe de Naples, aux confins de la principauté citérieure, &
dans une belle plaine, près des montagnes de même nom, à six milles du
cap de *Campanella* vers le septentrion,
& vers Naples, dont elle n'est éloignée que de vingt-quatre milles.

CAPRI & l'isle de CAPRI, *Ca-
preæ.* Isle du royaume de Naples, qui
fait partie de la principauté citérieure,
sur la côte de laquelle elle est située,
près de *Campanella*, dont elle n'est
séparée que par un petit détroit de trois
mille pas de large, qu'on appelle les
*Bouches de Capri*, au midi du golfe de
Naples, où commence la côte du golfe
de *Salerne*. Elle n'a pas plus de douze
milles de circuit, & elle a une petite
ville dans sa partie méridionale qu'on
appelle aussi *Capri*.

ISCHIA, *Ischia*; *Ænaria*, *Inari-
me*, *Pithecusa*. Isle du royaume de Naples, sur la côte de la province de Labour, dont elle fait partie, & de la-

*& de quelques autres Contrées.* 133

quelle elle n'eſt éloignée que par un trajet de mer de deux milles vers le cap de *Miſene*, à un mille ſeulement de l'iſle de *Prochita*. Elle a environ vingt milles de circuit.

BAJE, *Bajæ*. Château du royaume de Naples, dans la province de Labour, ſur le golfe de *Pouzzol*. Il eſt petit, & ſur une côte entre le mont de *Miſene* & le petit lac d'*Averne*.

CUMES, *Cumæ*. C'étoit une ville conſidérable de la *Campanie*, dont on voit les ruines dans la terre de Labour, province du royaume de Naples, ſur la côte du golfe de *Gaïete*, à une lieue de la ville de *Pouzzol*. On voit près de ces ruines la grotte de la Sibile Cumée ou italique.

POUZOL, *Pozzuolo*, *Puteoli*. Ville du royaume de Naples, dans la province de Labour, avec un Evêché ſuffragant de l'Archevêché de Naples. Elle eſt ſituée ſur une colline ſur la côte de la mer de Naples; ſon port eſt bon & ſûr. Elle eſt à trois milles de *Baie* & de *Miſſene*, & à huit milles de Naples au couchant. Elle a dans ſon territoire trente-cinq bains d'eaux minérales & médicinales.

**PORTICI.**

NOLE, *Nola*. Ville du royaume de Naples, dans la province de Labour, avec un Evêché suffragant de l'Archevêché de Naples, dans une belle plaine. L'Empereur Auguste y mourut l'an 14 de J. C.

BENEVENT, *Beneventum*. Ville du royaume de Naples, dans la principauté ultérieure, située sur une colline près de la riviere de *Sabato*, où elle reçoit le *Calore*. Elle a un Archevêché considérable, dont plusieurs Evêques sont suffragans. Elle est éloignée de vingt-huit milles de *Salerne* au septentrion, autant de *Capouë* au levant, & de trente-deux de *Naples* au levant d'été.

AVERSE, *Aversa*. Ville du royaume de Naples, dans la province de Labour, que ses habitans nomment *Aversa*. Elle est dans une très-belle plaine, à moitié chemin entre *Capouë* au septentrion, & Naples au midi, avec un Evêché suffragant de l'Archevêché de Naples; mais exempt de sa jurisdiction. Elle a été bâtie par les Rois Normands.

CAPOUE, *Capua*. Ville du royaume de Naples, dans la province de *Labour*, sur la riviere de *Voltourne*,

*& de quelques autres Contrées*, 135
Les habitans l'appellent *Capua*. Elle est honorée d'un Archevêché, dans une très-belle plaine, avec une bonne forteresse. Elle est à vingt milles de Naples au nord, autant de *Seſſa* au levant d'hiver, & environ à douze milles de la mer de *Naples*.

FONDI, *Fundi*. Ville du royaume Naples, dans la province de *Labour*, sur les frontieres de l'Etat de l'Eglise & de la Campagne de *Rome*, avec un Evêché suffragant de l'Archevêché de *Capouë*, mais qui est exempt de sa jurisdiction. Elle est dans une plaine entre des montagnes, mais mal peuplée, à cause du lac de *Fondi* qui est auprès & de son mauvais air, à cinq milles de la côte de la mer & du golfe de *Gaïete*, & à dix de *Terracine* au levant.

## Etat de l'Eglise.

VELETRI, *Velitræ*. Ville de l'Etat de l'Eglise, en Italie, dans la Campagne de Rome, sur une hauteur, avec un Evêché qui ne releve que du Saint Siége, & qui est uni à perpétuité à celui d'Ostie, toujours possédé par le Doyen du College des Cardinaux. Elle est proche d'*Albano* & *della Riccia*, dont elle n'est éloignée que de cinq ou six milles, sur le chemin de Rome à Naples.

MARINO, *Marinum*, *Villa Marina*. Château d'Italie, dans l'Etat de l'Eglise & dans la Campagne de Rome, sur un côteau, à douze milles de Rome au levant, en allant vers Naples, dont il n'est qu'à six milles.

ROME, *Roma*. Ville capitale de l'Italie & de l'Etat Ecclésiastique, que tout le monde connoît, & dont il est par conséquent inutile de parler.

CITTÀ CASTELLANA ou CITTA DI CASTELLO, *Tifernum*, *Tiberinum*. Ville d'Italie, dans l'Etat de l'Eglise & en *Ombrie*, sur les frontieres de l'Etat du Grand Duc de Toscane, avec un Evêché qui ne releve que du Saint Siége, & un territoire assez étendu, que l'on appelle *il Contado di Citta di Castello*. Elle est sur le Tibre, & appartient au Pape, étant à dix milles du bourg du Saint-Sépulchre au midi, & à dix-huit d'*Arezzo* au levant vers *Cagli*.

OTRICOLI, *Otriculum*, *Otriculum Novum*. Petite ville de l'Etat de l'Eglise dans l'*Ombrie*, sur les confins de la *Sabine*, sur une montagne à deux

*& de quelques autres Contrées.* 137
milles du *Tibre*, entre *Narni* & *Civita Castellana*, à trois milles au-deſſous de la jonction de la *Nera* au *Tibre*, en allant vers *Rome*, dont elle eſt éloignée de trente-deux milles.

TERNI, *Ternum*, *Interamna*, *Interamnia*. Ville de l'Etat de l'Egliſe, en Italie dans l'*Ombrie*, avec un Evêché qui ne releve que du Saint Siége. Elle eſt ſituée dans une belle plaine, ſur la *Nera*, aux confins de la *Sabine*, à douze milles de *Spolete* au midi, en allant à *Narni*, dont elle n'eſt qu'à ſix milles, ſur le grand chemin de *Rome*.

SPOLETE, *Spoletum*, *Spoletium*. Ville d'Italie, dans l'Etat de l'Egliſe dans l'*Ombrie*, ſur le torrent de *Teſſin*, partie dans une plaine, & partie ſur une côte, avec un Evêché qui ne releve que du Saint Siége. Elle eſt dans le pays à qui elle donne le nom de *Spoletin*, à douze milles de *Terni* au ſeptentrion, à dix-huit de *Narni* en allant vers *Camerino*, & à treize milles de *Foligni* au levant d'été.

FOLIGNO, *Fulginium*, *Fulginia*, *Fullinium*. Ville d'Italie, dans l'Etat de l'Egliſe, en *Ombrie*, ſur la petite riviere de *Topino*, avec un Evêché qui ne releve que du Saint Siége. Elle est dans une plaine au pied de l'*Apennin*, à dix milles d'*Assise* au levant d'été, & vingt-un de *Pérouse* vers *Spolete*, dont elle n'est qu'à treize milles.

SPELLO, *Hispellum, Ispellum, Colonia Julia Hispella.* Place de l'Etat de l'Eglise, en Italie, dans l'*Ombrie*, au pied de l'*Apennin*, sur une montagne où on voit les ruines d'un amphithéatre, & quantité de restes de l'antiquité. Elle est à trois milles de *Foligno* en allant vers *Assise* & *Spolete*.

ASSISE, *Assisium.* Ville d'Italie, dans l'Etat de l'Eglise, en *Ombrie*, avec un Evêché qui ne releve que du Saint Siége. Elle est à quatre milles de la riviere de *Chiascio*, onze milles de *Pérouse* au levant, en tirant vers *Foligni*, & à onze de *Gubio*.

PÉROUSE, *Perusia.* Ville d'Italie, dans l'Etat de l'Eglise, capitale de l'*Ombrie* où elle est située, & du *Pérousin*, à qui elle donne son nom. Elle est sur une montagne près du *Tibre*, avec un Evêché qui ne releve que du Saint Siége, une forteresse, & une Université. Elle est à sept milles du lac de *Pérouse* au levant, en passant par *Assise* qui n'en est qu'à douze milles, & à vingt-huit milles d'*Orviete* au sep-

*& de quelques autres Contrées.* 139
tentrion, en allant vers *Urbin.* Ses habitans l'appellent *Perugia.*

## *Toscane.*

CORTONE, *Cortona, Croto, Cyrtonium.* Ville d'Italie, dans la *Toscane*, & dans l'Etat de *Florence*, sur les frontieres de l'*Ombrie*, avec un Evêché qui ne releve que du Saint Siége. Elle est sur une haute montagne près des confins de l'Etat de l'Eglise, à quatre milles du lac de *Pérouse* au septentrion, vers *Arezze*, & à huit des marais de *Chianes* au levant vers *Pérouse.*

AREZZO, *Aretium.* Ville d'Italie, dans l'Etat du Grand Duc de *Toscane*, avec un Evêché suffragant de l'Archevêque de *Florence*; mais exempt de sa jurisdiction. Elle est située sur une montagne dans le territoire de *Florence*, à trois petits milles des marais de la *Chiane*, qui se décharge un peu plus loin dans la riviere d'*Arne*, à seize milles de *Citta di Castello* au couchant, & à trente de *Pérouse* au couchant d'été.

FLORENCE, *Florentia, Fluentia.* Ville d'Italie dans la *Toscane*, dont elle est la capitale, & dans le *Florentin* ou l'Etat de *Florence* à qui elle donne son nom. Elle est comme séparée en deux par l'*Arne* qui la traverse, & qu'on y passe sur quatre ponts de pierres. Elle a un Archevêché & une Université. Il y a deux citadelles pour la sûreté de la ville, qui est à cent vingt milles de *Bresse* au midi, & à cinquante-cinq de *Bologne*.

FIORENZOLA, *Florentiola*. Ville du grand duché de *Toscane*, sur la riviere de *Santerno*, au pied du mont *Apennin*, & dans le territoire de *Florence*, aux frontieres du *Boulonois*, & presque au milieu entre *Florence* au midi, & *Bologne* au septentrion, à vingt-six milles de chacune.

## *Etat de l'Eglise.*

BOLOGNE, *Bononia*, *Felsina*. Ville d'Italie, dans l'Etat de l'Eglise & un des plus considérables de toute l'Italie, près de la petite riviere du *Rhin*. Ses habitans l'appellent *Bologna*, & souvent *Bologna la Grassa*, parce qu'elle est dans un pays très-fertile & très-abondant. Elle est à trente milles de *Ferrare* vers le midi, & à quatre-vingt-douze de *Venise*, & quatre-vingtquinze de *Rome*, & presque au milieu entre *Milan* au couchant, & *Ancone* au levant d'hiver, & à quatre-vingt-dix de *Bresse*.

## Duché de Modene.

MODENE, *Mutina*. Ville d'Italie en *Lombardie*, capitale de l'Etat du Duc de ce nom à qui elle appartient. Elle est située dans une grande plaine, sur un canal, entre les rivieres de la *Sechia* & du *Panaro*, mais plus proche de la premiere. Elle a un Evêché suffragant de l'Archevêque de *Bologne*, avec une bonne citadelle & un beau palais. Cette ville est à vingt milles de *Bologne* à l'occident, en allant vers *Reggio*, dont elle n'est qu'à seize milles, & à soixante-quinze de *Bresse* au midi.

REGGIO, *Regium Lepidium*, *Regium Lepidii*. Ville d'Italie, en Lombardie, capitale du duché de même nom, dans l'Etat du Duc de Modene, à qui elle apartient, avec un Evêché suffragant de l'Archevêque de *Bologne*, & une citadelle. Elle est dans une fort belle plaine, entre *Modene* à l'orient, & *Parme* à l'occident, & quinze milles du chacune.

## Etats d'Autriche.

PARME, *Parma*. Ville d'Italie, en *Lombardie*, capitale du duché de ce nom, fur la riviere de *Parme* qui la traverfe; avec un Evêché fuffragant de l'Archevêché de *Boulogne*, une citadelle & un beau palais, & une Univerfité. Elle eft prefque à moitié chemin entre *Modene* au levant, & *Plaifance* au couchant, à vingt-cinq milles de chacune.

PLAISANCE, *Placentia*. Ville d'Italie, capitale du duché de ce nom, en *Lombardie*, à un mille du *Pô*, dans une belle plaine, avec un Evêché fuffragant de l'Archevêché de *Boulogne*, un ancien château & une bonne citadelle. Elle eft à trente milles de *Pavie* à l'orient, & à quarante-huit milles de *Breffe*, & à quarante milles de *Milan* au levant d'hiver, en allant vers *Parme*, dont elle eft à trente-cinq milles.

MARIGNAN, *Melignanum, Merinianum*. Place d'Italie, dans le duché de *Milan*, fur la riviere de *Lambro*, dans une belle campagne, à dix milles de *Milan* à l'orient, en allant

*& de quelques autres Contrées.* 143
vers *Lodi*, dont elle est à pareille distance.

MILAN, *Mediolanum.* Ancienne ville d'Italie, capitale de l'*Insubrie* & de la *Gaule Cisalpine*, sur la petite riviere d'*Olona*, entre les rivieres du *Tessin* & de l'*Adda*. On dit qu'elle fut fondée par les Gaulois 395 ans après Rome. Sa distance de *Rome* est de trois cent vingt-cinq milles au couchant d'été, & à vingt milles de *Pavie* au septentrion.

LE LAC MAJOR, *Verbanus Lacus.* Lac de *Lombardie*, au duché de *Milan*. Ceux du pays l'appellent *il Lago Maggiore*. Il s'étend en long du septentrion au midi l'espace de trente-six milles; mais sa largeur n'est que du cinq ou six milles. Il est traversé dans toute sa longueur par la riviere du *Tessin*, qui vient du mont *Saint-Godard*.

ARONE, *Arona.* Ville d'Italie au duché de *Milan*, & dans le territoire de *Milan*, sur la rive occidentale du *Lac Major*, & sur les confins du territoire de *Novare*, à deux milles d'*Anghiera*, qui lui est opposée sur l'autre côté de ce lac, à seize milles de *No-*

vare vers le septentrion, & quatorze de *Milan* au couchant d'été.

COME, *Novocomum.* Ville d'Italie, au duché de *Milan*, sur le lac de ce nom, avec un Evêché suffragant du Patriarche d'*Aquilée*. Elle donne le nom au pays de *Comasque*, qui est aux environs. Elle est à la pointe méridionale du lac de *Come*, à six milles seulement de l'Etat de Suisse & des Bailliages au levant, en allant vers *Bergame*, dont elle est à vingt-cinq milles, & à vingt-cinq de *Milan* au septentrion vers *Coire*.

**BARCASINA.**

PAVIE, *Papia, Papia Flavia, Ticinum.* Ville d'Italie, dans la *Lombardie*, & au duché de *Milan*, dont elle est la seconde, au territoire de ce nom, & sur la riviere du *Tesin*, que l'on y traverse sur un beau pont de pierre. Elle a un ancien château, un Evêché, qui est exempt de la jurisdiction de l'Archevêque de *Milan*, & une Université. Elle est à vingt milles de *Milan* au midi.

LODI, *Laus Pompeia nova, Laus Pompeii.* Ville d'Italie, dans le *Lodesan*, à qui elle donne son nom. Elle est

*& de quelques autres Contrées.* 145
est sur la riviere *d'Adda*, à vingt milles de *Milan*, & autant de *Plaisance*, de *Pavie* & de *Creme*. Elle est épiscopale, suffragante de Milan.

CREME, *Crema*. Ville d'Italie, en *Lombardie*, dans l'Etat de la république de *Venise*, au *Crémasque*, sur la riviere de *Serio*, avec un Evêché suffragant de l'Archevêché de *Boulogne*. Elle est à neuf milles de *Lodi* au levant d'été, en allant vers *Bresse*, dont elle est à trente milles, & à vingt de *Plaisance* au septentrion vers *Bergame*.

PIZZIGHITON.

CREMONE, *Cremona*. Ville d'Italie, au duché de *Milan*, dans le *Crémonois*, dont elle est la principale, sur le *Pô*, avec un Evêché suffragant de l'Archevêché de *Milan*, aux frontieres du *Parmesan*. Elle est presque au milieu entre *Mantoue* à l'orient, & *Pavie* à l'occident, à cinquante milles de *Milan* au levant, & à quinze au-dessous de *Plaisance*.

BOZOLO, *Bozolum*. Bourg & château de *Lombardie*, au *Mantouan*, à deux milles de la riviere d'*Oglio*, & presque au milieu entre *Mantoue* & *Crémone*.

GOITO, *Goitum*. Bourg ou petite
*Tome VII.*          G

ville du duché de *Mantoue*, en Italie, entre le lac de *Mantoue* & celui de la *Garde*, vers les confins de *Venise*, sur la riviere du *Mincio*, que l'on passe sur un pont.

## *Territoire de Venise.*

**VILLA FRANCA.**
**BUSSOLONGO.**
**CHIUSA**, *Chiusa*. Bourg de l'Etat de Venise, dans le *Frioul*, sur la riviere de *Fella*, à une lieue au-dessous de *Ponteba*.

## ALLEMAGNE.

### *Trentin.*

**ROVEREDO**, *Revere* ou *Revereid*, *Roboretum*. Bourg & château d'Allemagne, au comté de *Tirol*, sur les frontieres de l'Italie & de l'Etat de Venise, près de l'*Adige*, à douze mille pas de *Trente* vers le midi, & autant du lac de la *Garde* à l'orient, & à quarante-sept de *Bresse au septentrion*.

**TRENTE**, *Tridentum*. Ville d'Allemagne, au comté de *Tirol*, dans une vallée, sur la riviere d'*Adige*, entre de fort hautes montagnes, avec un Evêché suffragant du Patriarchat d'*Aquilée*. Les Allemands l'appellent *Trient*, & les Italiens *Trento*. Elle est dans la province d'*Etschland*, à six milles d'Allemagne de *Bolzen* au midi, à vingt-quatre d'*Inspruck* en allant vers le lac de la *Garde*, dont elle est à quatre milles.

SALORN.

BOLZAN, *Bocenum*. Ville d'Allemagne, au comté de *Tirol* & dans la province d'*Etschland*, sur la riviere d'*Eyscoh*, qui se rend dans l'*Adige* deux mille pas plus bas. Elle est presqu'au milieu entre *Bressenon* au septentrion, & *Trente* au midi, à six milles d'Almagne de chacune, & à douze de la ville d'*Inspruck*.

## *Tirol.*

CLAUSEN, *Clausa*, *Coveliacum*. Petite ville d'Allemagne, dans le *Tirol*, entre *Brixen* & *Bolzen*, près de la riviere d'*Ersoch*.

BRIXEN ou Bressenou, *Brixia*, *Brixino*, *Brixinia*, *Brixinum*. Ville d'Allemagne, dans le comté du *Tirol*, au pied des monts de *Breuner*, à la jonction des rivieres d'*Aycha* & d'*Eifoch*, environ à douze lieues de la ville d'*Infpruck*, vers le midi.

STERCZING ou STERTZINGEN, *Fortia Caftra*, *Vipitenum*. Place d'Allemagne au comté du *Tirol*, fur la riviere d'*Eifoch*, au pied de la montagne du grand *Brenner*, à cinq mille d'Allemagne d'*Infpruk* au midi.

MATRA, TYRAY, *Metreium*, *Matreio*. Ancien bourg de la *Rhétie*, dans le comté de *Tirol*, fur la riviere d'*Ultz*, à trois lieues d'*Infpruck*, du côté du midi.

INSPRUCK, *Oeni Pons*. Ville d'Allemagne, capitale du *Tirol*, fur la riviere d'*Inn*, d'où lui vient fon nom, comme qui diroit *Pont-fur-l'Inn*. Elle eft dans une vallée au pied des *Alpes*, avec un fort beau château, dans la province d'*Inthal*, à vingt-quatre milles d'Allemagne de *Trente* vers le feptentrion, & à trente de *Saltzbourg* vers le couchant.

HALL, *Halla ad Œnum*. Petite ville d'Allemagne, au *Tirol*, fur l'*Inn*, d'où on la nomme *Hall in Inthal*, à deux lieues d'*Infpruck* au levant. Elle a une citadelle & des falines.

SCHANTZ.

RATNBERG.

## Baviere.

REICHENHALL. Ville de la haute Baviere dans la régence de *Munich*, sur la rive droite de la *Sala*, à trois lieues de *Saltzbourg*.

HALS. Bourg de la baffe Baviere dans la régence de *Landshout*, près de *Paffau*.

SALTZBOURG, *Salisburgum, Juvavia*. Ville d'Allemagne, au cercle de Baviere, capitale de l'Archevêché de même nom, sur la riviere de *Saltzach*, avec un fort beau château, à treize milles d'Allemagne de *Paffau*, en allant vers *Villach*.

ALTENMARKT.

WASSERBERG.

MUNICH, *Monachium*. Ville d'Allemagne, capitale du duché de Baviere, sur la riviere d'*Iser*. Ses habitans l'appellent *Munchen*, & les Italiens *Monaco di Baviera*.

SCHLEISHEIM. Château de plaisance de l'Electeur de Baviere, à quatre lieues de *Munich*.

FRISING, *Frisinga*, anciennement *Fruxinum*. Ville d'Allemagne, dans le duché & le cercle de Baviere, sur la riviere d'*Iser*, où elle reçoit le torrent *Mosac*, partie sur une montagne, & partie dans la plaine, avec un Evêché suffragant de l'Archevêché de *Saltzbourg*, à cinq milles d'Allemagne de *Munich* vers le septentrion.

PRUCK-AN-DER AMBER, *Ambra*. Bourg du duché de Baviere, sur la riviere d'*Amber*, à cinq lieues de *Munich* vers le couchant.

## Souabe.

AUSBOURG, *Augusta Vindelicorum*. Ville d'Allemagne, capitale de la *Suabe*, au confluent de la riviere de *Leck* & de celle de *Wertach*. Les *Lycates*, peuples de la *Rhétie*, la fonderent & la nommerent *Damasia*. C'est une ville libre & impériale, située dans le pays d'*Algou*, sur la frontiere de la Baviere, à six milles d'Allemagne du Danube au midi, & à neuf de *Munich* au couchant, vers *Ulme*.

BURGAU, *Burgovia*. Petite ville & château d'Allemagne, dans la *Suabe*, qui donne son nom au marquisat de *Burgau*, qui est aux environs, & qui appartient à l'Empereur. *Burgau* ou *Burgow* est sur la riviere de *Mindel*, à deux lieues du *Danube*, & à cinq de la ville d'*Ulme*.

ULM, *Ulma*, *Hulma*. Ville d'Allemagne, dans la *Suabe*, fur le Danube, qui commence d'y porter bateau, & qui y reçoit la riviere d'*Ifer*. Elle fut faite libre & impériale l'an 1346, par l'Empereur Louis de Baviere.

NORTLINGUE, *Norlinga*, *Nerolinga*, *Aræ Flaviæ*. Ville d'Allemagne, en Souabe, fur le ruiffeau d'*Eger*. Elle eft libre & impériale depuis l'an 1251.

OETTINGEN, *Ottinga*. Petite ville d'Allemagne, en *Souabe*, dans la principauté de ce nom, dont elle eft la feule confidérable, fur la petite riviere de *Vernitz*, à deux milles d'Allemagne de Norlingue au levant d'été en allant vers *Nuremberg*.

## Franconie.

ANSPACH, *Anfpachium*. Petite ville d'Allemagne en *Franconie*, & dans le *Nordgau*, fur la riviere d'*Onolzbach*. C'eft la principale du burgraviat de *Nuremberg*, & la réfidence du Marquis d'*Anfpach*. Elle eft à fix milles d'Allemagne de *Nuremberg* vers le couchant,

& à sept de *Norlingue* au septentrion.

NUREMBERG, *Norinberga*, *Noricorum Mons*. Ville considérable, dans le cercle de *Franconie* & au *Nortgau*, dont elle est la capitale, ainsi que du burgraviat de son nom. Elle est au pied d'un rocher, avec un ancien château sur la *Pegnitz*, qui tombe dans la *Regnitz*, à quatorze milles de *Ratisbonne* au couchant d'été.

ERLANG, *Erlanga*. Petite ville du cercle de Franconie, sur la riviere de *Rednitz*, dans le marquisat de *Culembach*, aux confins de l'Evêché de *Bamberg* & du territoire de *Nuremberg*.

BAMBERG, *Bamberga*. Ville d'Allemagne, dans le cercle de Franconie, sur la riviere de *Rednitz*, qui tombe dans le *Mein* un peu plus bas, avec un Evêché suffragant de l'Archevêque de Mayence, à six milles d'Allemagne de Nuremberg au septentrion.

## *Haute Saxe.*

COBOURG, *Coburgum*, *Melocabus*. Bourg d'Allemagne, en Franconie, à six milles d'Allemagne de *Bamberg*, avec une territoire assez étendu.

SAALFIELD. Comté ou district du duché de Magdebourg, dans la haute Saxe, *Halle* en est la capitale.

RUDELSTADT. Petite ville d'Allemagne, dans la *Thuringe*, au cercle de *Swartzbourg*, près de la riviere de *Sala*, avec un beau château.

UHLSADT.

ORLAMONDE, *Orlamunda, Orla Ostium*. Petite ville d'Allemagne, dans la Thuringe, sur la riviere de *Sala*, vis-à-vis de l'embouchure de l'*Orla*, d'où elle tire son nom, qui signifie la *bouche de l'Orla*, à trois lieues au-dessus de *Jene*.

KALA. Petite ville de la principauté d'*Altenbourg*, sur la *Sale*, sujette à la maison de *Saxe Gotha*.

JENE, *Jena*. Petite place d'Allemagne, dans la *Thuringe*, sur la *Sale*, à trois milles de *Naumbourg* au midi, avec une fameuse Université.

WEIMAR, *Vimaria*. Petite ville d'Allemagne, dans la *Thuringe*, sur le ruisseau d'*Ilm*, à trois milles d'Allemagne d'*Erfort* à l'orient.

ERFORT, *Erfordia*. Ville d'Allemagne, dans la *Thuringe*, dont elle est la capitale, sur la petite riviere de Ge-

*ra*, à cinq milles de *Jene*, & quatorze de *Leipsic*.

GOTHA, *Gotha*. Petite ville d'Allemagne, dans le cercle de la haute Saxe, en Thuringe, dans l'Etat du Prince de Saxe Gotha, à qui elle appartient. Elle n'est qu'à trois milles d'Allemagne d'*Erford* au couchant.

EISENACH, *Isnacum*. Petite ville d'Allemagne, dans la Thuringe, avec un château sur le ruisseau de *Nesse*, qui se jette dans la *Verre*, aux frontiere de la *Hesse*, à sept milles d'Allemagne d'*Erford* vers le couchant.

CREUTZBOURG, *Cruciniacum*. Bourg de Silésie, sur la riviere de *Brinnitz*, dans la principauté de *Brieg*, à douze lieues de la ville de *Brieg* vers le levant.

## Haut Rhin.

LEICHTENAU. Petite ville & bailliage de la basse Hesse.

CASSEL, *Casella*, *Cassilia*. Ville d'Allemagne, dans le cercle du haut Rhin, capitale du landgraviat de la basse Saxe, sur la riviere de *Fulde* aux frontieres du duché de Brunswick, à

*& de quelques autres Contrées.*

douze milles d'Allemagne de *Marpurg*, & autant de *Fulde* au septentrion.

HIRSCHFELD, *Hirschfelda.* Ville d'Allemagne, dans la basse Hesse, sur la riviere de *Fulde*, à sept milles de Cassel.

FULDE, *Fulda, Buchovia.* Ville d'Allemagne, dans le pays de *Buchau* au cercle du haut Rhin, sur la riviere de même nom. Il y a une Abbaye de l'ordre de Saint Benoît, qui est la plus belle & la plus riche de l'Europe. La ville n'est qu'à quatre milles d'Allemagne de *Hirchfeld* au midi, & à onze de Cassel en allant vers Wurtzbourg.

HAMELBOURG, *Hammelburgum.* Petite ville du cercle du haut Rhin, dans l'Etat de l'Abbaye de *Fulde*, sur la riviere de *Saul*, aux confins de la Franconie, & à huit lieues de *Wurtzbourg* du côté du nord.

## Franconie.

WURTZBOURG, *Vurtzburgum, Herbipolis.* Ville d'Allemagne, capitale de la Franconie, dans l'Etat de son Evêque, sur la riviere du *Mein*, à dix-neuf milles au-dessus de Mayence au levant, à quinze de Francfort en allant vers Bamberg.

LOHR, *Locoritum.* Petite ville d'Allemagne en Franconie, & capitale du comté de *Reineck* sur le *Mein*, & dans l'Etat de l'Electeur de Mayence.

## *Le Palatinat du Rhin.*

SHAFFENBOURG.
HAINAU.
OVERBACK.
MAYENCE, *Moguntia.* Ville d'Allemagne, au cercle du bas Rhin, & dans l'électorat de même nom, sur le bord du Rhin, qui reçoit un peu au-dessus le *Mein.* Elle est belle, riche, grande, défendue par une citadelle, avec un Archevêché & une Université, à trois milles d'Allemagne au-dessous de Vormes au septentrion.

OPPENHEIM, *Oppenhemium.* Ville d'Allemagne, dans le bas Palatinat, sur le Rhin, sur la pente d'une colline, avec un vieux château; à trois milles d'Allemagne au-dessous de Mayence au midi, en allant à *Vormes.*

VORMES, *Vormacia.* Ancienne ville d'Allemagne, enclavée dans le bas Palatinat, située sur le Rhin, à trois milles au-deſſous de *Manheim* au nord.

MANHEIM, *Manhemium*. Ville d'Allemagne, au bas Palatinat, au confluent du *Rhin* & du *Neckre*, à trois milles au-deſſous de *Spire* au nord, dans une belle plaine.

HEIDELBERG, *Heidelberga*. Ville d'Allemagne, capitale du bas Palatinat, dans le pays de *Creichgou*, & dans une plaine, au pied des montagnes, avec un pont de bois ſur le *Neckre* & une Univerſité. Elle eſt à deux milles d'Allemagne du Rhin & de *Manheim* au levant.

SPIRE, *Spira, Nemetes*. Ville d'Allemagne, au cercle du bas Rhin, enclavée dans l'Evêché de ce nom, mais néanmoins ville libre & impériale, ſur le bord du Rhin où il reçoit le ruiſſeau de *Spirbach*, ſous la protection de l'Electeur Palatin, avec un Evêché ſuffragant de l'Archevêché de *Mayence*.

PHILIPSBOURG, *Philipsburgum*. Petite ville & forterreſſe d'Allemagne, au Palatinat du Rhin, dans l'Evêché de Spire, & au pays de *Creichgou*, dans des marais, à l'embouchure de la *Sarza* dans le *Rhin*, à une lieue de *Spire*, & à ſix d'*Heidelberg* du côté du midi.

GERMERSHEIM , *Vicus Julius*. Petite ville d'Allemagne, au Palatinat du Rhin, chef-lieu d'un bailliage de même nom, près de l'endroit où la riviere de *Queich* se décharge dans le *Rhin*.

## Alsace.

STRASBOURG, *Strasburgum*, *Argentina*. Ville de France, capitale du landgraviat d'Alsace, & dans la basse Alsace, sur la riviere d'*Ill*, qui s'y rend dans la *Breusch*, proche du Rhin, qu'on y passe sur un pont de bois. Elle a un Evêché suffragant de l'Archevêché de Mayence, une Université ou Académie.

KELL ou KEHL (le fort de). Fort d'Allemagne dans le marquisat de Bade, sur la rive droite du Rhin, dans une isle que forme ce fleuve, à l'opposite de Strasbourg.

MARCHELSHEIM.

HUNINGUE, *Huninga*. Forteresse de France, dans le *Sondgau*, avec un pont de bois sur le Rhin, vis-à-vis du *Brisgau* & sur la frontiere de la Suisse, à mille pas au-dessous de *Basle*.

## La Suisse.

BASLE, *Basilea*. Ville de Suisse, capitale du canton de Basle sur le Rhin, qui la sépare en deux parties inégales, qui communiquent ensemble par un pont. C'est une ville épiscopale suffragante de Besançon ; mais l'Evêque réside à *Porentru*, depuis la réformation. Elle est à demi-lieue de la forteresse d'*Hunningue*, & à quatorze milles d'Allemagne de Strasbourg au midi.

LEICHSTAL.

WALBOURG, *Walburgum*. Bourg & château d'Allemagne, dans le cercle de Suabe.

SOLEURRE, *Salothurum*. Ville de Suisse, capitale du canton de ce nom, sur la riviere d'*Aar*, qui la partage en deux, à cinq milles d'Allemagne de Berne au septentrion, à sept de Fribourg en allant à Basle.

ARBERG, *Arberga*. Ville de la Suisse en *Argau*, au couchant de Berne.

MORAT, *Moratum*. Ville de Suisse, au pays de *Vaud* & sur le bord du lac de ce nom, en *Uchtland*, à deux lieues de Fribourg au septentrion, & trois de Berne au couchant.

AVENCHES, *Aventinum*. Ville de Suisse, au canton de Berne, & au pays de Vaud sur une colline près du lac de Morat, & des confins du canton de Fribourg, à trois milles de Berne vers le couchant, & quatre de Lausanne vers le nord.

PAYERNE, *Paterniacum*. Ville de Suisse, dans le pays de Vaud, au canton de Berne, sur la petite riviere de la *Broye*. Les Allemands la nomment *Peterlingen*. Elle n'est qu'à deux milles d'Allemagne d'Avenches, & à trois de Fribourg au couchant.

MOULDON, *Minnidunum*. Ville de Suisse, au pays de Vaud, sujette au canton de Berne, & située sur le ruisseau de la Broye, vers les confins du canton de Fribourg. Les Allemands l'appellent *Milden*.

LAUSANNE, *Lausanna*. Ville de Suisse, capitale du pays de Vaud, au canton de Berne, située entre les ruisseaux de *Laus* & d'*Anne*.

MORGES, *Morsea*. Petite ville du pays de Vaud, en Suisse, sur le lac de Genève, à deux lieues de Lausanne vers le couchant. Elle appartient au canton de Berne.

S. PREX.

ROLLE, *Rotulum*. Petite ville de Suisse, dans le pays de Vaud, sur le bord du lac de Genève, à quatre lieues de Lausanne vers le couchant. Elle a titre de Baronie.

NYON, *Neomagus, Nevidunum*. Petite ville de Suisse, au pays de Vaud, dans le canton de Berne, avec un château sur une colline, sur le lac de Genève, à quatre lieues de la ville de Genève.

GEX, *Gesium*. Petite ville de France, capitale de la Seigneurie de même nom, au pied du mont S. Claude, entre le mont Jura, le Rhône, le lac de Genève & la Suisse.

GENEVE, *Geneva, Aurelia Allobrogum*. Ville enclavée dans la Savoie, aux frontieres de France & du pays de Gex, & aux confins de la Suisse, sur la riviere du Rhône, qui y sort du lac de Genève, & qu'on y passe sur deux ponts de bois. Elle est à sept lieues d'Annecy au septentrion, à quinze de Chambery & à vingt-quatre de Lyon.

## La Savoie.

LA BONNE-VILLE, *Bonna, Bonnopolis*. Petite ville de Savoie, capitale du pays de Faucigny, avec un ancien château fur la riviere d'Arve. Elle eft dans le bas Faucigny, à deux lieues au-deffous de Clufe, à quatre d'Annecy vers l'orient.

LA CLUSE, *Clufæ*. Petite ville de la Savoie, dans le Faucigny, fur la riviere d'*Arve*, à fept lieues d'Annecy au levant.

SALANCHES, *Salanchiæ*. Petite ville de Savoie, capitale, du haut Faucigny, fur un ruiffeau qui fe jette dans la riviere d'*Arve*, à quatre ou cinq lieues au-deffus de Clufes.

CHAMOIGNY.

ANNECY, *Annecium*. Ville de Savoie, au duché de Genevois, dont elle eft la principale, fur le bord du lac d'Annecy, où la petite riviere de Tiond en fort, & au pied du mont Saymenoz.

THONON, *Tunonium*. Ville du duché de Savoie, capitale du Chablais, fur la rive méridionale du lac de Genève, à cinq lieues de Laufanne au midi, à fept de Genève au levant, près de Ripaille, & de l'embouchure de la riviere de Drance dans le lac.

EVIAN, *Aquianum*. Petite ville du duché de Savoie, dans le pays de Chablais, & fur le bord du lac de Genève, à deux lieues de Thonon.

S. GINGO, *Fanum Sancti Gingonis.* Bourg de Savoie, dans le Chablais, & au pays de Gavot, fur la côte méridionale du lac de Genève, près du mont de Morges, & aux confins du Valais.

## La Suiffe.

AIGLE, *Ala*, *Aquilegia.* Bailliage de Suiffe, dans le canton de Berne, fur la frontiere du bas Vallais.

VILLE-NEUVE, *Villa-Nova.* Petite ville de la Suiffe au canton de Berne, & au pays de Vaud, fur la côte orientale du lac de Genève, près de l'endroit où il reçoit le Rhône, & aux confins de la Savoie.

VEVAY, *Viviacum*, *Vibifcum.* Bourg de la Suiffe, au canton de Berne, & dans le pays de Vaud, fur la rive feptentrionale du lac de Genève, à treize mille pas de Laufane au levant.

FRIBOURG, *Friburgum.* Ville de la Suiffe, capitale du canton qui porte fon nom, fur la riviere de *Sàna.*

MORAT. *Voyez ci-deffus art.* de la Suiffe.

NEUFCHATEL, *Neocomum*. Ville de Suisse, au comté de Neufchâtel, dont elle est la principale, sur la côte septentrionale du lac de Neufchâtel qui y reçoit le torrent de *Scion*. Les Allemands l'appellent *Newenburg*.

ARBERG. *Voyez art.* de la Suisse.

BERNE, *Berne*. Ville de Suisse, capitale du canton de ce nom, dans le Nuitlandt, sur la riviere d'*Aar*.

LUCERNE, *Lucerna*. Ville de Suisse, capitale du canton de ce nom, dans l'*Argou*, sur le lac de même nom, à la sortie de la riviere de *Russe* qui traverse la ville.

ZUG, *Tugium*. Bourg ou petite ville de Suisse dans le canton de même nom, dont elle est la principale, sur une côte près du lac de Zug.

ZURICH, *Tigurum*. Ville considérable de Suisse, dans le canton de ce nom, dont elle est la principale. Elle est partagée en deux par la riviere de *Limat*, à sa sortie du lac de Zurich. Elle est presque au milieu entre Schafhouse au nord, & Lucerne au midi, à vingt cinq mille pas de chacune.

WINTERTHUR, *Vinterthura*. Petite ville de Suisse, dans le canton de Zurich, sur le ruisseau d'*Eulach*,

*& de quelques autres Contrées.* 165
près du château de *Kibourg*, à trois milles d'Allemagne de Zurich.

FRAVENFELD, *Fravenfelda*. Petite ville de Suisse, capitale du *Thurgau*, sur la riviere de *Murg*, à deux lieues de son embouchure dans le *Thur*, à cinq ou six lieues de la ville de Constance, vers le couchant d'hiver.

CONSTANCE, *Constantia*. Ville d'Allemagne, en Suabe, aux frontieres de la Suisse, sur le lac de *Zell*. Elle a un évêché suffragant de l'Archevêque de Mayence.

STEIN, *Stenium Steina*. Petite ville de Suisse, au canton de Zurich, avec un pont de bois sur le Rhin, un peu au-dessous de sa sortie du lac de *Zell*, aux frontieres de l'Allemagne & de la Suabe.

SCHAFHOUSE, *Scaphusia*. Ville de Suisse, capitale du canton de ce nom, sur le Rhin, à quatre milles de Zurich au septentrion.

EGLISOU, *Eglisovia*. Petite ville de Suisse, au canton de Zurich, avec un pont sur le Rhin, un peu au-dessus de l'endroit où il reçoit le *Glatz*, à trois milles d'Allemagne de Zurich au septentrion.

KEYSERSTUL, *Forum Tiberii*.

Place de Suisse, avec un pont sur le Rhin, au comté de Bade, & dans la seigneurie de l'Evêque de Constance, presque au milieu entre Basle au couchant & Constance au levant, dont elle est à neuf milles d'Allemagne.

BADE, *Badenæ Aquæ*. Petite ville de Suisse, sur la riviere du *Limat*, qui se rend peu après dans l'*Aar*. Elle appartient aux huit plus anciens cantons, & on l'appelle dans le pays *Baden*, & quelquefois *Ober-Baden*, le *haut-Bade*, pour la distinguer de celle qui est plus bas en Suabe.

BRUCK ou BRUGG. *Pons*. Petite ville de l'Argou en Suisse, dans le canton de Berne. Elle prend son nom du pont qu'elle a sur la riviere d'*Aar*, un peu au-dessus de l'embouchure du *Ruff*.

ZURZACH, *Zurzecum*. Bourg de Suisse, sur le Rhin qui y reçoit un peu plus bas l'*Aar*, aux frontieres de la Suabe, & à quatre milles d'Allemagne au-dessous de Schafhouse à l'occident.

WALDSHUT, *Waldhusta*. Petite ville d'Allemagne dans la Souabe, & une des quatre villes frontieres sur le Rhin, dans le *Klegou*, à deux milles d'Allemagne au-dessus de Laufembourg au levant.

LAUFFEMBERG, *Lauffemburgum.* Ville d'Allemagne, dans la Souabe, une des quatre villes forestieres, près de la chûte du Rhin. Elle appartient à l'Empereur, étant de son ancien patrimoine, & presqu'à moitié entre Schafhouse au levant, & Basle au couchant.

RHEINFELD, *Rhenolfeda.* Ville d'Allemagne, dans la Suabe, & une des quatre villes forestieres, avec un pont sur le Rhin, joignant les forestieres de la Suisse, & vers le Brisgaw.

AUGST, *Augusta Rauracorum.* Ville des Suisses, dans le canton de Basle, proche du Rhin, & à trois lieues de Basle. C'étoit autrefois une ville épiscopale & considérable.

BASLE, *Basilea. Voyez ci-dessus,* art. de la Suisse.

## L'Alsace.

ALTKIRCH. Petite ville de France dans le *Sundgau*, chef-lieu d'un bailliage. C'est-là que se tient l'official de l'Evêque de Basle, pour la partie du diocèse, qui est à la France.

BEFORT, *Befortium.* Ville de l'Allemagne Françoise, capitale du

*Sundgau* propre, à trois lieues de Monbeliard.

MONBELIARD, *Mons Bellicardus*. Petite ville au comté de ce nom, qui étoit censée des dépendances de la Franche-Comté. Elle est sur une côte près du ruisseau d'*Alaine*, qui se rend dans le Doux, & proche des montagnes de Vauge, avec un château.

## Franche-Comté.

CLERVAL, *Claravallis*. Bourg de la Franche-Comté, sur la riviere de Doux, entre Besançon & Monbeliard.

BAUME, *Balma*. Petite ville de France, au comté de Bourgogne, sur le Doux, à quatre lieues de Besançon, en tirant vers Monbeliard.

BESANÇON, *Besontio*, *Vesontio*. Ville de France, dans le comté de Bourgogne, au bas d'une montagne, & divisée en ville ancienne & nouvelle par la riviere de Doux, avec un Archevêché qui a pour suffragants les Evêques du Bellay, de Lausanne & de Basle.

## Alsace.

**CERNAY**, en Dormois, *Cernayum*. Petite ville de Champagne, sur la riviere de Dorvie, qui se jette dans celle d'Aine, à quatre lieues de Sainte-Menehou, & autant de Grandpré.

**RUFFACH**, *Rufacum*. Ville de France, dans la haute Alsace, & au Mundat, sur le ruisseau de Rorbach, à trois milles d'Allemagne de Brisac à l'occident.

**HOBURG.**

**COLMAR**, *Colmaria*. Ville de France, capitale de la haute Alsace, sur la riviere d'*Ill*, à deux lieues de Brisac & du Rhin vers le couchant.

**GUEMAR.**

**SCHELSTAT**, *Selestadium*. Ville de France, dans la basse Alsace, sur la riviere d'Ill, & aux confins de la haute Alsace, à quatre milles d'Allemagne de Brisac au couchant.

## Lorraine.

**SAINTE-MARIE-AUX-MINES** ou Markick. Petite ville de France, dans la Lorraine allemande, sur la riviere de *Leber*.

S. DIEY, *Fanum Sancti Deodati.* Ville de France en Lorraine, & au pays de Vauge, fur la Meurte, & près des frontieres de l'Alsace, à dix lieues de Brisac au couchant.

NEUF-VILLE. Seigneurie considérable dans le cercle du haut Rhin, près des frontieres de la Lorraine, à quelque distance de Salm.

AI ISRAEL.

SAINT-NICOLAS, *Fanum Sancti Nicolai.* Bourg de France en Lorraine, fur la riviere de Meurte, à deux lieues au-dessus de Nancy au midi.

NANCY, *Nancium.* Ville capitale de la Lorraine, près de la riviere de Meurte, & la résidence ordinaire des Ducs de Lorraine.

## Duché de Bar.

PONT-A-MOUSSON, *Mussipontum.* Ville de Lorraine, dans le Barrois, fur la Moselle, vis-à vis du château ruiné de Mousson, qui est sur une hauteur, d'où lui vient ce nom, avec une Université.

JOUI.

METZ, *Metæ.* Ville de France, dans le pays Messin, à qui elle donne le nom & sur la Moselle, qui y reçoit la Seille, avec un Evêché suffragant de l'Archevêché de Trèves.

THIONVILLE, *Theodonis Villa*. Ville forte du Pays-Bas François, au duché de Luxembourg, avec un pont sur la Moselle, aux frontieres de la Lorraine.

KONIGSMACHRE, *Machra Regis*. Bourg de France, au duché de Luxembourg, près de la Moselle, & dans la prévôté de Thionville.

SIRCK, *Sirca*. Petite ville de France, dans la Lorraine, sur la Moselle, avec un château, aux frontieres du Pays-Bas & du duché de Luxembourg.

## Duché de Luxembourg.

REMIE.
GRAVE MACHEREN.

## Cercle du bas Rhin.

TREVES, *Treviri*, *Augusta Trevirorum*. Ville d'Allemagne, capitale de l'Archevêché & de l'Electorat de ce nom, sur la Moselle & aux frontieres de la France & du duché de Luxembourg.

H ij

GEMMINGEN, *Gemminga*. Petite ville du Palatinat du Rhin, dans la préfecture de Bretten, entre Hailbron & Philisbourg.

CREUTZNACH, *Cruciniacum*. Ville d'Allemagne, au Palatinat du Rhin, dans le Hondsruc, & sur la riviere de Nau qui la sépare en deux parties avec un château.

INGELHEIM, *Ingelheimum*. Petite ville d'Allemagne, au bas Palatinat & sur le Rhin, avec un ancien château où naquit Charlemagne l'an 732.

MAYENCE. *Voyez ci-dessus au Palatinat du Rhin.*

BINGEN, *Bingium*. Ville d'Allemagne, au cercle électoral, & dans l'électorat de Mayence, avec un château sur une colline, sur le bord du Rhin, où il reçoit le Nau que l'on y passe sur un pont de pierre, quatre milles d'Allemagne au-dessous de Mayence au couchant.

S. GOWAR, *Fanum Sancti Goari*. Petite ville d'Allemagne, sur la rive gauche du Rhin, au bas comté de Catzelloboge, près du Hondsruck & de l'Etat de l'Electeur de Trèves.

COBLENTZ, *Confluentes*. Ville d'Allemagne au cercle du bas Rhin,

& dans l'Etat de l'Electeur de Trèves, où la Moselle se jette dans le Rhin, vis-à-vis de la forteresse de Hermanstein.

ANDERNACH, *Antenacum*. Petite ville d'Allemagne, sur le Rhin, dans l'électorat de Cologne, sur les confins de celui de Trèves & du duché de Juliers, dans une plaine, à trois milles au-dessous de Coblentz.

BONNE, *Bonna*. Ville d'Allemagne, dans le cercle de Westphalie, & dans l'Etat de l'Electeur de Cologne, dont elle est la résidence ordinaire, à quatre milles d'Allemagne au-dessous de Cologne au midi.

BERG & BERGHEN, *Montanus Ducatus*. Province du cercle de Westphalie en Allemagne. Ce duché appartient à l'Electeur Palatin.

JULIERS, *Juliacum*. Ville d'Allemagne, capitale du duché de ce nom, dans le cercle de Westphalie, sur la riviere de Roure.

AIX-LA-CHAPELLE, *Aquisgranum*. Ville d'Allemagne, dans le cercle de Westphalie, sur les limites du duché de Juliers, & de celui de Limbourg. C'est où se doit faire le couronnement des Empereurs, selon la bulle d'or.

### Hollande.

MASTRICHT, *Trajectum ad Mo-sam*. Ville des Pays-Bas, au Brabant, sur la Meuse, au confluent du Jecker.

### Liége.

LIEGE, *Leodium*. Ville d'Allemagne enclavée dans le Pays-Bas, sur la riviere de Meuse, avec un Evêché suffragant de l'Archevêché de Cologne. Elle est ville libre & impériale, mais sujette à son Evêque.

SPA, *Spadanus Vicus*, Bourg d'Allemagne, au pays de Liége, & au marquisat de Franchimont, sur les frontieres de Luxembourg, & sur la riviere d'Ambleve, renommée pour ses bains.

### Limbourg.

LIMBOURG, *Limburgum*, Ville du Pays-Bas, dans le duché de ce nom, sur une montagne avec un fort château, près de la riviere de Vese, sur la frontiere de l'Etat de Liége.

## Flandre.

NAMUR, *Namurcum*. Ville du Pays-Bas, capitale du comté de même nom, sur la gauche de la Meuse, où elle reçoit la Sambre, avec un Evêché suffragant de l'Archevêché de Cambray.

BINCHE ou BINS, *Binchium*. Ville du Pays-Bas, au comté de Hainaut, près de la petite riviere de Haisne, qui a sa source dans ce quartier.

MONS, *Montes Hannoniæ*. Ville du Pays-Bas, capitale du Hainaut, sur la petite riviere du Trouille, qui se jette dans l'Haisne.

VALENCIENNES, *Valentianæ*. Ville de France, au Pays-Bas, dans le comté de Hainaut, sur l'Escaut, qui la sépare en deux, & qui y reçoit le ruisseau de Ronel.

CAMBRAY, *Cameracum*. Ville de France, au Pays-Bas François & dans le Cambrésis, sur l'Escaut, aux frontieres de la Picardie & de l'Artois, avec un Archevêché.

DOUAY, *Duacum*. Ville de France, au Pays-Bas, dans la Flandre Françoise, sur la riviere de Scarpe, aux frontieres de l'Artois.

S. AMAND, *Amandopolis*. Petite ville du Pays-Bas François, au comté de Flandre & au Tournaisis, sur la Scarpe, aux confins du Hainaut, avec une célebre abbaye, fondée par Saint Amand.

TOURNAY, *Tornacum*. Ville de France, au Pays Bas, & dans le comté de Flandre, sur l'Escaut, avec un Evêché suffragant de l'Archevêché de Cambray. Elle est la capitale du Tournaisis.

LILLE, *Insulæ*. Ville de France, dans le Pays-Bas François, dont elle est la capitale, sur la riviere de la Deul.

IPRES, *Ipra*. Ville de Flandre, au Pays-Bas, sur la riviere d'Iperlec, avec un Evêché suffragant de l'Archevêché de Malines.

BEAUMONT, *Bellomontium*. Ville de Pays-Bas François, au comté de Hainaut.

STEINBERG.

CASSEL, *Mons Cassellus*. Ville du Pays-Bas, au comté de Flandre, sur une montagne, à trois lieues de Saint-Omer au levant & vers Ipres, dont elle est à quatre lieues.

S. OMER, *Audemaropolis*. Ville de France, au Pays-Bas François, & au

*& de quelques autres Contrées.* 177
comté d'Artois, entre des marais, sur la riviere d'Aa, avec un Evêché suffragant de l'Archevêché de Cambray.

CALAIS, *Caletum*. Ville de France, en Picardie, & au comté de Guines, avec un port de mer sur la côte de l'Océan.

## Londres.

*Août 30. 1741.*

*Août 30. 1733.*

### France.

Calais, Boulogne, Montreuil, Abbeville, Amiens, Clermont, Chantilly, S. Denys, Vincennes, Paris, S. Cloud, S. Germain, Marly, Versailles, Meudon, Fontainebleau, Sens, Auxerre, Dijon, Châlons, Macon, Ville-Franche, Lyon Vienne, Valence, Viviers, S. Esprit, Ville-Neuve, Avignon, Nismes, Montpellier, Arles, Salon, Aix, Marseille, Toulon, Fréjus, Antibes.

## ITALIE.

### Piémont.

ONEILLE ou ONEGLIA, *Onelia*.

H v

Place d'Italie, sur la côte de Gênes, & sur la riviere du Ponent. Elle est enclavée dans l'Etat de la république de Gênes, mais elle dépend du Duc de Savoie depuis l'an 1576.

## Etat de Gênes.

ALBENGA, *Albingaunum.* Ville d'Italie, dans l'Etat de Gênes & sur la côte du couchant, que l'on appelle ordinairement la *Riviere de Gênes.* Elle est dans une plaine sur le bord de la mer, à l'embouchure de la petite riviere de Centa, avec un Evêché suffragant de l'Archevêché de Gênes, dont elle est à cinquante milles au couchant.

LOUANO.

FINAL, *Finalium.* Petite ville d'Italie, au marquisat de ce nom, sur la côte de Gênes, dans la riviere du Ponent, avec un ancien château fort, & un petit port, entre Savone à l'orient, & Albengue à l'occident.

SAVONE, *Savona.* Ville d'Italie, dans l'Etat de la république de Gênes, & sur la riviere de Ponent, avec un Evêché suffragant de l'Archevêché de Milan.

UTRI.

*& de quelques autres Contrées.* 179

SESTRI-DI-LEVANTE, *Sextum.* Bourg d'Italie, dans l'Etat de la république de Gênes, & sur la côte de la riviere de Ponent, d'où lui vient ce nom pour le distinguer de l'autre. Il est à six milles de Gênes au couchant, en allant à Savone.

S. PIETRO DI ARENA.

GENES, *Genua.* Ville d'Italie & capitale de l'Etat de ce nom, avec un Archevêché, érigé en 1132 par le Pape Innocent II. Elle donne le nom à la côte de Gênes.

## *Toscane.*

LIVOURNE, *Liburnus.* Ville d'Italie, dans l'Etat du Grand Duc de Toscane, au Pisan, avec un très-beau port de mer qui la rend fort riche & de grand commerce. Elle est dans des marais près du mont Negro.

PISE, *Pisæ*, *Pisa.* Ville d'Italie, en Toscane, dans le Pisan ou territoire de Pise, à qui elle donne le nom, avec un Archevêché, une Univerté & une bonne citadelle, sur la riviere d'Arne.

LUCQUES, *Luca.* Ville d'Italie, capitale de la république de ce nom, au Luquois, & dans la Toscane, près du Serchio, avec un Evêché suffragant de l'Archevêché de Pise, mais exempt de sa jurisdiction.

PISTOIE, *Pistoria*. Ville d'Italie, en Toscane, & dans l'Etat de Florence, dans une plaine près du ruisseau de Stella, au pied du mont Apennin, avec un Evêché suffragant de l'Archevêché de Florence.

POGGIO CHIANO. Bourg d'Italie, dans la Toscane, fameux à cause du palais qu'y ont les Grands Ducs.

FLORENCE.

PRATOLIN, *Pratolinum*. Château d'Italie, en Toscane, & dans une vallée, à cinq milles de Florence, où est la maison de plaisance du Grand Duc.

FIELE.

S. CASSIANO.

POGGIBONZI. Petite ville d'Italie, en Toscane.

SIENNE, *Sena*, *Colonia Senensis*. Ville d'Italie, en Toscane, dans le Siennois, dont elle est la capitale, avec un Archevêché. C'étoit autrefois une république puissante.

*Etat de l'Eglise.*

AQUAPENDENTE, *Acula*,

*Aquæ Tarinæ.* Ville d'Italie dans l'Etat de l'Eglife, dans la province du Patrimoine, fur une côte, près de la riviere de Paglia qu'on y paffe fur le pont Grégorien. Elle fut érigée en Evêché en 1650 par le Pape Innocent X.

BOLSENE, *Volfinium.* Petite ville de l'Etat de l'Eglife, dans la province du Patrimoine, fur une colline, près du lac de Bolfene, & fur la côte feptentrionale, aux confins du territoire d'Orvieto, fur le chemin de Sienne à Rome.

MONTE FISACONE, *Mons Phyfcon.* Ville de l'Etat de l'Eglife, dans la province du Patrimoine, fur la pente d'une montagne, près du lac de Bolfene, avec un Evêché qui ne releve que du Saint Siége, à dix milles de Viterbe & à cinquante de Rome.

VITERBE, *Viterbium.* Ville de l'Etat de l'Eglife, dans la province du Patrimoine, dont elle eft la capitale, avec un Evêché qui ne releve que du Saint Siége.

RONCIGLIONE, *Roncilio.* Ville de l'Etat de l'Eglife, dans la province du Patrimoine, & fur le ruiffeau Falifco, près du petit lac de Ronciglion, nommé anciennement *Ciminius Lacus.*

ROME, *Roma*. Ville capitale de l'Italie & de l'Etat Eccléfiaftique.

PORTO, *Portus Romanus*. Ville ruinée d'Italie, dans l'Etat de l'Eglife, à l'embouchure du Tibre dans la Méditerranée, & dans la province du Patrimoine, où étoit autrefois le port d'Augufte.

OSTIE, *Oftia Tiberina*. Ville ruinée de l'Etat de l'Eglife, dans la Campagne de Rome, à l'embouchure du Tibre, dans la mer de Tofcane, d'où lui vient fon nom. Elle eft vis-à-vis de Porto.

CIVITA LAVINIA, *Lavinium*. Petite ville de l'Etat de l'Eglife, dans la Campagne de Rome & dans le pays de la marine, à cinq milles de Veletri vers Oftie.

NEMI, *Nemus*. Château de l'Eglife, dans la Campagne de Rome, fur le lac de ce nom, fur une colline, à dix-huit milles de Rome à l'orient.

LA RICCIA, *Aricia*. Bourg & château d'Italie, dans l'Etat de l'Eglife, & dans la Campagne de Rome, dont elle eft à feize milles.

GENZANO.

ALBANO, *Albanum*. Petite ville d'Italie, dans l'Etat de l'Eglife, &

*& de quelques autres Contrées.* 183
dans la Campagne de Rome, avec titre de principauté. C'est un de six Evêchés suffragants de Rome, & affectés aux six plus anciens Cardinaux.

CASTEL GANDOLFO, *Arx Gandulfi*. Bourg de l'Etat de l'Eglise, dans la Campagne de Rome, avec un beau château, où les Papes vont souvent passer quelques beaux jours du printems & de l'automne.

MARINO, *Marinum, Villa Marina*. Château d'Italie, dans l'Etat de l'Eglise, & dans la Campagne de Rome, sur un côteau, avec une belle maison de la famille des Colonnes, à douze milles de Rome au levant.

GROTTA FERRATA, *Grotta Ferrata*. Abbaye célebre d'Italie, de l'Etat de l'Eglise, & dans la Campagne de Rome, près de Frescati, & à quinze milles de Rome. Elle est de moines Grecs de l'ordre de S. Basile.

FRASCATI, *Tusculum Novum*. Ville d'Italie, dans l'Etat de l'Eglise, & dans la Campagne de Rome, avec un Evêché qui ne releve que du Saint Siége. Elle est connue par la beauté de ses eaux. Elle est petite, mais célebre par les maisons de plaisance des Seigneurs & des Princes Romains, qui les appellent *des Vignes*. Elle eſt à douze milles de Rome au levant, ſur le chemin de Terracine & de Naples. C'eſt là que ſont la villa de Ludoviſio, la villa Borgheſe & la villa Aldrobandini, qu'on appelle, à cauſe de la beauté de ſa vue, Belvedere. Tuſculum, où Cicéron compoſa ſes Tuſculanes, eſt environ à une lieue de Fraſcati.

**TUSCULUM.**

**PALESTRINE**, *Prœneſte*. Ville de l'Etat de l'Egliſe, dans la Campagne de Rome, avec un Evêché qui ne releve que du Saint Siége, & qui eſt toujours affecté à un des plus anciens Cardinaux. Elle eſt entre des montagnes & au bas d'une côte.

**TIVOLI**, *Tibur*. Ville de l'Etat de l'Egliſe, dans la Campagne de Rome, avec un Evêché qui ne releve que du Saint Siége. Elle eſt ſur une colline, aux confins de la Sabine, ſur la riviere du Teverone, qui y fait une très-grande caſcade.

**CIVITA CASTELLANA**, *Feſcennia*. Ville de l'Etat de l'Egliſe, dans la province du Patrimoine, près de la petite riviere de Tercia, ſur une montagne, près du Tibre, avec un Evêché qui ne releve que du Saint Siége.

*& de quelques autres Contrées.* 185

FALERE ou FALARE. *Voyez* Civita Castellana.

CAPRAROLE, *Caprarola* Château d'Italie, dans l'Etat du Pape, & dans la province du Patrimoine, bâti sur le dessein de Vignole.

NARNI, *Narnia* ou *Narna.* Ville d'Italie, dans l'Etat de l'Eglise, en Ombrie, sur la Nera, au pied d'une montagne, avec un Evêché qui ne releve que du Saint Siége, entre Terni & Otricoli.

TERNI, *Ternum. Voyez ci-dessus.* Etat de l'Eglise.

SPOLETE. *Voyez ci-dessus.* Etat de l'Eglise.

FOLIGNO. *Voyez ci-dessus.* Etat de l'Eglise.

TOLENTIN, *Tolentinum.* Ville de l'Etat de l'Eglise, en Italie, dans la Marche d'Ancone, sur la petite riviere de Chiento, avec un Evêché suffragant de l'Archevêché de Termo, à six milles de San Severino au levant.

MACERATA, *Macerata.* Ville d'Italie, dans l'Etat de l'Eglise, capitale de la Marche d'Ancone, sur une montagne, près de la petite riviere de Chiento, à cinq lieues de son embouchure, avec un Evêché suffragant de l'Archevêché de *Ferme*, & une petite Université.

RECANATI, *Recinetum*. Ville d'Italie, dans l'Etat de l'Eglise, & dans la Marche d'Ancone, sur le haut d'une montagne, près de la riviere de Potenza, à cinq milles de Lorette vers le couchant d'hiver.

LORETTE, *Lauretum*. Ville d'Italie, dans l'Etat de l'Eglise, & dans la Marche d'Ancone, sur une montagne, à trois milles de la côte du golfe de Venise, avec un Evêché qui ne releve que du Saint Siége.

ANCONE, *Ancona*. Ville d'Italie, dans l'Etat de l'Eglise, & ci-devant capitale de la Marche d'Ancone, à laquelle elle a donné le nom, avec un Evêché qui ne dépend que du S. Siége.

SINIGAGLIA, *Senogallia*. Ville de l'Etat de l'Eglise, au duché d'Urbin, à l'embouchure de la petite riviere de Nigola, dans le golfe de Venise, avec un Evêché suffragant de l'Archevêché d'Urbin.

FANO, *Fanum Fortunæ*. Ville d'Italie, dans l'Etat du Pape, enclavée dans le duché d'Urbin, sur la côte du golfe de Venise, avec un Evêché qui ne releve que du Saint Siége.

PESARO, *Pisaurum*. Ville d'Italie, dans l'Etat de l'Eglise, au duché d'Urbin, sur la côte de la mer Adriatique, & à l'embouchure de la riviere de Foglia, avec un Evêché suffragant de l'Archevêché d'Urbin.

SAN MARINO, *Fanum Sancti Marini*. Petite ville d'Italie, enclavée dans l'Etat de l'Eglise, & au duché d'Urbin, sur les confins de la Romagne. Elle donne le nom à la petite république de S. Marin qui jouit de sa liberté depuis plus de mille ans.

RIMINI, *Ariminium*. Ville d'Italie, dans l'Etat de l'Eglise, & dans la Romagne, à l'embouchure de la riviere de Marechia dans le golfe de Venise, avec un Evêché suffragant de l'Archevêché de Ravenne.

CERVIA, *Cervia*. Ville de l'Etat de l'Eglise, dans la Romagne, dans une plaine, sur la côte du golfe de Venise, avec un Evêché suffragant de l'Archevêché de Ravenne, & des salines de grand revenu. Elle est entre les rivieres de Savio & Pisatello.

RAVENNE, *Ravenna*. Ville archiépiscopale d'Italie, dans l'Etat de l'Eglise, capitale de la Romagne, à l'embouchure de la riviere de Montone dans le golfe de Venife.

FAENZA, *Faventia*. Ville d'Italie, dans l'Etat de l'Eglife, & dans la Romagne, fur la riviere de Lamone, avec un Evêché fuffragant de l'Archevêché de Ravenne.

IMOLA, *Imola*. Ville d'Italie, dans l'Etat de l'Eglife, dans la Romagne, fur la riviere de Santerno, avec un Evêché fuffragant de l'Archevêché de Raverne, dans une très-belle plaine, aux confins du Boulonois & du Ferrarois.

BOLOGNE. *Voyez ci-deffus.* Etat de l'Eglife.

FORT URBIN, *Forte Urbano, Aræ Urbani*. Forterefse d'Italie, dans l'Etat de l'Eglife, & au Boulonois, fur la frontiere du Modénois, ainfi nommée par le Pape Urbain VIII, qui la fit bâtir.

## Duché de Modéne.

MODENE. *Voyez ci-deffus.* Etat de Modéne.

## Etat de l'Eglife.

FERRARE, *Ferraria*. Ville d'Italie au duché de ce nom, dans l'Etat de l'Eglife, avec un Evêché qui ne releve que du Saint Siége. Elle eſt ſur un petit bras du Pô que l'on appelle le Pô mort, d'où l'on a tiré un canal de cinq à ſix milles juſquà Francolin, ſur le grand bras du Pô, pour la facilité du commerce.

## Etat de Veniſe.

ROVIGO, *Rhodigium*. Ville d'Italie, capitale du Poleſin, ou province de ce nom, dans l'Etat de la république de Veniſe, aux confins du Padouan. C'eſt le lieu de la réſidence de l'Evêque d'Adria. Elle eſt ſur un petit canal de l'Adige.

MONSELICE, *Mons Silicis*. Petite ville de l'Etat de la république de Veniſe, au Padouan, avec un château ſur une colline, près du petit Bachilione. Elle eſt aſſez peuplée, dans une plaine, à cinq milles d'Eſte au levant, entre Padoue au ſeptentrion, & Rovigo au midi.

ARQUIA, *Arquata*. Bourg d'Italie au Padouan, dans l'Etat de la république de Veniſe, à quatre milles d'Este & neuf de Padoue au midi. Il n'est remarquable que par le long séjour & la sépulture du fameux Poëte Pétrarque.

ABANO, *Aponus*. Village d'Italie du domaine des Vénitiens, à une lieue de Padoue, du côté de l'occident méridional, célebre par ses eaux minérales & ses bains chauds.

PADOUE, *Patavium*, *Padua*. Ville d'Italie, dans l'Etat de la république de Venise, dans une belle plaine entre Venise & Vérone, avec un Evêché suffragant du Patriarchat d'Aquilée. On dit qu'elle est plus ancienne que Rome.

FUSINA.

VENISE, *Venetia*. Ville d'Italie, capitale de la république de ce nom, une des plus grandes, des plus peuplées & des plus belles de l'Europe.

LIDO.

MURANO, *Muranum*. Petite ville des Vénitiens, à une mille de Venise, sur une isle des Lagunes, où il y a une manufacture de glaces.

VICENCE, *Vicentia*. Ville d'Italie, en Lombardie, au pays de même nom, dans l'Etat de la république de Venise,

*& de quelques autres Contrées.* 191
avec un Evêché suffragant du Patriarche d'Aquilée. On appelle ses habitans les Vicentins.

VERONE, *Verona.* Ville considérable d'Italie, en Lombardie, dans l'Etat de la république de Venise, & au Veronois à qui elle donne le nom, avec un Evêché suffragant du Patriarche d'Aquilée. Elle est sur l'Adige, qu'on y traverse sur quatre ponts de pierre, à soixante milles de Ferrare.

PESCHIERA, *Piscaria.* Place forte de la Lombardie, dans l'Etat de Venise & au Veronois, sur les confins du Bressan & du duché de Mantoue, à l'endroit même où la riviere de Menzo sort du lac de la Garde.

DESENZANO, *Decentianum.* Bourg d'Italie, dans l'Etat de la république de Venise, au territoire de Bresse & sur les bords du lac de Garde, aux frontieres du Mantouan, à neuf milles de Peschiera au couchant.

BRESCIA, *Bressia.* Ville d'Italie, dans l'Etat de la république de Venise. Les François l'appellent Bresse.

PALAZZOLO, *Palatiolum.* Bourg de l'Etat de Venise, en Lombardie, au Bressan, avec un pont de pierre sur la riviere d'Oglio, à quatre milles au-dessous du lac d'Iseo au midi, dans une fort belle plaine.

## Milanois.

MILAN. *Voyez ci-dessus* Etats d'Autriche.

NOVARE, *Novaria*. Ville d'Italie en Lombardie, dans le duché de Milan & au Novarois, à qui elle donne le nom, avec un Evêché suffragant de l'Archevêché de Milan, dont elle est à vingt-cinq milles au couchant, en allant à Verceil.

## Piémont.

VERCEIL, *Vercellæ*. Ville d'Italie en Piémont, & dans le Vercellois, avec un Evêché suffragant de l'Archevêché de Milan, sur la Sesia, sur les frontieres du duché de Milan, dont elle faisoit autrefois partie.

TURIN, *Taurinum*. Ville d'Italie, capitale de la principauté de Piémont, avec un Archevêché, sur le Pô. Le Duc de Savoie y fait sa résidence ordinaire.

AVEGLIANA.

SUSE, *Segusium*. Ville d'Italie, en Piémont, capitale du marquisat de Suse, elle appartient au Duc de Savoie.

*La*

& de quelques autres Contrées, 193

## La Savoie.

MODANÉ.
S. ANDRÉ.
S. JEAN DE MAURIENNE, *Mauriana.* Ville de Savoie, au comté de Maurienne, entre des montagnes, sur la riviere d'Arche, avec un Evêché suffragant de l'Archevêché de Vienne.

MONMELIAN, *Monmelianum.* Forteresse de Savoie, sur un rocher escarpé, au bord de l'Isere, & près des frontieres du Dauphiné, à sept lieues de Grenoble.

CHAMBERY, *Camberium.* Ville capitale de la Savoie, dans le duché de Savoie propre, dans une plaine, sur les ruisseaux de Laisse & d'Albans, où réside le Sénat de la province.

PONT-BEAUVOISIN, *Pons Bellovicinus.* Bourg de France en Dauphiné, sur la riviere de Guyer, qui le sépare de la Savoie. Il y en a même une partie au-delà du pont. Il est sur le grand chemin de Lyon à Chambery, à deux petites lieues du Rhône au midi, & à six de Grenoble.

*Tome VII.* I

## France.

LYON, *Lugdunum*. Ville capitale du Lyonnois, au confluent du Rhône & de la Saône, & une des plus belles & des plus confidérables villes de l'Europe par fa fituation, fa grandeur & fes richeffes. Elle fut fondée fous l'empire d'Augufte par *Lucius Munacius Plancus*. Claudien y naquit, & Severe, irrité de ce qu'elle avoit pris le parti d'Albinus contre lui, la faccagea. L'Empereur Gratien y fut tué par Andragatius, Général de la Cavalerie, que Maxime avoit dépêché après lui. La ville de Lyon eft à cent lieues de Paris au midi. On y a tenu des Conciles généraux & provinciaux.

VILLE-FRANCHE, *Villa Franca*. Ville de France dans le Beaujolois, dans une plaine, fur le ruiffeau de Mergou qui fe jette dans la Saône. Elle eft à dix milles au-deffous de Mâcon au midi, en allant vers Lyon, dont elle n'eft éloignée que de cinq milles.

MACON, *Matifco*. Ville de France, au duché de Bourgogne, dans le Mâconois, avec un Evêché fuffragant de l'Archevêché de Lyon, & un pont de pierre fur la Saône qui la fépare de la Breffe. Elle eft fur la pente d'une côte, prefqu'à mi-chemin entre Châlon-fur-Saône au feptentrion, & Lyon au midi, à onze lieues de chacune.

TOURNUS, *Tinurcium*. Ville de France au duché de Bourgogne, fur la riviere de Saône, dans le Mâconois, entre Châlon au feptentrion, & Mâcon au midi, à vingt lieues & demie de chacune de ces deux villes, & à dix-fept au-deffus de Lyon vers le nord.

CHALON, *Cabilo*. Ville de France, au duché de Bourgogne, fur la Saône, capitale du Châlonois, avec un Evêché fuffragant de l'Archevêché de Lyon ; à onze lieues au-deffus de Mâcon vers le feptentrion, à vingt-deux de Lyon, en allant vers Dijon, dont elle eft éloignée de douze lieues.

CHAGNI, *Chaniacum*. Petite ville de France, au duché de Bourgogne, dans le Châlonois, fur la Dehune, à trois lieues de Châlon & à deux de Beaune.

BEAUNE, *Belna*. Ville de France au duché de Bourgogne, dans le Dijonnois, célebre par la bonté de fes vins. Elle eft à quatre lieues de la Saône à l'occident, & à fept de Dijon au midi, en passant vers Châlon, dont elle est éloignée de cinq lieues.

NUITZ, *Nucium.* Petite ville de France, au duché de Bourgogne, dans une plaine, presqu'au milieu entre Dijon au septentrion & Beaune au midi, à quatre lieues de chacune. Elle est sur le ruisseau de Musin.

DIJON, *Divio.* Ville de France, capitale du duché de Bourgogne, dans le Dijonnois, sur la riviere d'Aufche. Elle est grande, belle & bien peuplée, avec un ancien château. Les Ducs de Bourgogne y faisoient autrefois leur résidence.

LANGRES, *Lingones.* Ville de France, en Champagne, sur une montagne, près de la source de la riviere de Marne, avec un Evêché suffragant de l'Archevêché de Lyon, & dont l'Evêque est Duc de la ville & Pair de France. Elle est grande, forte & ancienne, étant à vingt-trois lieues de Troyes au levant d'hiver, en allant vers les confins de la Franche-Comté, dont elle n'est qu'à six lieues.

CHAUMONT, *Calvus Mons.* Ville de France en Champagne & dans le Bassigny, sur une montagne, près de la riviere de Marne, à cinq lieues de

*& de quelques autres Contrées.* 197
Langres au feptentrion, & autant de Bar-fur-Aube à l'orient. Elle n'a été enceinte de murs qu'en l'an 1500.

JOINVILLE, *Jovilla.* Ville de France en Champagne, avec titre de principauté, fur la riviere de Marne, vers la frontiere du Barrois, à huit lieues au-deffous de Chaumont en Baffigny au feptentrion, en allant vers S. Dizier, dont elle n'eft qu'à fix lieues.

S. DIZIER, *Fanum Sancti Defiderii.* Ville de France, en Champagne, fur la Marne, & aux confins du Barrois. Charles-Quint la prit en 1544 après un long fiége, mais elle fut rendue par le traité de Crefpy.

VITRI, *Victoriacum Francicum.* Ville de France, en Champagne, dans le Perthois, dont elle eft la principale, fur la riviere de Marne, où elle reçoit l'Orne. Elle fut bâtie par François I. à l'endroit où étoit autrefois le village de Mauriac.

CHALONS, *Catalaunum.* Ville de France, en Champagne, fur la riviere de Marne, avec un Evêché-Comté-Pairie, fuffragant de l'Archevêché de Reims. Elle eft grande, forte & dans une belle plaine, à trente-fix lieues au-dessus de Paris au levant, en allant à Verdun, dont elle est à vingt lieues.

REIMS, *Remi.* Ville considérable de France, capitale de la Champagne, dans une plaine agréable, & bornée à deux lieues presque tout autour par des montagnes sablonneuses où l'on recueille d'excellent vin. La riviere de Vesle arrose une partie de ses murailles. Le portail de sa Cathédrale passe pour le plus beau de France.

LAON, *Laudunum.* Ville de France en Picardie, dans la province de l'Isle de France, & au pays Laonnois, avec un Evêché suffragant de l'Archevêché de Reims, dont l'Evêque est Duc & Pair de France. Elle est sur une haute montagne, à trente lieues de Paris au levant d'été.

LA FERE, *Fara* Ville de France, en Picardie, dans la Tierache, sur la riviere d'Oise, à quatre lieues de Laon à l'occident, & à cinq de Saint-Quentin au midi. Elle étoit très-forte, ce qui n'empêcha pas Henri IV. de la prendre. Ses fortifications ont été rasées.

HAM, *Hamum.* Ville de France, en Picardie, dans le Vermandois, sur la riviere de Somme, entre Pérone au septentrion, & Noyon au midi, & à quatre lieues de Saint-Quentin au couchant d'hiver.

PERONE, *Perona.* Ville de France, dans la Picardie, & au pays de Santerre, sur la riviere de Saône. Elle est forte, tant par sa situation entre des marais, que par les ouvrages qu'on y a fait. Ce fut dans son château que mourut Charles le simple l'an 926.

ARRAS, *Atrebatum.* Ville de France au comté d'Artois, dont elle est la capitale, sur la riviere de Scarpe, avec un Evêché suffragant de l'Archevêché de Cambray, & une citadelle. Les Flamands l'appellent *Atrecht* dans leur langue. Elle est presqu'au milieu entre Tournay & Amiens, à cinq lieues de Douay au couchant, & à neuf de Cambray.

BETUNE, *Bethunia.* Ville de France au Pays-Bas, & dans le comté d'Artois, sur le ruisseau de la Biette, à huit lieues d'Arras au septentrion, & à cinq d'Aire. Gaston de France, Duc d'Orléans, la prit aux Espagnols l'an 1645.

AIRE, *Æria.* Ville de France dans l'Artois, sur la Lis, & aux confins de la Flandre, entre des marais. Elle est défendue par le fort de S. François.

I iv

S. OMER, *Audemaropolis*. Ville de France, au comté d'Artois, entre des marais, & sur la riviere d'Aa, avec un Evêché suffragant de l'Archevêché de Cambray. Elle est assez regulierement fortifiée.

CALAIS, *Caletum*. Ville de France, au Pays-Bas, & au comté de Guines, fort peuplée, avec un port sur l'Océan. C'est le passage ordinaire de France en Angleterre, dont elle n'est séparée que par un détroit de sept lieues. Elle fut prise en 1447 par Edouard III, Roi d'Angleterre, après un long siége.

*Londres.*

*Juillet 1. 1734.*

*Mai 20. 1736.*

*Artois.*

CALAIS.

*Flandre Françoise.*

GRAVELINES, *Gravelina*. Ville du Pays-Bas dans la Flandre Françoise, sur la côte & à l'embouchure de la riviere d'Aa dans la Manche du nord, sur la frontiere de la Picardie.

DUNQUERQUE, *Dunquerca.* Ville de France, au Pays-Bas François & au comté de Flandre, avec un bon port sur la côte de la mer du nord. Elle est à l'embouchure de la riviere de Colme.

## Flandre.

FURNES, *Furna.* Ville du Pays-Bas, au comté de Flandre, à une lieue de la côte de la mer, à deux lieues de Nieuport au couchant, sur le canal qui va à Dunquerque, dont elle n'est qu'à trois lieues.

NIEUPORT, *Novus Portus.* Ville du comté de Flandre, & au quartier du Franc, un peu au-dessus de l'embouchure de la riviere d'Iperlée, dans la Manche, dont elle est éloignée d'une demi-lieue, avec un petit port.

OSTENDE, *Ostenda.* Ville du Pays-Bas, au comté de Flandre, avec un bon port sur la Manche ou mer du nord, à l'embouchure de la riviere de Gueule.

GAND, *Gandæ.* Ville capitale du comté de Flandre, sur la riviere de l'Escaut, qui y reçoit la Lis, la Lieve & la Moere, lesquelles, se partageant en plusieurs bras, y forment une vingtaine d'isles qu'on y traverse sur près de quatre-vingt-dix ponts. Elle a un Evêché suffragant de l'Archevêché de Malines.

BRUGES, *Brugæ*. Ville du Pays-Bas Espagnol, dans le comté de Flandre, avec un Evêché suffragant de l'Archevêché de Malines.

ALOST, *Alostum*. Ville du Pays-Bas au comté de Flandre, sur la riviere de Deure, à moitié chemin de Gand à Bruxelles.

## *Le Brabant.*

BRUXELLES, *Bruxellæ*. Ville du Pays Bas Espagnol, au duché de Brabant, sur la petite riviere de Senne. C'étoit autrefois le séjour des Ducs de Brabant.

LOUVAIN, *Lovanium*. Ville du Pays Bas, au duché de Brabant, sur la riviere de Dile, & au quartier de même nom, avec une fameuse Université.

MALINES, *Mechlinia*. Ville des Pays-Bas Espagnols, au duché de Brabant, sur la riviere de Dile, avec un Archevêché.

LIERE. Ville du Pays-Bas, au du-

*& de quelques autres Contrées.* 203
ché de Brabant, au quartier d'Anvers. On l'appelle plus ordinairement Lire.

ANVERS, *Antuerpia*. Ville du Pays-Bas, dans le duché de Brabant, sur l'Escaut.

BREDA, *Breda*. Ville du Pays-Bas, au Brabant, sur la riviere de Merckque, avec un ancien château qui a titre de baronie. Elle appartient au Prince d'Orange.

## La Hollande.

DORT, *Dordracum*. Ville des Provinces-Unies du Pays-Bas, au comté de Hollande, dont elle est la capitale, dans une petite isle que l'on nomme l'isle de Dort, & qui fut formée par une inondation l'an 1421.

ROTERDAM, *Roterodamum*. Ville des Provinces-Unies du Pays-Bas, dans la Hollande méridionale, & au quartier de Schieland, sur la riviere de Meuse, qui y reçoit le ruisseau de Roter qui donne son nom à la ville, & y forme un très-bon port. C'est la patrie du fameux Erasme.

TERGOU. Ville du comté de Hollande, qu'on appelle souvent Goude.

DELFT, *Delphi*. Ville du comté de Hollande, & au pays de Delftland,

I vj

sur la petite riviere ou canal de Schie.

**LA HAYE**, *Hagæ-Comitum*. C'est le plus beau bourg du comté de Hollande, & le plus grand de toute l'Europe. C'est là que les Etats Généraux tiennent leurs assemblées.

**LOSDUN.**

**SCHEVELING**, *Schevelingum*. Village du comté de Hollande, sur le bord de la mer, à une grande demi-lieue de la Haye, où l'on va par un grand chemin pavé de briques, & bordé d'arbres des deux côtés.

**LEYDE**, *Lugdunum Batavorum*. Ville des Provinces-Unies du Pays-Bas, dans la Hollande, capitale du Rhinland, sur l'ancien bras du Rhin qui se perd dans les dunes un peu plus bas, & près de la mer de Harlem.

**KATWICHT-OP-ZEE.**

**ROOMBERG.**

**HARLEM**, *Harlemum*. Ville des Provinces-Unies du Pays-Bas, en Hollande, & au pays de Kenmer, dont elle est la principale, près de la mer de Harlem.

**AMSTERDAM**, *Amstelodamum*. Ville des Provinces-Unies, dans celle de Hollande, capitale de l'Amstellandt, sur le petit golfe d'Yé, à l'embouchu-

*& de quelques autres Contrées.* 205
re de la riviere d'Amſtel, dont elle tire ſon nom.

MUNICKEDAM, *Monachodamum.* Petite ville du Pays-Bas, en Hollande avec un petit port, ſur le Zuyder-Zee, dans la Nord-Hollande, à deux lieues d'Amſterdam vers le ſeptentrion.

EDAM, *Edamum.* Ville de la Nord-Hollande, ſur le Zuyder-Zee, avec un bon port, à trois ou quatre lieues d'Amſterdam du côté du nord.

PURMEREND, *Purmerenda.* Petite ville de la Hollande, entre des étangs, dans la Nord-Hollande, à deux lieues d'Edam, & à trois d'Amſterdam vers le ſeptentrion.

HORNE, *Horna.* Ville des Provinces Unies en Hollande, dans l'Oueſt-Friſe, dont elle eſt la principale, avec un bon port ſur le Zuyder-Zee.

ENCHUSE, *Enchuſa.* Ville de la Nord-Hollande, avec un bon port ſur la côte du Zuyder-Zee. Les habitans la nomment *Enchuyſen.*

MEDEMBLIC, *Medemblicum.* Ville de la Nord-Hollande, avec un port ſur la côte du Zuyder-Zee, à deux lieues d'Enchuſe au couchant d'été.

ALCMAR, *Alcmaria.* Ville de la

Nord-Hollande, & dans le pays de Kenmerland, entre deux lacs,

BEVERWICK, *Beverovicus*. Bourg de Hollande, entre Harlem & Alcmaer.

MAARSEN.

BATTERSTEIN.

UTRECHT, *Utrajectum*. Ville des Provinces-Unies du Pays-Bas, capitale de la province d'Utrecht sur le Rhin.

DUERSTEDE.

RHENEN, *Rhena*. Bourg de la Seigneurie d'Utrecht, & sur le Rhin, aux frontieres de la Gueldre.

NIMEGUE, *Noviomagus*. Ville du Pays-Bas, dans les Provinces-Unies, capitale du duché de Gueldre.

## Duché de Cleves.

CRANENBERG, *Cranenburgum*. Bourg du cercle de Westphalie en Allemagne, près de la ville de Cleves, du côté du couchant.

CLEVES, *Clivia*. Ville d'Allemagne, dans le cercle de Westphalie, capitale du duché de ce nom, près du Rhin, dont elle n'est pas éloignée de plus de trois mille pas.

EMMERICK, *Emmericum*. Ville

d'Allemagne, au duché de Cleves, dans le cercle de Westphalie, sur le Rhin.

## Hollande.

SCHENKENSCHANS, *Scenchii Munimentum.* Forteresse d'Allemagne, au duché de Cleves, sur le Rhin, à l'entrée du Betau, où ce fleuve commence à faire les deux bras, du Rhin & du Wahal, à la pointe & dans un endroit qui n'est joint au Betau que par une petite langue de terre, à un mille d'Allemagne, au-dessous d'Emeric vers le couchant, & à autant de Cleves vers le septentrion. Elle est ainsi appellée de Martin Schenck qui la fit bâtir.

ARNHEIM, *Arnheimium.* Ville des Provinces-Unies du Pays-Bas, au duché de Gueldres, & dans le quartier d'Arnheim, dit autrement le Velaw sur le Rhin, à deux lieues de Nimegue vers le septentrion.

DIEREN.

ZUTPHEN, *Zutphania.* Ville des Provinces-Unies du Pays-Bas, au duché de Gueldres, & au quartier de Zutphen sur l'Issel, qui y reçoit le Berkel.

LOO, *Loa.* Petit bourg de la Gueldre hollandoise, environ à trois lieues de Deventer vers le couchant.

DEVENTER, *Deventria.* Ville des Provinces-Unies du Pays-Bas, dans la province de Transiselane, dont elle est la capitale, sur la riviere d'Issel.

## ALLEMAGNE.

### Cercle de Westphalie.

BENTHEM, *Benthemum.* Bourg & château d'Allemagne, dans la Westphalie, & au comté de même nom, dont il est le principal lieu, près de la riviere de Vecht.

RHEINÉ.

OSNABRUCK, *Osnabrugum.* Ville d'Allemagne, en Westphalie, dans l'Evêché de même nom, dont elle est la principale, sur la petite riviere de Hase, avec un ancien château, appellé Peterbourg, où est la résidence de son Evêque, qui est suffragant de l'Archevêque de Cologne.

MUNSTER, *Monasterium.* Ville d'Allemagne, capitale de la Westphalie, & dans l'Evêché de même nom, dont elle est la principale, sur le ruisseau d'Aa, qui se rend un peu après dans l'Ems.

PADERBORNE, *Paderbornæ*. Ville d'Allemagne, en Westphalie, & dans l'Evêché de même nom, près de la source de la riviere de Lippe, dans une plaine.

PYRMONT, *Pyrmontium*. Bourg d'Allemagne, dans le cercle de Westphalie, célebre par ses eaux minérales.

HAMELEN, *Hamelia*. Ville d'Allemagne, dans la basse Saxe, au duché de Brunswick, sur le Veser, entre Hildesheim à l'orient, & Paderborne à l'occident.

## CERCLE DE LA BASSE SAXE.

*Electorat d'Hanovre.*

HANOVRE, *Hannovera*. Ville d'Allemagne, dans la basse Saxe, & au duché de Brunswick, sur la riviere de Leyne, & au pays de Calemberg.

HILDESHEIM, *Hildesia*. Ville d'Allemagne, dans la basse Saxe, & dans l'Etat de l'Evêque de ce nom, qui est suffragant de l'Archevêque de Mayence, sur le ruisseau d'Innerste.

LAMPSPRING. Petite ville de l'Evêché d'Hildesheim.
ZELLERFIELD.
CLANSTHALL.
ANDERSBERG.

## Duché de Brunſwick.

GOSLAR, *Goſlaria.* Ville d'Allemagne, libre & impériale, enclavée dans l'Etat du Duc de Brunſwick Volfenbutel, ſur le torrent de Godſe qui ſe rend peu après dans le Wacre, aux confins de l'Evêché d'Hildesheim.

VOLFENBUTEL, *Volferbytum.* Ville d'Allemagne, dans la baſſe Saxe, & au duché de Brunſwick, dans des marais, avec une bonne fortereſſe, ſur la riviere d'Oakre.

SALTZDALL, *Vallis Salinarum.* Magnifique château de plaiſance du Duc de Volfenbutel, avec de beaux jardins, à deux lieues de Brunſwick. Il tire ſon nom d'une ſaline qui a été découverte dans cette contrée.

BRUNSVIC, *Brunſvicum.* Ville d'Allemagne, capitale du duché de ce nom, dans la baſſe Saxe, ſur la riviere d'Okre.

*& de quelques autres Contrées.*

## Electorat d'Hannovre.

ZELL, *Cella.* Ville d'Allemagne, au duché de Lunebourg, sur la riviere d'Aller, avec un beau château.

FERDEN, *Verda.* Ville d'Allemagne, dans la basse Saxe, & au duché de ce nom, sur la riviere d'Aller, qui se jette peu après dans le Veser. Elle a un Evêché suffragant de l'Archevêché de Mayence, qui a été fondé par Charlemagne.

DELMENHORST, *Delmenhorstium.* Petite ville d'Allemagne, au cercle de Westphalie, dans le comté de Delmenhorst, dont elle est la principale, sur la petite riviere de Delme, qui se jette dans le Veser.

BREMEN, *Brema.* Ville d'Allemagne, dans le cercle de la basse Saxe, sur le Veser, capitale du duché de ce nom; mais libre & anséatique, qui fut faite impériale en 1646 par l'Empereur Ferdinand III.

BUXTEHUDE.

HARBOROUG.

LUNEBOURG, *Luneburgum.* Ville d'Allemagne, capitale du duché de même nom, dans le cercle de la basse Saxe, & sur la riviere d'Ilmenau.

212 *Description de l'Orient*,

LAWEMBOURG, *Lawenburgum.* Ville d'Allemagne, dans la basse Saxe, sur la riviere d'Elbe, capitale du duché de ce nom.

HAMBOURG, *Hamburgum.* Ville d'Allemagne, dans le Holstein, & au pays de Stormare, une des plus grandes & des plus considérables de toute l'Allemagne : elle est ville libre & impériale, & des quatre principales anséatiques, sur l'Elbe.

## *Duché de Holstein.*

ALTENA, *Altenachium.* Ville d'Allemagne, au duché de Holstein, près de Hambourg, dont elle n'est pas éloignée de demi-lieue, ensorte que c'est presqu'un de ses fauxbourgs. Elle appartient au Roi de Danemarck.

BRAMSTEDE.

NIEW MUNSTER.

KIELL, *Chilonium.* Ville d'Allemagne, au duché de Holstein, & dans le Holstein propre, avec un port dans une petite baie, à l'embouchure de la petite riviere de Swerin, qui vient du marais de Ploen, & un château sur une hauteur.

PREETZÉ.

PLOEN, *Plona*. Place d'Allemagne, au duché de Holſtein, dans le pays de Wagre, entre deux étangs de même nom, à quatre milles d'Allemagne de Kiell.

### Evêché de Lubeck.

LUBECK, *Lubeca*. Ville d'Allemagne, au cercle de la baſſe Saxe, & au duché de Holſtein, au pays de Wagrie, dont elle eſt la principale, ſur la riviere de Trave, qui y reçoit la Stekenitz & le Wackenitz, avec un Evêché ſuffragant de l'Archevêché de Brême.

### Electorat d'Hannovre.

RATZBERG, *Raceburgum*. Ville d'Allemagne, au cercle de la baſſe Saxe, entre les duchés de Mecklenbourg & de Lawenbourg.

### Duché de Mecklenbourg.

GADEBUSCH, *Lacus Dei*. Ville du Mecklenbourg, avec un château, remarquable par la victoire que les Suédois remporterent ſur le Roi de Danemarck, le 20 Décembre 1712.

SWERIN, *Suerinum*. Ville d'Allemagne, dans la basse Saxe, & au duché de Mecklenbourg, sur le petit lac de même nom, avec un Evêché suffragant de l'Archevêché de Brême, & un ancien château, résidence d'un des Ducs de Mecklenbourg, qu'on appelle pour cela le Duc de Mecklenbourg Swerin.

WISMAR, *Vismaria*. Ville d'Allemagne, dans le duché de Mecklenbourg, avec un bon port sur la côte de la mer Baltique, & une citadelle.

GUSTROU, *Gustrovium* Ville d'Allemagne, au cercle de la basse Saxe, & dans la partie orientale du duché de Mecklenbourg, au quartier de Venden, entre des marais.

ROSTOCK, *Rostochium*. Ville d'Allemagne, au cercle de la basse Saxe, & dans le duché de Mecklenbourg, sur le torrent de Varne qui y forme un port, & qui se rend deux milles plus bas dans la mer Baltique.

RIBNITZ, *Ribnitium*. Ville d'Allemagne, en basse Saxe, dans le duché de Mecklenbourg, sur un petit golfe de la mer Baltique, à cinq lieues de Rostock vers le levant.

## CERCLE DE LA HAUTE SAXE.

## *Poméranie.*

DAMGARTEN, *Damgardia.* Petite ville d'Allemagne, dans la Poméranie royale, & dans le comté de Bard, à l'embouchure de la riviere de Rekenitz, à neuf lieues de Stralfund au couchant.

STRALSUND, *Stralfunda.* Ville dans la Poméranie citérieure, avec un port fur la côte de la mer Baltique, vis-à-vis de Rugen, dont elle n'eft féparée que par le petit détroit de Stral, qui donne le même nom à la ville.

RUGEN, *Rugia,* Ifle d'Allemagne, dans la mer Baltique, fur la côte du duché de Poméranie, dont elle fait partie, n'en étant féparée que par un petit détroit, vis-à-vis de Stralfund au midi.

GRIPSWALD, *Gripfvaldia.* Ville d'Allemagne, au duché de Poméranie, avec un port fur le mer Baltique. Elle étoit autrefois libre & impériale.

WOLGAST, *Volgaftia.* Ville d'Allemagne, capitale de la Poméranie citérieure, & dans le territoire de même nom, à l'embouchure du bras de l'Oder, nommé le *Pfin*, & un port au-dessous de la petite isle de Ruden, qui est la plus commode de toute la Poméranie.

USEDOM, *Usedomia*. Isle d'Allemagne, dans la mer Baltique, au duché de Poméranie.

PENEMUNDER.

ANCLAM, *Anclamum*. Ville d'Allemagne, dans la Poméranie citérieure, sur la riviere de Pene, appartenante au Roi de Suéde avec le pays aux environs.

STETIN, *Stetinum*. Ville d'Allemagne, capitale du duché de Poméranie, dans la Poméranie propre, avec un pont sur l'Oder & un ancien château; elle est anséatique.

PERITZ, *Piritium*. Bourg d'Allemagne, dans la Poméranie citérieure, & au duché de Stetin, près de l'Oder, aux frontieres de la Marche de Brandebourg.

## *Brandebourg.*

SOLDING. Jolie ville de la Nouvelle Marche de Brandebourg, dans le cercle & sur le lac de même nom.

LANDSBERG,

& *de quelques autres Contrées.*

LANDSBERG, *Landsberga.* Petite ville de la Nouvelle Marche de Brandebourg, sur la Warte.

## Pologne.

TREBECHE.
SCHEWRIN.
BLASE.

## Brandebourg.

STERNBERG, *Stellomontanum.* Bourg ou petite ville des Etats de Brandebourg, dans le duché de Sternberg, à six lieues de Francfort sur l'Oder vers le levant.

REPPEN. Forteresse de la Nouvelle Marche de Brandebourg, au cercle de Sternberg.

FRANCFORT, *Francofurtum ad Oderam.* Ville d'Allemagne, dans la moyenne Marche de Brandebourg, sur l'Oder, aux frontieres de la Silésie & de la Lusace.

BERLIN, *Berolinum.* Ville d'Allemagne, dans le cercle de la haute Saxe, & dans la moyenne Marche de Brandebourg, sur la riviere de Sprée, dans des marais, capitale de l'électorat de Brandebourg.

*Tome VII.*                                            K

CHARLOTTENBOURG.

POTZDAM. Maison de plaisance du Roi de Prusse, dans la moyenne Marche de Brandebourg, dans une isle formée par la Sprée & la Havel, à huit lieues de Berlin.

BRANDEBOURG, *Brandeburgum*. Ville d'Allemagne, dans le cercle de la haute Saxe, dans la moyenne Marche de Brandebourg, à qui elle a donné le nom, sur la riviere de Havel, qui la divise en deux parties.

WITEMBERG, *Vitemberga*. Ville d'Allemagne, capitale du duché de Saxe, sur l'Elbe.

ANHALT, *Castrum Anhaltinum*. Château d'Allemagne, dans la haute Saxe, qui donne son nom à la principauté d'Anhalt, sur la petite riviere de Seske.

DESSAU, *Dessavia*. Ville d'Allemagne dans le cercle de la haute Saxe, capitale de la principauté d'Anhalt, sur l'Elbe, où elle reçoit la Multe, avec un beau château.

ZERBST, *Zervesta*. Petite ville d'Allemagne, au cercle de la haute Saxe, & dans la principauté d'Anhalt, où réside ordinairement un Prince d'Anhalt, nommé le Prince d'Anhalt-Zerbst.

MAGDEBOURG, *Magdeburgum.* Ville d'Allemagne, au cercle de la basse Saxe, dans le duché de même nom, dont elle est la capitale, avec un beau pont sur l'Elbe, & un ancien Archevêché.

BERNBOURG, *Bernaburgum.* Petite ville d'Allemagne, avec un ancien château dans le cercle de la haute Saxe, & dans la principauté d'Anhalt, sur la riviere de Sale où elle reçoit la Vippre.

## *Comté de Mansfeld.*

MANSFELD, *Mansfeldia.* Ville d'Allemagne, en Thuringe, au comté de même nom, dont elle est la principale, avec un château sur une montagne, à cinq milles d'Allemagne de Hall au couchant. Elle appartient à l'Electeur de Saxe.

EISLEBEN, *Eisleba.* Petite Ville d'Allemagne, dans le cercle de la haute Saxe, & au comté de Mansfeld, qui appartient à l'Electeur de Saxe, remarquable, parce que Luther y naquit en 1483, & qu'il y mourut en 1546.

HALL, *Halla Saxonum.* Ville d'Allemagne, au cercle de la haute Saxe, & en Misnie, sur la Sale.

## Electorat de Saxe.

**MERSBOURG**, *Merfoburgum*, Ville d'Allemagne, dans la Misnie, au cercle de la haute Saxe, sur la riviere de Sale, avec un Evêché suffragant de l'Archevêché de Magdebourg.

**LEIPSICK**, *Lipsia*. Ville d'Allemagne, au cercle de la haute Saxe, en Misnie, dans l'Osterland, sur le torrent de Pleiss. Elle appartient à l'Electeur de Saxe.

**ALT-RANSTAD**, *Alt-Ranstadium*. Petit village d'Allemagne, dans la haute Saxe, fameux par le Traité que Charles XII, Roi de Suéde, y fit avec Auguste II, Electeur de Saxe & Roi de Pologne, le 24 Septembre 1706.

**HUBERSBOURG**.

**DRESDE**, *Dresda*. Ville d'Allemagne, au cercle de la haute Saxe, & dans la Misnie, sur la riviere d'Elbe.

**MORITZBOURG**. Château du marquisat & du cercle de Misnie, à trois lieues de Dresde.

**PILNITZ**. Ancien château royal dans la Misnie, sur l'Elbe, avec un très-beau parc, à trois lieues de Dresde.

KONIGSTEIN, *Konigstenium*. Petite ville de la Misnie, dans la haute Saxe, sur l'Elbe, défendue par une citadelle.

## Bohême.

BUDYN. Petite ville de Bohême, avec un vieux château, près de l'Eger, dans le cercle de Slanitz.

WELBURN.

PRAGUE, *Praga*. Ville capitale du royaume de Bohême, dans la Bohême propre, sur la riviere de Mulde qui se jette dans l'Elbe, à trois milles d'Allemagne au-dessous. Elle a un Archevêché, érigé par le Pape Clément VI.

CARLSBAD, *Thermæ Carolinæ*. Petite ville de Bohême, dans le cercle d'Ellenbogen, sur la Toppel, remarquable par ses bains d'eau chaude.

SCHONBACH.

EGRA. Ville de Bohême, sur la riviere de même nom.

## Haut Palatinat de Baviere.

RATISBONE, *Ratisbona*. Ville d'Allemagne, libre & impériale, appellée par ceux du pays *Regensbourg.* Elle est dans le cercle de Baviere, sur le Danube, qui y reçoit la riviere de Regen avec un Evêché suffragant de l'Archevêché de Saltzbourg, fondé par Charlemagne. On y tient fort souvent les diettes de l'Empire.

STRAUBING, *Straubinga.* Ville d'Allemagne, dans la Baviere, sur le Danube, à six lieues au-dessous de Ratisbone au levant.

DECKENDORF, *Deckendorfium.* Petite ville du duché de Baviere, dans le gouvernement de Straubing, à une demi-lieue du bord septentrional du Danube, vis-à-vis de l'embouchure de l'Iser.

VILSHOFEN. Petite ville de Baviere, dans la régence de Landshout, au confluent de la Vils & du Danube.

PASSAU, *Patavia.* Ville d'Allemagne, dans la basse Baviere, sur le Danube, où il reçoit l'Inn & l'Ill, entre le duché de Baviere au couchant, & la haute Autriche au levant.

*Cercle d'Autriche.*

ASCHAU, *Aschavia.* Ville de la haute Autriche, en Allemagne, sur le

*& de quelques autres Contrées.* 223
Danube, à l'embouchure de la petite riviere d'Afcha, entre la ville de Lintz & celle de Paſſau.

ALTENSHAYM.

LINTZ, *Lintium*. Ville d'Allemagne, capitale de la haute Autriche, avec un pont ſur le Danube & un fort beau château ſur une colline au-deſſus.

ENS, *Enſia*. Ville d'Allemagne, dans la haute Autriche, ſur l'Ens, qui ſe rend dans le Danube un mille d'Allemagne plus bas.

IPS. Petite ville de la baſſe Autriche, dans le quartier du haut Wienerwald.

MELCK, *Melicum*. Petite ville d'Allemagne, dans la baſſe Autriche, ſur le Danube, à l'embouchure de la Piela, avec un bon château ſur un côteau.

STEIN, *Stenium*. Petite ville d'Almagne dans la baſſe Autriche, avec un ancien château, & un pont de bois ſur le Danube, vis-à-vis de Mantern.

MANTERN. Petite ville de la baſſe Autriche, dans le quartier du haut Wiener-wald, ſur le Danube.

GOTWEICH, *Gotvicum*. Belle Abbaye de l'ordre de S. Benoît, dans la baſſe Autriche : elle dépend immédiatement du Pape.

K iv

CALEMBERG.

CLOSTER NEUBOURG.

VIENNE, *Vienna.* Ville d'Allemagne, capitale d'Autriche, sur le Danube, avec un Evêché suffragant de l'Archevêché de Saltzbourg.

SHOENBRUN.

MAURBACH.

LAXEMBOURG, *Laxemburgum.* Petite ville d'Allemagne, dans l'Autriche, sur la petite riviere de Schuecha, à quatre lieues de Vienne du côté du midi.

BADE, *Aquæ Pannonia.* Petite ville d'Allemagne, dans la basse Autriche, dans la basse forêt de Vienne, remarquable pour ses bains & ses eaux minérales.

NEUSTAD, *Neustadium.* Ville d'Allemagne, dans la basse Autriche, près du ruisseau de Bischau, qui se jette dans la Leith, avec un Evêché suffragant de l'Archevêché de Saltzbourg.

## Hongrie.

ŒDENBOURG, *Sopronium.* Petite ville de la basse Hongrie, dans le comté de même nom, près des fron-

*& de quelques autres Contrées.* 225
tieres de la basse Autriche, à un mille d'Allemagne du lac de Neudsidler au midi.

SCARPIN.
STENEMANGER.
GUNTZ, *Guntia.* Bourg & château d'Allemagne, dans la basse Autriche, sur la riviere de Guntz, aux confins de la Hongrie.
LOCAHOUSE.
EKENMART.
WOLF.
SCHADENHORFF.
EISENSTATT.
MANERSDORFF.

*Autriche.*

BRUCK.
HAIMBOURG, *Comagenum.* Bourg d'Allemagne, dans la basse Autriche, sur une montagne, au bord du Danube, vis-à-vis l'endroit où il reçoit la Morave, environ à dix lieues de Vienne, vers les frontieres de Hongrie.
PETRONELL. Isle dans la basse Autriche, avec un bois & un château, au quartier du bas Wiener-wald.
VISCHMUND.

EBERSDORFF, *Eberstorfium.* Château d'Allemagne, dans la basse Autriche, sur le Danube, à deux milles au-dessous de Vienne au levant, où les Empereurs ont une maison de plaisance.

NEWGEBAW.
EKERSAU.
SCHLOSHOFF.

### Hongrie.

PRESBOURG, *Posonium.* Ville du royaume de Hongrie, au comté de même nom, dans la haute Hongrie, dont elle est censée la principale, sur le bord du Danube, avec un ancien château sur une côte.

CARLBOURG.

ALTENBERG, *Flexum.* Ville de la basse Hongrie, sur un bras du Danube, qui y reçoit la petite riviere de Leith, vis-à-vis de la petite isle de Schut, à quatre milles d'Allemagne des frontieres de la basse Autriche.

RAAB, *Arrabo.* Ville de la basse Hongrie, sur le Danube, qui y reçoit la riviere de Raab. On l'appelle aussi Rab, & fort souvent Javarin.

COMORE, *Comenum.* Belle &

*& de quelques autres Contrées.* 227
grande ville de la basse Hongrie, capitale du comté de même nom, sur le Danube dans l'isle de Schut.

DOTIS, *Data*. Petite ville de la basse Hongrie, dans le comté de Comore, appartenante à l'Empereur.

NEUDORF.

GRAN. Ville de Hongrie sur le Danube, qu'on appelle plus souvent Strigonie, avec un Archevêché.

WORESMAR.

S. ANDRÉ, *Fanum Sancti Andreæ*. Village de la basse Hongrie, sur le Danube, un peu au-dessus de Bude.

VISIGRAD.

BUDE, *Buda*. Ville capitale du royaume de Hongrie, sur le Danube qu'on y passe sur un pont de bateaux, & qui la sépare de la ville de Pest qui est de l'autre côté. Les Allemands l'appellent *Offen*.

WEISSEMBOURG, *Alba Julia*. Ville du royaume de Hongrie, dans la Transilvanie, sur la petite riviere d'Ompay.

VESPRIM, *Vesprimium*. Ville de la basse Hongrie, au comté de même nom, avec un Evêché suffragant de l'Archevêché de Strigonie, à la source de la riviere de Sarwize, près de la

K vj

forêt de Bakon, & sur la côte septentrionale du lac Balaton.

BALATON, *Volcæ-Paludis*. Lac de la basse Hongrie, que les Allemands appellent *Platzée*. Il s'étend en long l'espace de trente milles du couchant d'hiver au levant d'été, entre Albe Royale au levant, & Canise au couchant. Il n'a pas plus de six mille pas de large. La riviere de Sarwize sort de ce lac.

TOPLOCZA.

CANISE, *Canisia*. Ville de la basse Hongrie, au comté de Salawar, & sur la petite riviere de Sala entre des marais ; mais forte, aux frontieres de la Hongrie Autrichienne.

Le GRAD.

## *Croatie.*

**WARASDIN.**

## *Stirie.*

PETTAU, *Pettavium*. Ville d'Allemagne, dans la basse Stirie, sur la Drave, & aux confins de l'Esclavonie, dépendante de l'Archevêque de Saltzbourg à qui elle appartient.

FRIDAU. Ville de la basse Stirie, sur la Drave.

## Hongrie.

STRIGONIE, *Strigonium*. Ville de Hongrie, sur le Danube, qu'on y passe sur un pont de bateaux. Ceux du pays la nomment Stegran, & les Allemands Gran.

CZACKETHURN. Place forte d'Allemagne, dans la basse Stirie, sur les frontieres de Hongrie.

## ALLEMAGNE.

### Stirie.

LUTTENBERG, *Lutenberga*. Bourg du cercle d'Autriche, dans la basse Stirie, vers la Hongrie, sur la Muer, à six lieues de Canise.

RACKELSBOURG, *Rachelburgum*. Ville d'Allemagne, dans la basse Stirie, sur la riviere de Mure. Les Esclavons l'appellent *Radeoni*.

MURECK ou MURZECK, *Murzecum*. Bourg & château d'Allemagne, dans la basse Stirie, sur la riviere de Muer.

LEIBNITZ.

GRATZ, *Graiacum*. Ville d'Allemagne, capitale du duché de Stirie, sur la riviere de Muer, avec une petite Université.

FROWENLEITTEN.

PRUCK-AN-DER-MUER, *Pons Muræ*. Ville d'Allemagne, dans la haute Stirie, sur la riviere de Muer, d'où lui vient son nom, avec un château.

KAPSENBERG.

MARIENZEL, *Mariæ-Cella*. Village d'Allemagne, en Stirie, sur la frontiere de l'Autriche, sur le torrent de Saltz.

LEUBEN, LEWBEN ou LAUBEN, *Laubenum*. Bourg & château d'Allemagne, dans la haute Stirie, sur la riviere de mure, à sept milles de Gratz.

SECKAU, *Secovium*. Bourg & château d'Allemagne, dans la haute Stirie, sur le torrent de Gayl, qui se rend un peu plus bas dans la Mure, près du château de Leibnitz, avec un Évêché suffragant de l'Archevêché de Saltzbourg.

KNITTELFELD. Jolie ville de la Stirie, sur la Muer.

JUDENBOURG, *Judenburgum*. Ville d'Allemagne, dans les pays héréditaires de l'Empereur, fur la riviere de Mure, dans la haute Stirie, environ à deux milles d'Allemagne des confins de la Carinthie.

NEWMARK.

## Carinthie.

FREISACH. Ville de la baffe Carinthie, d'où dépend un diftrict de fix lieues en quarré. Elle appartient à l'Archevêque de Saltzbourg.

STRAESBOURG, *Straesburgum*. Petite ville d'Allemagne, dans la Carinthie, fur la petite riviere de Gurcz, avec un château où réfide ordinairement l'Evêque de Salzbourg.

GURCK, *Gurcum*. Jolie ville d'Allemagne, dans la baffe Carinthie, avec un Evêché fuffragant de Saltzbourg, fur la riviere de Gurck.

S. VEIT, *Fanum Sancti Viti*. Ville d'Allemagne, aux pays héréditaires, & dans la baffe Carinthie, dans une belle vallée, à la jonction des torrens de Wilitz & de Glac.

SOLFELD.

CLAGENFURT, *Clagenfurtum*. Ville d'Allemagne, capitale de la Carinthie, près du lac de Verd, dans une grande plaine, fur la petite riviere de Glaw.

VILLACH, *Villacum*. Ville d'Allemagne, dans la haute Carinthie, au pied du mont de Laur, & dans une vallée, fur la Drave, qui y reçoit la petite riviere de Geyl. Elle dépend de l'Evêque de Bamberg.

S. PATERNION.

SPITAL, *Hofpitale*. Bourg d'Allemagne, dans la haute Carinthie, fur le Lyfer, près de la Drave, à douze lieues au-deffus de Clagenfurt.

S. PETER-HULST.

ARNOLDSTEIN.

TARVIS. Ville de la Carinthie, remarquable pour fes fourneaux pour la fonte des mines de fer. Elle dépend de l'Evêché de Bamberg.

PONTEBA IMPERIALE, *Ponteba*. Petite ville d'Allemagne, dans la haute Carinthie, fur la petite riviere de même nom, qui fépare la Carinthie du Frioul & de l'Etat de Vénife, & fe rend peu après dans celle de Fella. Elle dépend de l'Evêque de Bamberg.

ITALIE.
*Frioul.*

PONTEBA VENETA. Village de

*& de quelques autres Contrées.* 233
l'Etat de Venife, au pied des montagnes des Alpes, à fept milles d'Allemagne de Villach au midi, en allant vers Trevife & vers Udine, dont elle eſt éloignée de fix milles.

VENZONE.

GEMONA, *Glemona.* Place d'Italie, au Frioul, & dans l'Etat de la république de Venife, fur la Tajamento, environ à trois milles d'Allemagne du pied des Alpes, & des frontieres de l'Allemagne.

ARTEGNO.

TRICESIMO.

UDINE, *Utinum.* Ville d'Italie, capitale du Frioul, dans l'Etat de la république de Venife, près de la riviere de Torre. C'eſt la réfidence ordinaire du Patriarche d'Aquilée. Les Allemands l'appellent *Weyden.*

CIVIDAD DI FRIULI, *Forum Julii.* Petite ville d'Italie, au Frioul, dans l'Etat de la république de Venife, fur la riviere de Natifone, au pied des Alpes, à fept milles d'Udine au levant, en allant vers Gorice, dont elle n'eſt qu'à cinq milles.

# ALLEMAGNE.

## Comté de Gorice.

CORMONS.

GORICE, *Goritia*. Ville d'Italie, capitale du comté de ce nom, dans le Frioul, petite, mais forte, sur le Lisonzo, appartenante à la maison d'Autriche. Elle est au pied des monts, avec un ancien château sur une roche, aux frontieres de l'Etat des Vénitiens, entre les Alpes & le golfe de Trieste.

## La Carniole.

IDRIA, *Idria*. Petite place d'Italie, dans le Frioul, & au comté de Gorice, au pied des Alpes, sur le torrent d'Idria, aux frontieres de la Carniole. Elle est sujette à l'Empereur.

OBER LAUBACH, *Neoportus*. Ville d'Allemagne, dans la Carniole, sur la riviere de Laubach, vers ses sources, environ à trois lieues de Klein Laubach, & à cinq de Laubach vers le midi.

LAUBACH, *Laubacum*. Ville d'Allemagne, capitale du duché de

Carniole, fur la petite riviere de même nom, avec un Evêché suffragant du Patriarche d'Aquilée, mais exempt de fa jurifdiction.

CILLEY, *Cilleia*. Ville d'Allemagne, au duché de Stirie, dans le cercle d'Autriche, & au comté du même nom dont elle eft la capitale, aux confins de la Carniole, & fur la riviere de Suane, qui fe rend dans la Save. Elle appartient à l'Empereur.

Retour à Ober-Laubach.
PLANINA.

CZIRKNITZ, *Czirnitfa*. Bourg d'Allemagne, dans la Carniole feche, fitué fur la rive occidentale du lac de Czirknitz, à qui il donne le nom, au pied des Alpes & près de la forêt de Byrpamer.

LEUK.
POSTAINA.

TRIESTE, *Tergefte*. Ville d'Italie, en Iftrie avec un petit port fur la côte de la mer Adriatique & du golfe de Triefte, à qui elle donne le nom, & un Evêché suffragant du Patriarche d'Aquilée.

## L'Iftrie.

MUGLIA, *Muglia*. Bourg & château de l'Etat de Venife, en Iftrie, fur la côte du golfe de Triefte, & prefqu'à moitié chemin entre Capo d'Iftria & Triefte.

CAPO d'ISTRIA, *Caput Iftriæ*. Ville d'Italie, en Iftrie, fur la côte du golfe de Venife. On l'appelle autrement *Cavo d'Iftria*.

ISOLA, *Infula*. Bourg d'Italie, en Iftrie, fur la côte du golfe de Triefte, à cinq milles du Cap d'Iftria au couchant : il appartient aux Vénitiens.

PIRANO, *Piranum*. Petite ville de l'Iftrie, à trois lieues de Capo d'Iftria vers le midi. Elle eft fur une petite prefqu'ifle, formée par le petit golfe de Largone & celui de Triefte.

UMAGO, *Umagum*. Petite ville d'Italie, en Iftrie, avec un port fur la côte du golfe de Venife, mais peu habitée à caufe du mauvais air. Elle depend de la république de Venife.

CITTA NOVA, *Æmonia*. Petite ville d'Italie, en Iftrie, dans l'Etat de la république de Venife, avec un port fur la côte du golfe de Venife, près de l'embouchure de la riviere de Quieto, avec un Evêché fuffragant du Patriarche d'Aquilée ; mais peu habitée, à caufe du mauvais air.

PARENZO, *Parentium.* Petite ville d'Italie, en Iſtrie, dans l'Etat de la république de Veniſe, avec un Evêché ſuffragant du Patriarche d'Aquilée, mais peu habitée à cauſe du mauvais air.

ISLE DE S. NICOLAS.

ORSERA, *Urſerium.* Petite ville des Vénitiens, ſur la côte de l'Iſtrie, à l'embouchure du Lemo, entre la ville de Rovigo & celle de Parenza.

ROVIGNO, *Rovinium.* Petite place d'Italie, dans l'Etat de la république de Veniſe, en Iſtrie, avec un petit port ſur la côte du golfe de Veniſe. Elle ſe dépeuple à cauſe du mauvais air.

POLA, *Pola.* Ville d'Italie, dans la partie méridionale de l'Iſtrie, avec un Evêché ſuffragant du Patriarche d'Aquilée.

## La Carniole.

TRIESTE, *Tergeſte.* Ville d'Italie, en Iſtrie, avec un petit port ſur la côte de la mer Adriatique & du golfe de Trieſte à qui elle donne le nom, & un Evêché ſuffragant du Patriarche d'Aquilée. Les Allemands la comprennent sous les annexes de la Carniole, quoiqu'elle soit de l'Istrie, & qu'elle joigne les confins de l'Etat de Venise. On y voit un ancien château nommé *Zuchi*, & un autre voisin, situé sur une haute montagne.

SAN SERVOLO.

PROSECIO, *Pucinum*. Château d'Italie, en Istrie, sur une montagne près de la côte de la mer Adriatique. Il appartient à l'Empereur comme Archiduc d'Autriche, & n'est qu'à cinq milles de Trieste au couchant.

DUCINO.

## ITALIE.
### Frioul.

MONTEFALCONE, *Veruca*. Petite ville d'Italie, au Frioul, avec un château, sur une montagne, près du golfe de Trieste. Elle appartient à la république de Venise.

GRADISQUE, *Gradisca*. Place forte d'Italie, au Frioul, & au comté de Goritz, sur un rocher, près de la riviere de Lisonzo.

PALMA. Forteresse d'Italie, dans l'Etat de la république de Venise, & au Frioul, près de la riviere de Torre, qui se jette dans le Lisonzo, aux confins des Etats de l'Empereur & du comté de Goritz.

AQUILÉE, *Aquileia*. Ville ruinée d'Italie, dans la province du Frioul. Les habitans l'appellent *Aquileia*, & les Allemands *Aglar* & *Aglarn*. Elle est décorée d'un Patriarchat, & située entre la riviere de Lisonzo au levant, & l'Ansa au couchant.

ISLES DE S. COSME.
GRADO.
CORGLE.

CONCORDIA, *Concordia*. Ville ruinée d'Italie, au Frioul, dans l'Etat de la république de Venise, sur la petite riviere de Lemene, entre Aquilée & Altino.

PORTO GRUARO, *Portus Gruarti*. Petite ville d'Italie, dans l'Etat de la république de Venise, au Frioul, sur la riviere de Lemene.

## *Etat de Venise.*

VENISE, *Venetiæ*. Ville d'Italie, capitale de la république de ce nom.

MURANO, *Muranum*. Isle des Lagunes, à un mille de Venise, où il y a une manufacture de glaces.

Isles de S. CHRISTOPHE.
S. MICHEL.
BURANO.
TORCELLO.
MAZORBO.
S. FRANCESCO DEL DESERTO.
du NOUVEAU LAZARET.
LIDO.
La GRATIA.
S. CLEMENTE.
S. SPIRITU.
PALEGIA.
MALACOMO.
S. SERVOLO.
S. NICOLA.
LIDO.

ALTINO, *Altinum*. Ville ruinée d'Italie, dans l'Etat de la république de Venise, dans la Marche Trévisane, près des Lagunes de Venise, & de l'embouchure de la petite riviere de Sile.

TRÉVISE, *Tarvisium*. Ville d'Italie capitale de la Marche Trévisane, dans l'Etat de la république de Venise & au Trévisan, avec un Evêché suffragant du Pataiarche d'Aquilée. Elle est sur la Sile, dans une grande plaine entrecoupée de plusieurs ruisseaux.

BASSANO

BASSANO, *Baſſanum*. Ville de la Lombardie, dans l'État de la république de Veniſe, dans une vallée fort étroite de la Marche Tréviſane, ſur la riviere de Brenta.

PRIMOLANO.

FELTRI, *Feltria*. Ville d'Italie, capitale du Feltrin, dans l'Etat de la république de Veniſe, & dans la Marche Tréviſane, ſur une montagne près du ruiſſeau d'Aſone, qui ſe rend dans la Piave, avec un Evêché ſuffragant du Patriarche d'Aquilée.

BELLUNO, *Bellunum*. Ville d'Italie, Dans l'Etat de Veniſe & dans la Marche Tréviſane, capitale du Bellunois, ſur la riviere de Piave, avec un Evêché ſuffragant du Patriarche d'Aquilée.

*Allemagne.*

TRENTE.
ROVEREDO.

*Italie.*

BUSSOLONGO.
VILLA FRANCA.
MANTOUE.

S. BENEDETO.

MIRANDE ou LA MIRANDOLE, *Mirandola*. Petite ville de Lombardie, capitale du pays & duché de ce nom, entre le duché de Mantoue au septentrion & celui de Modéne au midi.

BUON PORTO.

MODENE.

BOLOGNE.

FIORENZOLA.

FLORENCE.

LIVOURNE.

# CHAPITRE III.

*Conclusion, avec des réflexions sur les voyages, les mœurs & les coutumes des peuples, & la vicissitude des choses humaines.*

Lorsque je formai le dessein de passer dans le Levant, je prévis aussitôt les dangers & les difficultés inséparables de ce voyage, & je me proposai de faire le plus d'observations que je pourrois, sur-tout par raport à l'antiquité, l'histoire naturelle, les coutumes & les mœurs des peuples qui habitent cette contrée. Je mets au nombre des avantages que les jeunes gens retirent de leurs voyages, la connoissance des langues vivantes, laquelle est absolument nécessaire aux personnes employées dans le ministere; les occasions qu'ils leur procurent de satisfaire leur curiosité, & le goût qu'ils leur inspirent pour l'architecture, la sculpture, la peinture & l'histoire des pays où ils passent. Quelques-uns, qui voyagent avec plus de fruit, lient connoissance avec les habitans & des étrangers qu'ils rencontrent, étudient avec soin les mœurs & les coutumes des personnes qu'ils fréquentent, se défont des préjugés de l'éducation, & apprennent à se conformer aux mœurs & aux usages des pays où ils se trouvent ; & réfléchissant sur les vertus & les vices des hommes, ils s'attachent à imiter les unes & à fuir les autres ; & lorsqu'ils sont de retour chez eux ils introduisent parmi leurs compatriotes les coutumes qu'ils jugent pouvoir convenir au pays qu'ils habitent & au caractere qu'ils ont reçu de la nature.

En observant les inconvéniens attachés aux différentes sortes de gouvernemens, ils apprennent à se soumettre à celui sous lequel ils sont nés ; & les peines & les travaux qu'ils ont souffert dans leurs voyages, contribuent à leur faire mieux goûter la liberté, le bien-être & l'affluence dont ils jouissent, après qu'ils sont retournés dans le sein de leur patrie. Tout homme qui voyage dans d'autres vues que celles que je viens de dire, court risque de se corrompre, au lieu de se perfectionner ; car tous les pays se ressemblent à peu de chose près, & les voyages par eux-mêmes produisent peu de changement dans l'ame, à moins qu'on n'ait soin de la perfectionner par les observations que l'on fait.

Les ouvrages de la nature & de l'art seroient peu de chose par eux-mêmes, s'ils se bornoient à satisfaire une vaine curiosité. Ils deviennent pour un voyageur un motif d'admiration pour la puissance & la sagesse du Créateur, qui a sçu varier les choses d'une maniere si merveilleuse, & donné aux hommes l'intelligence nécessaire pour se procurer les plaisirs & les commodités de la vie.

La connoissance de l'antiquité & de la géographie sert d'assaisonnement à l'étude de l'histoire. L'architecture, la peinture & la sculpture fournissent à quantité d'artistes le moyen de subsister, font circuler les especes, & encouragent l'industrie. Un tableau & une statue peuvent fournir d'aussi bonnes leçons pour les mœurs qu'un poëme épique.

Les révolutions qu'ont souffert les pays où ils passent, peuvent fournir matiere à quantité de réflexions utiles. Celles qui font arrivées dans les gouvernemens leur donnent lieu d'examiner si elles font l'effet de la vertu ou du vice. Lorsqu'ils voyent des contrées entieres dépeuplées, des villes auffi fameufes que l'ancienne Babylone, fervir aujourd'hui de repaire aux bêtes fauvages, ils ne peuvent que s'appercevoir que les vices & la dépravation des mœurs font les caufes naturelles, & les avant-coureurs de la chûte des Empires; que les villes qui ont fleuri dans le monde, n'ont dû leur élévation qu'à la vertu. Voyant que les révolutions des Empires ont été prédites, ils font affurés qu'elles ne font ni l'effet du hafard, ni des caufes naturelles, mais celui d'une Providence qui étend fes vues fur toutes les chofes créées; qui les a garantis des dangers où ils fe font trouvés, & qui a pris foin de les ramener chez eux, pour les faire jouir en fûreté des fruits de l'expérience qu'ils ont acquife dans leurs voyages.

# ADDITIONS

Et Remarques Historiques &
Critiques du Tome IV.

Page 221. La *Canée, capitale, &c.* La Canée est la seconde place de l'Isle ; car outre qu'elle est plus petite que Candie, le Viceroi de cette ville commande au Pacha de la Canée & à celui de Retimo. Toute l'Isle est soumise à ces trois Généraux, & chacun y a son département. On ne compte qu'environ quinze cent Turcs dans la Canée, deux mille Grecs, cinquante Juifs, dix ou douze marchands François, un Consul de la même nation, & deux Capucins qui en sont les aumôniers. Le corps de la place est bon ; les murailles sont bien revêtues, bien terrassées, défendues par un fossé assez profond, & il n'y a qu'une porte du côté de terre.

Les Vénitiens qui avoient fait fortifier cette ville, l'auroient facilement reprife, s'ils avoient fçu profiter du défordre où étoient les Turcs, lorfque les Chrétiens fe préfenterent. Il n'y avoit dans la Canée gueres plus de deux cent perfonnes en état de porter les armes, dont la plupart étoient des renégats.

Pag. 237. *Aptére étoit éloignée*, &c. Bérecynthe, montagne fameufe chez les anciens, étoit fans doute dans le voifinage d'Aptére. Comme ce nom s'eft perdu, il eft impoffible de la diftinguer parmi celles qui font dans les environs de cette ville. On n'oubliera jamais le nom d'une montagne où les Dactyles Idéens trouverent l'ufage du feu, du fer & du cuivre.

Pag. 242. La *ville du Cydonia fut affiégée*, &c. Une ville auffi puiffante que Cydonia, qui faifoit pencher la balance du côté du parti pour lequel elle fe déclaroit, dans les troubles de Cnoffe & de Gortyne, qui réfifta feule à la puiffance de ces deux villes liguées enfemble pour la détruire, avoit befoin d'un bon port, & je n'en connois point d'autre dans ce quartier-là que celui de la Canée, ou de la Sude. Quoique la Sude femble conferver encore quelques reftes du nom de Cy-

*& de quelques autres Contrées.* 249
donia, cependant elle est bâtie dans une Isle, & n'est point opposée aux terres des Lacédémoniens dans le Peloponnese, par où Diodore de Sicile & Strabon ont fixé la situation de Cydonia. Pline décide positivement la position de cette ville, puisqu'il la marque vis-à-vis trois petites Isles, qui sont sans doute l'Isle de Saint Odoro, & les écueils de Turluru.

Pag. 244. *Le Couvent qu'on appelle la petite Trinité, &c.* Ce Couvent est à une demi-journée de la Canée, tout près du Cap Melier. Il y avoit autrefois cent Religieux, mais il n'y en a pas aujourd'hui cinquante, quoique ce soit le plus beau Monastere de l'Isle, après celui d'Arcadi. Chaque Religieux paye sept écus de capitation. Les revenus de ce Couvent sont en huile, vin, froment, avoine, miel, cire, bestiaux, fromages & laitages. La récolte des olives y est quelquefois si abondante, que les Religieux ne pouvant suffire à les amasser, sont obligés de partager le fruit qui est à terre, avec ceux qui le cueillent, & de leur donner quelque argent pour abattre celui qui est sur les arbres.

Pag. 249. *La fameuse ville de Gortyne*

étoit située, &c. Les ruines de Gortyne ne font qu'à six mille du Mont Ida, au pied des collines, à l'entrée de la plaine de Meſſaria, qui eſt proprement le grenier de l'Iſle. Ces ruines montrent aſſez quelle a été la magnificence de l'ancienne ville, mais on ne ſçauroit les regarder ſans peine. On laboure, on ſéme, on fait paître les moutons parmi les débris d'une quantité prodigieuſe de marbre, de jaſpe & de granite. Au lieu de ces grands hommes qui avoient fait élever de ſi beaux édifices, on ne voit que de pauvres bergers.

On trouve parmi les ruines de Gortyne des colonnes de jaſpe rouge & blanc, ſemblable au jaſpe de Coſne en Languedoc. On y en voit d'autre tout-à-fait ſemblable au Campan : à l'égard des figures, il en reſte peu, les Vénitiens ayant enlevé les plus belles.

Theophraſte, Varron & Pline, parlent d'un Platane qui étoit à Gortyne, & qui ne perdoit ſes feuilles qu'à meſure que les nouvelles pouſſoient. Il parut ſi ſingulier aux Grecs qu'ils publierent que les premieres amours de Jupiter & d'Europe, s'étoient paſſées

*& de quelques autres Contrées.* 251
fous fes feuillages. Ce fut apparemment cette avanture fabuleufe qui donna occafion aux habitans de Gortyne de frapper une médaille, où l'on voit d'un côté Europe affez trifte, affife fur un arbre moitié platane & moitié palmier, au pied duquel eft un aigle à qui elle tourne le dos. Elle eft repréfentée de votre côté, affife fur un taureau entouré d'une bordure de feuilles de laurier.

Pag. 318. *De l'Ifle de Scio, &c.* Les habitans de Scio veulent que leur Ifle ait 120 milles de tour. Strabon lui donne 900 ftades, c'eft-à-dire 112 milles & demi de circuit. Tout cela peut être vrai ; car outre que la différence de ces mefures eft peu confidérable, de toutes les manieres de défigner la grandeur d'une Ifle, celle d'en mefurer la circonférence eft la moins exacte, à caufe de l'inégalité des côtes, dont on ne juge le plus fouvent que par eftimation.

Pag. 363. *Mytiléne autrefois la capitale de l'Ifle, &c.* Caftro, ou l'ancienne Mytiléne, n'eft point aujourd'hui comparable à la ville de Scio : mais l'Ifle de Métélin eft beaucoup plus grande que celle de Scio, & s'étend bien avant au nord-eſt. Strabon donne à Lesbos 137 milles & demi de tour, & Pline 168 milles, & même juſques à 195.

*Pag*. 383. *De l'Iſle de Tenedos*. Strabon ne dit autre choſe de cette Iſle, ſinon qu'il y avoit une ville, deux ports, & un temple dédié à Apollon Smithien. Ce ſurnom fut donné à ce Dieu à l'occaſion des mulots. Ils faiſoient de ſi grands dégats dans les champs des Troyens & des Eoliens, qu'ils eurent recours à l'Oracle de Delphes, qui leur répondit qu'ils en ſeroient délivrés s'ils ſacrifioient à Apollon Smithien.

*Pag*. 413. *Les Samiens ſont extrémement adonnés*, &c. Ces inſulaires vivent aſſez heureuſement, & ne ſont pas maltraités des Turcs. L'Iſle doit payer 1290 billets de capitation à cinq écus le billet, ce qui fait la ſomme de 6450 écus. L'Aga qui met ſon cachet ſur chaque billet, exige encore un écu, & les Papas qui font la répartition des billets, retirent dix ſols par billet, de ſorte que les particuliers payent ſix écus dix ſols. Quand un Grec meurt ſans enfans mâles, l'Aga hérite de tous les champs labourables : les vignes les champs plantés d'oliviers, & les jardins appartiennent aux filles, & les parens ont le droit de rétention lorsque les terres se vendent.

La Scamonée de Lamos répond parfaitement à la description qu'en donne Dioscoride. Elle naît dans les plaines de Mysie, entre le mont Olympe & le mont Sipyli; mais il est surprenant que du tems de Dioscoride on préférât le suc de cette espece au suc de la Scamonée de Judée, qui est la même que celle de Syrie. Celle de Samos & de Scalanova se consomme dans l'Anatolie.

La grande quantité de chênes dont Samos étoit couverte, lui avoit fait donner le nom de *l'Isle aux Chênes*.

# ADDITIONS

*Et Remarques Historiques & Critiques du Tome V.*

Pag. 5. *Je m'embarquai à Mytiléne & j'arrivai à Smyrne, &c.* Smyrne est une ville fort ancienne, bâtie, à ce que disent les Grecs, par l'Amazone Smyrne, qui lui donna son nom. On la voit représentée sur les médailles antiques de cette ville avec une double hache & le petit bouclier d'Amazone, & l'on voit à l'entrée de la forteresse son buste de marbre. Les gens du pays font des contes ridicules sur cette tête, & disent que c'est celle d'une certaine reine de Smyrne, qui vivoit du tems d'Alexandre le Grand; d'autres veulent que ce soit Sémiramis.

Des sept Eglises de l'Apocalypse, Smyrne est la seule qui subsiste encore avec honneur; elle doit cet avantage à Saint Policarpe, à qui Saint Jean, qui l'avoit formé dans l'Episcopat, écrivit par ordre du Seigneur : *Soyez fidele jusques à la mort, je vous donnerai la couronne de vie.* Les autres villes que Saint Jean avertit par ordre du Seigneur, sont ou de misérables villages, ou d'autres tout-à-fait ruinés. Sardes, si renommée par les guerres des Perses & des Grecs ; Pergame capitale d'un grand Royaume ; Ephese qui se glorifioit d'être la Métropole de toute l'Asie, sont de petites bourgades bâties de boue & de vieux marbres. Le port de Smyrne est un grand golfe de huit lieues de tour, & qui a presque par-tout un bon ancrage & une bonne tenue. Il y a une espece de Darse ou petit port fermé pour les galeres & les barques Turquesques. La Douane qu'on y a bâtie est une maison avancée dans la mer, & fort propre, quoiqu'elle ne soit que de bois peint & vernissé. La bonté de son port, si nécessaire pour le commerce, l'a conservée & fait rebâtir plusieurs fois, après avoir été renversée par les tremblemens de terre.

Il n'y a point de Pacha à Smyrne ; mais seulement un Sardar qui commande deux milles Janissaires qui logent dans la ville ou dans les environs. La justice y est administrée par un Cadi.

Rien ne donne une plus belle idée de la magnificence de l'ancienne Smyrne, que la description que Strabon en a laissée. Les Romains pour se conserver la plus belle porte de l'Asie, traiterent toujours les citoyens de Smyrne fort humainement, & ceux-ci pour n'être pas exposés à leurs armes, les ménagerent beaucoup, & leur furent fideles. Ils se mirent sous leur protection pendant la guerre d'Antiochus; il n'y eut que Crassus, Proconsul Romain, qui fut malheureux auprès de cette ville. Non-seulement il y fut battu par Aristonicus, mais pris & mis à mort; sa tête fut présentée à son ennemi, & son corps enseveli à Smyrne. Perpenna vengea bien-tôt les Romains, & fit captif Aristonicus.

Tibere honora Smyrne de sa bienveillance & régla les droits d'Asyle de la ville. M. Aurele la fit rebâtir après un tremblement de terre. Les Empereurs Grecs qui la posséderent après les Romains, la perdirent sous Alexis Comnene. Tzachas, fameux Corsaire Mahométan, voyant les affaires de l'Empire embrouillées, se saisit de

*& de quelques autres Contrées.* 257
Clazomene, de Smyrne, & de Phocée.
L'Empereur y envoya son beau-frere
Jean Ducas avec une armée de terre,
& Caspax avec une flotte. Smyrne se
rendit sans coup férir, & le Gouvernement en fut donné à Caspax, qui
revenant de la ville reçut un coup
d'épée de la main d'un Sarrasin, qui
avoit volé une grosse somme d'argent
à un bourgeois, & qui voyant sa condamnation inévitable, déchargea sa
rage sur le Gouverneur.

Après la bataille d'Angora, Tamerlan assiégea Smyrne, & campa tout
près du Fort Saint-Pierre, que les
Chevaliers de Rhodes avoient fait bâtir,
& où la plûpart des Chrétiens d'Ephèse s'étoient retirés. Ducas qui nous
a donné la relation de ce siége, en a
rapporté deux circonstances bien singulieres. La premiere, que Tamerlan fit
combler l'entrée du port, en ordonnant
à tous ses soldats d'y jetter chacun une
pierre. La seconde, qu'il fit construire
une Tour composée en partie de pierres
& de têtes de morts, rangées comme
des pieces de marqueterie. Après la
retraite des Tartares, Smyrne resta à
Cineites fils de Carasupasi, Comman-

dant d'Ephèſe, & qui avoit été Gouverneur de Smyrne ſous Bajazet.

Pag. 41. De *Scalanova*. Scalanova eſt une aſſez jolie ville, bien bâtie, bien pavée, & couverte de tuiles creuſes. Son enceinte eſt preſque quarrée, & telle que les Chrétiens l'ont bâtie. Il n'y loge que des Turcs & des Juifs. Les Grecs & les Arméniens en occupent les fauxbourgs. On voit beaucoup de vieux marbres dans cette ville. Les avenues de Scalanova ſont agréables par leurs vignobles. Son port eſt un port d'armée, il regarde le Ponent & le Miſtral.

Il y a dans cette place un Cadi, un Diſdar & un Sardar. On ne compte qu'une journée de Scalanova à *Tire*, autant à *Guzetliſſar ou beau Château*, qui eſt la fameuſe *Magnéſie* ſur le Méandre, à une journée & demie des ruines de Miles.

Pag. 43. *Nous arrivâmes au village d'Aiaſolouk, au nord-eſt de l'ancienne ville d'Epheſe, &c.* Je ne crois pas qu'il y ait de ville au monde qui conſerve de ſi grands & de ſi triſtes reſtes de ſon ancienne ſplendeur. On ne voit par-tout que des morceaux de marbre, des murailles renverſées, des colonnes, des chapiteaux & des troncs de ſtatues entaſſés les uns ſur les autres, avec des fragmens d'inſcriptions; en un mot, cette fameuſe ville n'eſt plus qu'un cadavre, ſi je puis employer la penſée de Cicéron.

La forterelle qui eſt ſur une éminence eſt apparemment l'ouvrage des Empereurs Grecs. Il y a ſur la porte qui eſt à l'Orient trois bas-reliefs qui ont été tirés de quelque monument. Celui du milieu eſt Romain, & mieux fait que les autres. Quelques-uns ſe ſont figurés qu'il repréſentoit un martyre de chrétiens, & ils ont appellé ce portail la porte de la perſécution. D'autres croient, avec plus de raiſon, qu'il repréſente la deſtruction de Troye, & Hector traîné par Achille.

Pag. 75. *Les détours du Méandre ſont ſi nombreux, &c.* Pluſieurs auteurs ont parlé du Méandre, mais perſonne n'en a fait une ſi belle deſcription qu'Ovide dans ſes Métamorphoſes.

*Non ſecus ac liquidis, Phrygius Mœander in undis*
*Ludit & ambiguo lapſus refluitque fluitque,*
*Occurenſque ſibi venturas adſpicit undas;*
*Et nunc ad fontes, nunc ad mare verſus apertum*
*Incertas exercet aquas, &c.*
*In mare deducit feſſas erroribus undas.*

Pag. 91. *De Melaſſo*. Melaſſo n'eſt pas la ville de Milet, comme Ortélius, Ferrari & tous les modernes l'aſſurent. Le temple de Jupiter qui étoit à 60 ſtades de la ville, s'y voit encore entier. L'autre, qui eſt plus vaſte & plus ſuperbe, eſt dédié à Auguſte, comme il paroît par l'inſcription de la Friſe.

Pag. 128. De *Laodicée ſur le Lycus*. Laodicée eſt appellée par les Turcs *Eſkihiſſar*, le vieux château ; auſſi eſt-ce une ville entiérement ruinée ; & il n'y a qu'un moulin ſans autre habitation. La ville de Coloſſe à qui Saint Paul adreſſe une Epître, n'en eſt éloignée que de 21 milles, & les Grecs l'appellent *Chonos*. Elle a au nord-eſt la riviere Lycus qui ſe perd dans le Méandre. Cette riviere eſt la même que Tite-Live appelle Marſyas, du nom du Satyre qu'Apollon écorcha tout vif pour avoir eu la témérité de lui diſputer la gloire de bien chanter. Quinte-Curce nous donne une deſcription exacte & très-belle de ce fleuve, & remarque que ſa ſource eſt au ſommet d'une montagne, d'où il tombe ſur un rocher avec grand bruit, & que venant à s'épandre dans la plaine, il arroſe les campagnes voisines, conservant ses eaux toujours claires sans les mêler avec d'autres. Et parce qu'il ressemble par sa couleur à la mer quand elle est calme, les Poëtes, dit cet auteur, ont pris delà occasion de feindre que les Nymphes éprises d'amour pour lui, faisoient leur demeure sur ce rocher. Il ajoute que jusques dans l'enceinte des murailles de Colosse il garde son nom de Marsyas; mais qu'au sortir des remparts, comme il s'enfle & devient impétueux, il change de nom, & qu'on l'appelle *Lycus*.

*Pag.* 139. Vis-à-vis Laodicée, & environ une lieue au nord du Lycus, sont les ruines d'*Hierapolis*, &c. Hierapolis est une ville entiérement déserte, & les Turcs appellent ses ruines *Bambouk Kalé*, *Tour de Coton*, à cause des rochers blancs qui sont aux environs. Elle est au pied d'une haute colline, qui a au midi une plaine de cinq milles de largeur, & presque vis-à-vis de *Laodicée*. Le Lycus passe entre l'une & l'autre, mais plus proche de *Hierapolis*. On y voit une si grande quantité de ruines de temples anciens, & tant de belles sources d'eaux minérales propres à guérir les maladies, qu'on ne doit pas s'étonner que les anciens lui ayent donné le nom d'*Hierapolis*, c'est-à-dire, *Ville Sainte*. Il y reste un grand théâtre de marbre à quarante degrés, sur le portail duquel est une inscription à Apollon surnommé Archegetes

Pag. 249. *Les Turcs appellent quelquefois les Châteaux*, &c. On s'imagine que les deux châteaux qui défendent l'entrée de la mer de Marmora, & par conséquent celle de Constantinople sont des places d'importance ; cependant celui du côté d'Asie n'est qu'une enceinte de murailles, avec un méchant fossé de trois ou quatre pieds de profondeur, & celui du côté de l'Europe qu'une tour ronde avec deux boulevarts avancés en cœur d'une maniere gothique. Ces deux châteaux ne sont point sur le plan des deux anciennes villes Sestos & Abydos, comme le veulent nos Dictionnaires Géographiques. Il n'y paroît aucune masure antique, & ce n'est pas l'endroit le plus étroit de l'Hellespont.

Pag. 271. Les Turcs qui habitent à Lampsaque ne sont pas si scrupuleux qu'en bien d'autres lieux, où ils n'osent cultiver la vigne, le vin leur

*& de quelques autres Contrées.* 263
étant défendu par la loi de Mahomet. Ici, sous prétexte d'avoir des raisins, ils ne laissent pas de faire des vins cuits qui leur sont permis, & de l'eau-de-vie, dont les moins scrupuleux usent aussi-bien que nous. La Mosquée est assez belle, & les gens du pays disent qu'elle a servi d'Eglise aux Chrétiens, & en effet les chapiteaux des quatre colonnes qui soutiennent le portique, sont ornés de croix.

*Pag.* 369. Il y a sur la hauteur, &c. un endroit appellé l'*Atmeidan*, *&c.* Cette place a d'un côté la face d'un vieux Serrail, qui n'a rien de superbe, & de l'autre la Mosquée neuve du Sultan Achmet, qui est une des plus magnifiques de Constantinople.

*Pag.* 183. Il y a *un gros Château sur le sommet*, *&c.* Le Château d'Angora est à triple enceinte, & ses murailles sont bâties de gros quartiers de marbre blanc, & d'une pierre qui approche du porphyre. Il y a dans la premiere enceinte une Eglise Arménienne bâtie, à ce que l'on prétend, sous le nom de *la Croix*, depuis 1200 ans. Elle est fort petite & fort obscure, éclairée en partie par une fenêtre, qui ne reçoit le jour qu'au travers d'une pierre quarrée de marbre semblable à de l'albâtre poli & luisant comme du talc; mais il est terne en-dedans, & la lumiere qui passe au travers est rougeâtre, & tire sur la cornaline.

Angora est à quatre journées de la mer Noire par le plus court chemin. La caravane d'Angora à Smyrne met 20 jours, & l'ancienne ville de *Cotyæum*, à qui les Turcs ont conservé le nom de *Cataye*, est à moitié chemin. Les caravanes vont d'Angora à Pruse dans dix jours; d'Angora à Kesarie en huit; d'Angora à Sinope en dix; d'Angora à Ismith, ou l'ancienne Nicomédie en neuf jours: enfin d'Angora à Assamboul en douze ou treize jours.

Pag. 231. Le *promontoire sur lequel Chalcédoine est bâtie*, &c. Les Turcs appellent Chalcédoine *Cadikioi*, & les Grecs *Chalcédona*. Ils croient que le Concile se tient dans l'Eglise Métropolitaine. Elle n'est aujourd'hui qu'un gros village, où il y a autour quelques jardins qui servent de lieux de divertissement à ceux de Constantinople.

Pag. 235. *Scutari*; que les Turcs appellent *Scudar*, &c. De Chalcédoine on monte au cap de *Scutari*, appellé anciennement

anciennement le *Bœuf*, ou le *Passage du Bœuf*, ce qui prouve qu'il faut prendre cet endroit-là pour le commencement du Bosphore, puisque ce bœuf ou cette vache prétendue y traversa le canal à la nage. Chares Général Athénien battit auprès de ce cap la flotte de Philippe de Macédoine qui assiégeoit Byzance. On y enterra Damalis femme de ce Général, laquelle mourut de maladie pendant ce siége; & les Bizantins, pour reconnoître plus autentiquement les services que Chares leur avoit rendus, y dresserent un autel en l'honneur de sa femme, & une colonne qui soutenoit sa statue. Ce lieu retint le nom de *Damalis*, qui signifie *une vache*.

Il ne faut pas confondre ce cap avec le marché aux bœufs de Constantnople, que les Historiens ont quelquefois appellé simplement le bœuf, & qui étoit dans la XI<sup>e</sup> région de la ville. Ce marché avoit pris son nom d'un fourneau de bronze qui avoit la figure d'un bœuf, & qu'on y avoit apporté des ruines de Troye. Le Saint martyr Antipas y fut consumé. On y brûloit aussi les criminels.

Quoique ce ne soit pas la coûtume des Turcs de relever les villes ruinées, ils ont cependant rebâti Scutari que les Perſans avoient réduit en cendre ; & la raiſon en eſt qu'ils regardent cette place comme un des fauxbourgs de Conſtantinople, ou comme leur premier repoſoir en Aſie ; c'eſt d'ailleurs un des principaux rendez-vous des marchands & des caravanes d'Arménie & de Perſe qui trafiquent en Europe.

*Pag. 319. La ſituation de Conſtantinople, &c.* Il faut diſtinguer deux parties dans Conſtantinople celle qui eſt en-deçà du port, & celle qui eſt de l'autre côté : la partie en-deçà du port, eſt l'ancienne Byzance, & Conſtantinople, dont le plan approche aſſez de la figure d'un triangle. Deux de ſes côtés ſont battus de la mer, ſçavoir celui du port, qui eſt le plus courbe de tous, & celui qui va de la pointe du ſerrail aux ſept tours ; le troiſieme eſt plus long que les autres, & ſe trouve ſur la terre ferme. On donne d'ordinaire près de ſept milles à chacun de deux premiers, & neuf milles à celui-ci. Le premier angle de cette ville eſt aux ſept tours, le deuxiéme à la pointe du Serrail & le troiſiéme à la Moſquée d'Ejoub vers les eaux douces.

Les murailles de Conſtantinople ſont

assez bonnes, celles du côté de terre forment une double enceinte d'environ vingt pieds de distance l'une de l'autre, & sont munies d'un fossé à fond de cuve d'environ vingt-huit pieds de largeur. La muraille extérieure, haute d'environ deux toises, est défendue par deux cent-cinquante tours assez basses; la muraille intérieure a vingt pieds de hauteur, & ses tours qui répondent à celles de l'extérieur, sont d'une assez belle proportion. Les crénaux, les courtines, les embrâsures sont bien entendues, mais sans artillerie. Les murailles depuis les sept tours jusques au serrail, & celles qui sont le long du port, paroissent plus négligées, & l'on n'en sçauroit faire le tour à cause que plusieurs avancent jusques sur l'eau. Les tours de ces deux côtés sont espacées assez également ; mais elles ont été souvent maltraitées par les tempêtes, & relevées en différens tems par les Empereurs Grecs.

Il y a sept portes depuis la pointe du serrail jusques aux sept tours, cinq du côté de terre, & onze sur le port, mais par quelque porte que l'on entre, il faut presque toujours monter ; & Constantin qui avoit dessein de rendre

Constantinople semblable à Rome, ne pouvoit pas trouver de terrein plus élevé en collines.

Pag. 363. *Galata est situé au nord du port de Constantinople, &c.* Galata forme l'entrée du port du nord, & c'est-là qu'on tendoit la chaîne qui le fermoit. Cette chaîne prenoit de la pointe du Serrail au château de Galata, qui sans doute étoit bâti sur le cap opposé. Xiphylin n'a pas oublié cette chaîne dans la description qu'il a donnée après Dion Cassius du siége de Byzance par l'Empereur Severe. Leon l'Isaurien la fit détendre, lorsque les Sarrasins se présenterent pour assiéger Constantinople, ce qui les obligea d'abandonner leur dessein; car ils appréhenderent qu'on ne la tendît après qu'ils seroient entrés dans le port, & qu'on ne les y enfermât. Constantin Paleologue, le dernier Empereur des Grecs, opposa cette chaîne à la flotte de Mahomet II, & ce conquérant n'osa pas entreprendre de la faire forcer ni couper; mais on traîna par ses ordres, à force de bras, 70 vaisseaux, & quelques galeres sur la colline du côté de Pera, dont un corps d'armée occupoit les hauteurs. On équipa tous ces bâtimens, & on les lança dans le port tous chargés d'artillerie.

Pag. 365. *De Pera.* La situation de *Pera* est tout-à-fait charmante ; on découvre delà toute la côte d'Asie & le Serrail du Grand Seigneur. Les Ambassadeurs de France, d'Angleterre, de Venise & de Hollande, ont leurs hôtels dans *Pera* : celui de l'Empereur, ceux de Pologne & de Raguse, logent dans Constantinople.

Pag. 367. *Les Turcs y fondent de fort bons canons.* Ils y emploient de bonne matiere, & gardent d'assez justes proportions, mais leur artillerie est simple & sans ornemens. Ils n'ont aucun goût pour le dessin & n'en auront jamais, parce que leur religion leur défend de dessiner des figures, & que c'est sur elle qu'on se forme le goût pour la sculpture & pour la peinture. Ils ne profitent pas des morceaux d'antiques qu'ils ont chez eux.

Pag. 369. *De l'Atmeidan.* Ordinairement le Vendredi, au sortir la Mosquée, les jeunes Turcs qui se piquent d'adresse, s'assemblent à l'*Atmeidan*, bien propres & bien montés, & se partagent en deux bandes qui occupent chacune un des bouts de la place. A chaque fignal qu'on fait, il part un cavalier de chaque côté, qui court à toute bride un bâton à la main en forme de jagaye. L'habileté confifte à lancer ce bâton & à frapper fon adverfaire, ou à éviter le coup. Ces cavaliers courent fi vîte, qu'on a de la peine à les fuivre des yeux.

Pag. 393. *Gallipoli.* Gallipoli eft une grande ville à l'embouchure de la Propontide ou mer de Marmara, dans un détroit d'environ cinq milles de largeur, à vingt-cinq milles des Dardanelles, à quarante milles des Ifles de Marmara, & à douze de Conftantinople. Gallipoli eft dans une prefqu'Ifle qui a deux ports, l'un au midi & l'autre au nord. On y compte environ dix mille Turcs, trois mille cinq cent Grecs, un peu moins de Juifs. Le Bazar, où l'on vend les marchandifes, eft une belle maifon à plufieurs dômes couverts de plomb, & paffe pour le plus bel édifice de la ville. Les portes des Grecs & des Juifs n'ont qu'environ deux pieds & demi de hauteur, de même que dans plufieurs villes de la Turquie, & l'on fe fert de cette précaution, pour empêcher que les Turcs dans leurs débauches n'entrent à cheval chez les Chrétiens & chez les Juifs, où ils commettent souvent mille insolences.

Pag. 216. *Cette Isle est appellée par Homere Samos, &c.* L'Isle de Céphalonie est deux fois plus grande que celle de *Corfou*; car elle a environ cent-quarante milles de tour & l'autre n'en a pas plus de soixante-dix. Il y a un grand port fermé de tous côtés, mais dont l'ancrage est mauvais. Il y en a un autre au levant appellé *Pescarda*, qui n'est bon que pour les petits bâtimens. Vis-à-vis est l'Isle de *Thiaki*, qui n'en est séparée que par un trajet de trois ou quatre milles, ce qui l'a fait nommer par quelques-uns la petite Céphalonie. La conformité de nom fait qu'on la prend pour l'Isle d'Ithaque, une des principales du Royaume d'Ulysse; mais je crois qu'Ithaque est un autre écueil éloigné de sept ou huit milles de là, appellé *Jathaco*, qui est bien plus petit que cette Isle.

Pag. 221. *Le port du château est la principale ville de l'Isle, &c.* A main droite du château d'Andros, on entre dans la vallée de *Megnitez* aussi agréable que celle de *Livadie*, & arrosée par les belles sources qui viennent des environs de la *Madona de Cumulo*, chapelle fameufe tout au haut de la vallée. Ces fources font tourner huit ou neuf moulins; l'une des plus confidérables fort du rocher même qui fait partie de la chapelle. Les autres villages font:

Meffi, Strapurias, la Pichia, Livadia, Merta, Chorio, Aladina, Falica, Curelli, Pitropho, Megnitez, Lamiro, Apfilia, Steniez, Vurcorti, Arna, Amelocho, Atinati, Vouni, Caftaniez, Cochilu, Lardia, Gianiftes, Gridia, Pifcopio, Capraria, Aipatia.

*Pag. 225. Les ruines de Paleopolis font à deux milles d'Arna, &c.* Le village d'*Arna* eft bâti par gros peletons féparés les uns des autres, à mi-côte d'une vallée ornée de platanes & de fontaines. Le village d'*Arna*, & celui d'Amelocho ne font peuplés que d'Albanois vêtus encore à la mode de leur pays, & qui vivent encore à leur maniere, c'eft-à-dire, fans foi ni loi.

*Pag. 236. On ajoute même que les fodats de la garnifon firent fauter du haut des remparts, &c.* Depuis ce temslà, pour reprocher aux habitans de ces trois villages le peu de cœur qu'ils montrerent dans cette occafion, le premier de Mai le Provéditeur accompagné des Contadins & des Feudataires de la République, suivi de la milice avec l'étendart de Saint Marc, va tous les ans à cheval à l'Eglise de Sainte Vénerande sur la montagne de *Cecro*, & l'on y fait une décharge de mousqueterie, après avoir crié trois fois, *vive Saint Marc* ; ensuite l'on danse, & la fête finit par un repas. Les Feudataires qui manquent de se trouver à cette cérémonie, payent un écu pour la premiere fois, & perdent leur fief s'ils y manquent jusqu'à trois.

Pag. 258. *Les habitans de Naxos prétendoient que ce Dieu avoit eté nourri chez eux, &c.* D'autres croient que Jupiter l'avoit confié à Mercure pour le nourrir dans l'antre de *Nyse* sur les côtes de la Phénicie du côté qui s'approche du Nil, d'où vient que Bacchus fut nommé *Dionysus*.

La célébre époque que Diodore de Sicile nous a conservée touchant le débordement du pont Euxin dans la mer de Grece sert à attester la plupart des faits qui se sont passés dans quelques-unes de ces Isles. Elle nous découvre le fondement de plusieurs fables qu'on a publiées. Il assure que les habitans de l'Isle de Samothrace n'avoient pas oublié les prodigieux changemens qu'avoient fait dans l'Archipel le débordement du pont Euxin, lequel d'un grand lac qu'il étoit auparavant, devient une mer confidérable par le concours des rivieres qui s'y dégorgent. Ces débordemens inonderent l'Archipel, en firent périr prefque tous les habitans, & réduifirent ceux des Ifles les plus élevées à fe fauver fur les plus hauts fommets des montagnes. Combien de grandes Ifles vit-on alors partagées en plufieurs pieces! N'eut-on pas raifon après cela de regarder ces Ifles comme un nouveau monde, qui ne put être peuplé que dans la fuite des temps? Il n'eft donc pas étonnant que Pline parle de certains changemens incroyables à ceux qui ne réfléchiffent pas fur ce qui s'eft paffé dans l'Univers depuis tant de fiécles.

Etienne le Géographe raconte deux fables, qui marquent la bonté de cette Ifle, fçavoir que les femmes y accouchent à huit mois, & qu'il y coule une fource de vin qui lui avoit fans doute attiré le nom de *Dyonifius*, dont parle Pline.

Le Grand Seigneur n'a pas lieu d'appréhender de révoltes dans cette Ifle.

Les Dames y sont d'une vanité ridicule ; on les voit venir de la campagne après les vendanges, avec une suite de trente à quarante femmes, moitié à pied, moitié sur des ânes. L'une porte sur sa tête des serviettes de toile de coton, ou quelque jupe de sa maîtresse ; l'autre marche avec une paire de bas à la main, une marmite de grès, ou quelques plats de fayance : on étale sur le chemin tous les meubles de la maison, & la maîtresse montée sur quelque méchante rosse, entre dans la ville comme en triomphe à la tête de cette troupe. Les enfans sont au milieu, & le mari fait l'arriere-garde.

Pag. 277. *Des Isles de Délos.* Délos a pris son nom du mot Grec *delein* qui signifie *paroître*, parce que selon quelques auteurs elle parut la première, après l'écoulement des eaux du déluge, qui arriva dans le siécle d'Ogygès, longtems avant celui de Deucalion. Cette fable est mal inventée, en supposant même que ces déluges particuliers eussent pu sensiblement enfler la mer ; car les eaux venant à se retirer, Delos auroit été une des dernieres à paroître, étant une Isle fort basse.

Pag. 291. *L'Isle de Thermie est à*

*ving-cinq milles de Syra*, Nos faiseurs de cartes défigurent le nom de cette Isle, l'appellant *Fermia* ou *Fermina*; mais son véritable nom est *Thormia*, à cause des eaux chaudes qu'on y trouve, car le mot Grec ne signifie autre chose.

Pag. 297. Les marbres d'Oxford nous apprennent que Simonides, fils de Leoprepis, inventa une espece de mémoire artificielle, dont il montroit les principes à Athènes, & qu'il descendoit d'un autre Simonide, grand poëte aussi estimé dans la même ville. L'un de ces deux Simonides inventa ces vers lugubres que l'on chantoit aux enterremens.

Pag. 288. *L'Isle de Zia est assez bien cultivée*, &c. Cette Isle devoit être beaucoup plus grande, si Pline a été bien informé des changemens qui lui sont arrivés. Autrefois, suivant cet auteur, elle tenoit à l'Isle d'Eubée, la mer en fit deux Isles & emporta la plus grande partie des terres qui regardoient la Béotie.

Pag. 305. *Les habitans de l'isle*, &c. Les oignons de *Serpho* sont fort doux, & les habitans sont si glorieux de les avoir, & les trouvent si délicieux, qu'ils dédaignent de prendre les perdrix qui mangent la moitié de leurs grains & de leurs raisins.

Origène voulant faire connoître à Celse, qu'il étoit ridicule de reprocher la naissance à Jesus-Christ, lui dit : Quand même il seroit né dans l'Isle de *Serpho*, quand il seroit né le dernier des Sériphiens, il faut convenir, qu'il a fait plus de bruit dans le monde que les Themistocles, que les Platons, que les Pythagores, que les plus sages des Grecs, que les plus grands Rois & leurs Généraux.

Pag. 306. *L'Isle de Milo quoique petite*, &c. Un Miliote nommé Capsi s'érigea en petit Roi de *Milo*; il ne manquoit ni de courage ni de talens pour gouverner; mais il fut assez mal avisé pour aller rendre visite sans gardes à un Turc, Capitaine de vaisseau, qui lui avoit fait des propositions avantageuses de la part du Grand Vizir. Il ne fut pas plutôt sur le bord du Turc, que l'on mit à la voile, & ce malheureux, qui n'avoit régné que trois ans, fut pendu à Constantinople à la porte de la prison des esclaves. Il fut moins prudent que ces anciens habitans de *Milo* dont parle Plutarque, lesquels ayant planté une colonie à

*Cryassa* ville de *Carice*, firent cacher des poignards dans le sein de leurs femmes, & s'en servirent pour couper la gorge aux habitans de la ville, qui les avoient invités à un festin, dans le dessein de les faire mourir.

Pag. 309. *Milo est une roche presque toute creuse, &c. Les mines de fer qu'elle contient, y entretiennent des feux perpétuels.* Il est certain que la limaille de fer s'échauffe considérablement, lorsqu'on la mouille avec de l'eau commune ; mais cette chaleur est bien plus forte, lorsqu'on se sert de l'eau de mer ; & si l'on mêle du soufre en poudre avec la limaille, on voit brûler ce mélange quelque tems après l'avoir humecté. Il est donc vraisemblable que les feux qui se font continuellement sentir dans cette Isle, ne viennent que de la matiere ferrugineuse, & du soufre qu'on y trouve presque par tout, & ces matieres s'échauffent avec l'eau marine dont elles sont abreuvées.

Il est bon de remarquer, que ce rocher spongieux & caverneux, qui sert de fondement à *Milo*, est comme une espece de poêle qui en échauffe doucement la terre, & lui fait produire les meilleurs vins, les meilleures figues,

*& de quelques autres Contrées.*
& les melons les plus délicieux de l'Archipel.

On y voit de beaux troupeaux de chevres, dont le lait sert à faire de très-bons fromages. Clément d'Alexandrie, & Julius Pollux, n'ont pas oublié les chevraux de *Milo*, dans le dénombrement qu'ils ont fait des meilleures choses que l'on peut manger dans la Grece.

Pag. 237. *Il y a près de vingt villages de chaque côté du Bosphore de Thrace, &c.* Le canal de la mer Noire, qu'on appelle autrement le *Bosphore de Thrace*, commence à la pointe du serrail de Constantinople, & finit vers la colonne de Pompée, dont j'ai parlé au chapitre où je décris cette capitale de l'Empire Othoman. Les anciens lui donnent cent vingt stades de longueur, qui reviennent à quinze milles; mais ils fixent le commencement de ce canal entre Byzance & Chalcédoine, & le font terminer au Temple de Jupiter, où est aujourd'hui le nouveau *Château d'Asie*. Ce canal n'est point en ligne droite; son embouchure a la forme d'un entonnoir du côté de la mer Noire, regarde le nord-est, & doit se prendre à la colonne de Pompée, d'où l'on compte près de trois milles jufques aux nouveaux Châteaux. Celui d'Afie eft bâti fur le cap où étoit le Temple de Jupiter diftributeur des bons vents, d'où vient qu'on appelle cet endroit *Jero*, du mot corrompu *Jeron*, qui fignifie un *Temple*. Le Château d'Europe eft fur le cap oppofé, où étoit autrefois le Temple de Serapis. A commencer de ces Châteaux, le canal fait un grand coude, où font les golphes de *Saraïa* & de *Tarabié*, & de là il tire au fud-eft vers le ferrail appellé *Sultan Solymam Kiofc*, à la diftance de cinq milles des Châteaux. Le même canal s'approche enfuite par un autre coude du fud jufques à la pointe du ferrail, où il finit. On compte deux milles & demi de ce vieux coude aux vieux Château, & de là au ferrail ou à la pointe de Byzance fix milles. Le canal a donc en tout feize milles & demi de long. Sa largeur aux nouveaux Châteaux, où étoient les Temples dont j'ai parlé, eft d'un mille & demi, ou deux milles dans quelques endroits. Le lieu le plus étroit eft aux vieux Châteaux, dont celui d'Europe fe trouve fur la hauteur où les anciens avoient bâti un Temple à Mercure, & qu'ils appelloient à caufe

*& de quelques autres Contrées.* 281
de cela le cap *Hermée*. Ce cap se trouvoit, suivant les anciens à moitié chemin du canal, dont la raison est qu'ils le faisoient terminer d'un côté entre Chalcédoine & Byzance, & de l'autre au Temple de Jupiter. Cet endroit n'a pas plus de huit cent pas de large, & le canal est presque aussi resserré un peu plus bas à *Courichismé*, village bâti au pied du cap que les anciens nommoient *Esties*, d'où il s'élargit jusqu'au serrail environ de la largeur d'un mille, ou d'un mille & demi. Les eaux de la mer Noire entrent avec assez de vîtesse dans le canal des nouveaux Châteaux, & s'étendent dans les golphes de *Saraïa* & de *Tharabié*, d'où tirant, sans augmenter de vîtesse vers le Kiosc du Sultan Solyman, elles sont obligées de se réfléchir vers le midi, sans que leur mouvement paroisse augmenté, si ce n'est entre les vieux Châteaux, où le lit est le plus étroit. Le rétrécissement du canal augmente dans cet endroit-là la vîtesse des eaux, & elles se réfléchissent en outre obliquement du *Cap Hermée*, sur lequel est le vieux Château d'Europe, entre le cap de *Condil-bachesi* en Asie, & reviennent en Europe vers *Courichismé* au cap des

*Esties*, d'où elles enfilent la pointe du ferrail. Lorsque le vent du nord souffle, la rapidité est si grande entre les deux Châteaux, qu'il n'y a point de bâtiment qui puisse s'y arrêter, & qu'il faut un vent opposé au courant pour le faire remonter; mais la vîtesse des eaux diminue si sensiblement, que l'on monte & que l'on descend sans peine, lorsque les vents sont foibles.

Il y a des courans singuliers dans le *Bosphore de Thrace*, dont le plus sensible est celui qui le parcourt en long depuis l'embouchure de la mer Noire, jusques à celle de *Marmara* qui est la *Propontide* des anciens. Ce courant, avant d'y entrer, heurte en partie contre la pointe du ferrail ; une partie de ces eaux passe dans le port de Constantinople, & vient se rendre en suivant le tour du couchant vers le fond qu'on appelle les *Eaux douces*. Ce qui passe des eaux du canal dans le port de Constantinople, forme un courant qui suit le tour des murailles de la ville; tout le reste se dégorge dans la mer de *Marmara* entre le ferrail & Chalcédoine.

Les deux petites rivieres des eaux douces forment un courant dans le port de Constantinople du nord-ouest à l'est, qui balayant les côtes de *Galata* & de *Topana*, se continue par celle de *Fondoxli* jusques vers *Arnautcui*, en remontant le canal du côté des Châteaux, par un cours opposé à celui du courant. On ne doit donc pas être surpris, que les bateaux montent à la faveur de ce petit courant, tandis que les autres descendent en suivant le cours du grand. Il y a toute apparence que les eaux qui sortent du port, heurtant de biais contre le grand courant, se glissent vers le nord; au lieu que ce grand courant les entraîneroit ou les repousseroit si elles se présentoient d'un autre sens. On a aussi remarqué qu'il y a un petit courant dans l'enfoncement de la côte de *Scutari*, de sorte que les eaux du grand courant qui frappent contre le cap de *Scutari*, se réfléchissent vers le nord. Les eaux du grand courant étant parvenues au cap *Modabouron*, remontent le long de la côte de Chalcédoine vers le cap de Scutari, & forment une autre espèce de courant.

Il est difficile de rendre raison d'un autre courant caché, qu'on peut appeller le *courant inférieur*, parce qu'on ne l'obferve que dans le grand canal au-deſſous du grand courant, que l'on doit nommer le *courant ſupérieur*, lequel roule ſes eaux depuis les Châteaux juſques dans la mer de Marmara. Les eaux qui occupent la ſurface de ce canal juſques à une certaine profondeur, coulent des Châteaux au ſerrail ; mais au-deſſous de ces eaux, il y a une partie de l'eau du même canal, qui ſe meut dans un ſens contraire & qui remonte vers les Châteaux ; auſſi les pêcheurs ont-ils remarqué que leurs filets, au lieu de tomber à plomb dans le fond du canal, s'étoient entraînés du nord vers le ſud depuis la ſurface de l'eau juſques à une certaine profondeur, tandis que l'autre partie de ces mêmes filets, qui deſcendoit depuis cette profondeur juſques au fond du canal, ſe courboit dans un ſens oppoſé. Suivant la même obſervation des pêcheurs, les deux courans oppoſés, l'un ſupérieur & l'autre inférieur, ſont très-ſenſibles dans l'endroit du Boſphore qu'on appelle l'*Abîme* Peut-être y a-t-il dans ce lieu-là un gouffre profond formé par un rocher creux comme un cuilleron, dont la partie cave regarde les Châteaux. Suivant cette ſuppoſition, les eaux qui font vers le fond du canal, heurtans avec violence contre ce rocher, doivent en se réfléchissant prendre une détermination contraire à celle qu'elles avoient auparavant, c'est-à-dire, rebrousser vers les Châteaux, & couler dans un sens opposé à celui du courant supérieur. Il n'est pas facile d'expliquer pourquoi le Bosphore vuide si peu d'eau, sans que la mer Noire, qui en reçoit une si prodigieuse quantité en devienne plus grande. Cette mer qui est d'une étendue si considérable, outre le *Palus Meotides*, reçoit plus de rivieres que la Méditerranée. Tout le monde sçait que les plus grandes eaux de l'Europe tombent das la mer Noire par le moyen du Danube, dans lequel se dégorgent les rivieres de Suabe, de Franconie, de Baviere, d'Autriche, de Hongrie, de Servie, de Transylvanie, de Valaquie. Celles de la Russie noire & de la Podolie, se rendent dans la même mer par le moyen du Niester. Celles des parties méridionales & orientales de la Pologne & de la Russie septentrionale & du pays des Cosaques, y entrent par le Nieper ou Borysthène. Le Tanaïs & le Copa passent dans la mer Noire par le Bosphore Cimmérien. Les rivieres de la Mingrelie, dont le Phase est la principale, se vuident aussi dans la mer Noire, de même que le Casalmar, le Sangaris, & les autres fleuves de l'Asie mineure qui ont leur cours vers le nord.

Néanmoins le Bosphore de Thrace n'est comparable à aucune des grandes rivieres dont on vient de parler. Il est certain d'ailleurs que la mer Noire ne grossit pas, quoiqu'un réservoir augmente lorsque la décharge ne répond pas à la quantité d'eau qu'il reçoit. Il faut donc que la mer Noire se vuide & par les canaux souterreins, qui traversent peut-être l'Asie & l'Europe, & par la dépense continuelle de ses eaux, lesquelles s'abreuvent dans la terre & s'écoulent bien loin des côtes.

Supposé que la mer Noire ait été un véritable lac sans décharge, formé par le concours de tant de rivieres il ne pouvoit se vuider, suivant la conformation des lieux, que par le Bosphore de Thrace, les montagnes qui sont entre-elle & la mer Caspienne, s'opposoient à son ouverture du côté de l'Orient. Les eaux du Palus Méotides tombent dans la mer Noire du côté du nord, bien loin de permettre que celles de la mer Noire s'y dégorgent. Les rivieres d'Asie repoussent aussi la mer Noire du sud au nord. Le Danube les éloigne de son embouchure du côté du couchant. Il n'y avoit donc que ce recoin, qui est au nord-est au-dessus de Constantinople, où elles pussent creuser la terre sans opposition, entre le fanal d'Europe & celui d'Asie. La décharge ne se pouvoit pas même faire du côté d'aucun de ces fanaux, à cause que les côtes en sont très-escarpées: ainsi les eaux de la mer Noire furent obligées de passer dans l'endroit où il n'y avoit que du terrein; & ce fut là qu'elles commencerent à se creuser un canal en se présentant de front par une colonne qui amollit les terres & les emporta par différentes secousses. Les eaux se firent d'abord une ouverture en ligne droite entre les deux rochers où sont les nouveaux châteaux, & détremperent les terres qui occupoient le premier coude où sont les golphes de Saraïa & de Tharabié, contraintes de se tenir dans un bassin bordé de rochers fort élevés; mais leur pente naturelle les fit ensuite descendre jusqu'au

Kiofc de Solyman II, & de-là changeant de détermination par la rencontre d'autres nouveaux rochers, elles formerent le second coude du canal dont les terres obéirent du côté du midi. Cette route fut fans doute tracée par l'auteur de la nature, qui fe fervit des eaux pour creufer les terres dont elle étoit remplie; car fuivant les loix du mouvement qu'il a établies, elles fe jettent toujours du côté où elles trouvent le moins de réfiftance. Celles de la mer Noire continuerent à charrier les terres qui fe trouvoient entre les deux rochers où font les vieux châteaux, & elles poufferent le canal jufques à la pointe du ferrail, dont le fond eft une roche vive & folide. Ce bras de mer emporta peut-être tout d'un coup la digue de terre qui réfiftoit entre Conftantinople & le cap de Scutari, d'où il fe dégorgea dans la mer de Marmara.

Ce fut dans ce tems-là, fuivant les apparences, qu'arriva cette grande inondation dont parle Diodore de Sicile. Cet auteur affure que les peuples de Samothrace, Ifle fituée à gauche de l'entrée des Dardanelles, s'apperçurent de l'irruption que le pont Euxin fit dans

dans la Propontide par l'embouchure des Isles Cyanées ; car le Pont Euxin que l'on regardoit dans ce tems-là comme un grand lac, augmenta de telle forte par la décharge des rivieres qui s'y dégorgeoient, qu'il déborda dans la Propontide & inonda une partie des villes de la côte d'Asie, lesquelles étoient apparemment plus basses que celles d'Europe. Malgré cette situation, les eaux monterent jusques sur les plus hautes montagnes de Samothrace, & firent changer de face à tout le pays. Ce changement arriva long-tems avant le voyage des Argonautes, car ces héros n'entreprirent cette expédition que 1263 ans avant J. C. Cela doit nous persuader que l'écoulement de la Propontide dans la Méditerranée, s'étoit fait long-tems auparavant par la même mécanique.

Polybe s'étoit imaginé que le Pont Euxin devoit se changer en marais, & ne croyoit pas que le tems en fût éloigné, croyant que le limon que les rivieres y charrient devoit former une barre capable d'en embarrasser l'embouchure, de même que de son tems on en voyoit une de vase aux bouches du Danube. Heureusement pour les

Turcs, le Bofphore s'eſt conſervé, & eſt même devenu plus grand. Il n'y a pas à craindre qu'il s'y forme de barre; cela n'arrive qu'à l'embouchure des rivieres, dont les eaux ſont repouſſées vers les terres par les vagues de la mer, & par les marées.

Quelque rapide que ſoit le Bofphore, ſes eaux ne laiſſent pas de ſe geler dans les grands hivers. Zonare aſſure qu'il y en eut un ſi rude ſous Conſtantin Copronyme, que l'on paſſoit à pied ſur la glace de Conſtantinople à Scutari. L'an 401, ſous l'Empire d'Arcadius, la mer Noire fut glacée pendant vingt jours, & après que la glace fut rompue, on en vit paſſer devant Conſtantinople des morceaux effroyables.

Il eſt vraiſemblable que les eaux de la Propontide, qui n'étoit peut-être anciennement qu'un lac formé par les eaux du Granique & du Rhyndacus, ayant trouvé plus de facilité à ſe creuſer un canal aux Dardanelles, que de ſe frayer un autre paſſage, ſe répandirent dans la Méditerranée, & décharnerent, ſi je puis m'exprimer ainſi, les rochers, à force de laver les terres. Les Iſles de la Propontide ne ſont autre choſe que les restes des rochers que les eaux ne purent dissoudre, de même que celles qui sont à l'embouchure de la mer Noire, & que les anciens ont connues sous le nom d'Isles Cyanées d'Europe & d'Asie. Le débordement du Pont Euxin dut apporter de grands changemens dans les Isles de la mer Egée, sur-tout dans celles qui s'y trouverent exposées en ligne droite. L'Isle de Samothrace, qui est à côté du canal, en fut tellement inondée, que ses habitans ne sçavoient où se retirer, & que les pêcheurs, lorsque les eaux eurent baissé, tiroient avec leurs filets des chapiteaux de colonnes, & d'autres morceaux d'architecture.

Il est certain que les eaux du nord tombent dans la Méditerranée par le Bosphore Cimmérien, par celui de Thrace, & par le canal des Dardanelles, qui est un autre espece de Bosphore, ou bras de mer qu'un bœuf peut traverser à la nage. La décharge de la Méditerranée dans l'Océan est au détroit de Gibraltar, entre le mont Atlas & celui de Calpe, où il y avoit une digue qu'il ne falloit que déboucher. Il peut se faire que l'irruption qui se fit alors dans l'Océan ait submergé ou emporté l'Isle Atlantide que Platon place au-delà des côtes d'Espagne.

La Tour de *Lecandre* est tout près du cap de Scutari. L'Empereur Mannuel la fit bâtir sur un écueil d'environ deux cent pas de tour, & en fit construire une autre du côté de l'Europe au couvent de Saint George, pour y tendre une chaîne qui fermât le canal. Cette Tour est quarrée, terminée par un comble pointu, garnie de quelques pieces d'artillerie, enfermée dans une enceinte qui est aussi quarrée : elle est presque sans défense, & n'a pour toute garnison qu'un concierge. Le premier village du Bosphore au-delà de Scutari est *Cassourgé*, ensuite *Stavros*, lequel reçut ce nom d'une croix dorée posée sur le haut d'une Eglise que Constantin y fit bâtir. Après *Stavros* on découvre le village de *Flengelcui*, qu'on nommoit autrefois *Chrysoceramos*, ou *Brique dorée*, à cause d'une Eglise couverte de briques de couleur d'or. Avant que d'arriver au vieux Château d'Anatolie, on rencontre deux autres villages, dont le premier se nomme *Coule* ou *Coulé-Bachesi*, & l'autre *Candil-Bachesi*, & l'on passe deux ruisseaux.

Coulé-Bacheſi eſt ſur la pointe que les anciens nommoient le cap *Cecrium*, & qui s'appelle encore *Cecri*, oppoſé au cap des *Eſties*, au bas duquel eſt bâti *Conrouchiſmé. Candil - Bacheſi* eſt à l'embouchure du premier ruiſſeau qui ſe jette dans le golphe de *Napoli*, nom qui vient peut-être de *Nicopolis*, que Pline décrit dans ces quartiers-là. Les Turcs appellent ce ruiſſeau *Ghirocſou*, ou *l'eau verte*, de même que l'autre qui eſt près du Château. Le ſecond ruiſſeau que l'on paſſe avant que d'arriver au vieux Château d'Aſie, s'appelle auſſi *l'eau verte*, & c'eſt le plus grand ruiſſeau qui ſe jette dans le Boſphore du côté de l'Aſie. Les anciens le nommoient *Arete*, & quelques Grecs l'appellent encore *Enarete*. Tous ces quartiers ſont occupés par les jardins du Grand Seigneur. Ils s'étendent non-ſeulement depuis les premieres *eaux vertes*, juſques à celle-ci, mais même juſqu'à Sultan Solyman Kioſc, & delà ſuivant la côte, ils vont finir à l'embouchure de la mer Noire. Tout le reſte du pays eſt deſtiné pour les grandes chaſſes de l'Empereur.

Du tems des Empereurs Grecs, il y avoit deux Châteaux ſur le Boſphore, l'un fur la côte d'Afie, & l'autre fur celle d'Europe, qui défendoient le paffage du canal dans fa partie la plus étroite. On les laiffa tomber en ruine dans la décadence de l'Empire. Les Turcs les ont rétablis en différens tems, avant même qu'ils fuffent les maîtres de Conftantinople.

Le nouveau Château d'Europe fut bâti par ordre de Mahomet IV, vis-à-vis celui d'Afie. Le vieux eft fitué dans l'endroit le plus étroit du canal fur un cap oppofé à celui où eft le Château d'Afie. Les Empereurs Grecs avoient fait bâtir autrefois des forterefles fur ces caps, mais les Turcs voyant la fituation avantageufe de ces lieux les ont encore mieux fortifiées. Amarat II ayant déclaré la guerre à Uladiflas Roi de Pologne voulut s'affurer le paffage du Bofphore; & comme les Châteaux des Grecs tomboient en ruine, il fit démolir le monaftere de *Softhenien* dédié à Saint Michel, & fondé par Conftantin, & les matériaux furent employés pour bâtir ce Château. Il y a trois grandes tours, deux fur le bord du canal, & la troifieme fur la croupe. Ces tours font couvertes de plomb, épaiffes de trente pieds, & les murailles de leur enceinte, qui eſt triangulaire, ont environ vingt-deux pieds d'épaiſſeur; mais elles ne ſont pas terraſſées. Les embraſures ſont horribles, de même que celles des autres Châteaux du Boſphore & des Dardanelles. Les canons ſont ſans affuts, & il faut beaucoup de tems pour les charger.

Ce Château porte le nom de *Vieux* depuis que Mahomet IV a fait bâtir ceux qui ſont à l'entrée de la mer Noire. Mahomet II en donna le Gouvernement à Pherus Aga, avec ordre de faire payer les droits à tous les bâtimens qui paſſeroient par-là. Erizzo, Capitaine Vénitien, n'ayant pas voulu baiſſer les voiles, ſon vaiſſeau fut coulé à fond, & il ſe ſauva à terre avec trente hommes de ſon équipage : mais il fut empalé par ordre du Gouverneur, on coupa la tête aux autres, & on les laiſſa ſur le rivage ſans ſépulture. Le Château de Mahomet II eſt bâti ſur le cap de Mercure dont parle Polybe. Le Temple de ce Dieu eſt bâti dans l'endroit le plus étroit du Boſphore, a-peu-près entre Byzance & le Temple de Jupiter *Diſtributeur des vents*. Denis de Byzance appelle ce même cap le

*Chien rouge.* C'est-là que venoit aboutir l'autre tête du pont sur lequel Darius fit passer son armée pour aller combattre les Scythes. La premiere tête de ce grand ouvrage étoit en Asie, dans l'endroit le plus étroit du Bosphore, vis-à-vis l'autre Château.

Pag 240. *Il y avoit près du château d'Asie, que l'on regarde comme l'entrée du Bosphore, en venant de la mer Noire, &c.* Les anciens avoient une idée si affreuse de la mer Noire, qu'ils n'osoient y entrer sans faire dresser des autels & des temples à tous les Dieux & à toutes les Déesses de leur connoissance. Tout le détroit de l'embouchure étoit nommé *Hiera, lieux sacrés.* Outre le temple que fit bâtir sur la côte d'Asie Phryxus, fils d'Athamante & de Nephele, qui porta la Toison d'or dans la Colchide; les Argonautes qui entreprirent le même voyage pour rapporter ce trésor en Grece, ne manquerent pas d'implorer le secours des Dieux, avant que de se hazarder sur une mer si dangereuse.

Pag. 378. *S'il en faut juger par la route des Argonautes Phinopolis ou la cour de Phinée, &c.* Le portrait qu'Apollonius fait de Phinée, & les moyens que ce Prince donna aux Argonautes pour paſſer les roches Cyanées, ſont tout-à-fait ſinguliers. Phinée averti que cette troupe de héros venoit d'arriver chez lui, ſe leva de ſon lit, & marcha moitié endormi, s'appuyant d'une main ſur un bâton, & ſe cramponnant de l'autre contre les murailles. Il trembloit de langueur & de vieilleſſe; à peine ſa peau qui étoit collée ſur ſes os, pouvoit les empêcher de ſe ſéparer. Dans cet état, il parut comme un ſpectre à l'entrée d'un ſallon, où il ne fut pas plutôt aſſis, qu'il s'endormit ſans pouvoir dire un ſeul mot. Les Argonautes furent ſurpris de le voir; cependant Phinée reprenant un peu ſes eſprits. Héros, leur dit-il, qui faites l'honneur de la Grece, car je connois qui vous êtes par la ſcience que j'ai de deviner, ne vous retirez pas, je vous en conjure, ſans m'avoir délivré du malheureux état où je ſuis. Y a-t-il rien de plus cruel que de mourir de faim dans l'abondance des vivres. Ces maudites harpies viennent m'ôter les morceaux de la bouche, & infectent ce qui reſte ſur mes plats d'une puanteur ſi horrible, qu'il n'y a perſonne qui en puiſſe goûter: mais il eſt porté par l'Oracle, que ces vilains oiſeaux ſeront diſſipés par les fils d'Aquilon.

*Zetes* & *Calaïs*, qui étoient de la troupe, furent touchés du ſort de ce malheureux Prince, & lui promirent leur ſecours. On ſervit le ſouper, mais dès que Phinée voulut toucher à la viande, les harpies ſortant des nuages, parmi des éclairs affreux, fondirent ſur la table avec un bruit ſurprenant, dévorerent tout ce qu'il y avoit; après quoi elles s'enfuirent laiſſant une puanteur inſupportable. Les fils d'Aquilon les pourſuivirent, & les auroient atteintes, ſi Iris ne les eût avertis qu'ils devoient bien ſe garder de les tuer, que c'étoient les chiens de Jupiter; & qu'elle juroit par le Stix qu'on les enverroit ſi loin, qu'elles n'approcheroient plus de la maiſon de Phinée.

On ne peut s'empêcher d'admirer l'invention de ce Prince qui, n'ayant point de bouſſole non plus que les Argonautes, leur conſeilla avant que de paſſer les Iſles Cyanées de lâcher une colombe. Si elle paſſe ſaine & ſauve au-deſſus de ces rochers, leur dit-il, faites force de rames & de voiles, & comptez plus ſur vos bras, que ſur les vœux que vous pourriez faire aux Dieux : mais si elle revient, faites volte-face, & revenez sur vos pas.

La Cour où Phinée faisoit sa résidence, s'appelle aujourd'hui *Mauromolo*. C'est un beau monastere de Caloyers, qui ne payent pour tribut qu'une charge de cerises. On dit qu'un Sultan s'étant égaré à la chasse autour de cette maison, & ne croyant pas être connu des Religieux, leur demanda la colation. Les Moines qui sçavoient qui il étoit, lui présenterent du pain & un plat de cerises, & il les trouva si bonnes, qu'il les déchargea de la capitation, à condition qu'ils porteroient tous les ans une charge de cerises au serrail.

# ADDITIONS

*Et Remarques Historiques & Critiques du Tome VI.*

Pag. 177. De *l'Isle de Delos*, Une suite de siécles change beaucoup la face d'un pays. Hérodote assure que cette Isle étoit fertile en palmiers, mais aujourd'hui il n'y en a pas un seul, & il n'y vient que du lentisque, qui est l'arbrisseau qui porte la gomme de mastic. On tient qu'il n'en produit que dans l'Isle de Chio; mais il y a apparence que si on le cultivoit de même à Delos, il en produiroit aussi.

Delos a pris son nom du mot grec *Delein*, qui signifie paroître, parce que selon quelques auteurs elle parut, la premiere des autres Isles, après l'écoulement des eaux du déluge, qui arriva au siécle d'Ogygès, long-tems avant celui de Deucalion. Mais c'est une fable mal inventée; car les eaux venant à se retirer, Delos auroit plutôt été des dernieres à paroître, étant une Isle fort basse.

Pag. 196. *La ville de Corinthe, &c.* On compte cinq milles du golfe d'Egine jusques à Corinthe. Les maisons de cette ville sont accompagnées de jardins de citronniers & d'orangers, & sont par grouppe de dix ou douze dans un endroit, d'une vingtaine dans l'autre, avec des terres labourées entre deux. Le plus gros de la ville où il y a plus de bâtimens joints ensemble est le *Bazar*, qui n'est pas fort beau. La campagne est pleine de villages & de métairies. Les revenus du pays consistent en froment, orge, olives, huile, laines, bétail & vin. Corinthe étoit une colonie de Romains qui vinrent s'y établir, après que le Consul Memmius eut saccagé la ville & dissipé les anciens habitans.

Pag. 197. *Le château de l'Acrocorinthe, &c.* Les avenues en sont fort escarpées, & le chemin fort étroit. Il n'y a qu'une seule entrée : mais il faut passer deux portes avant que d'être dedans. Il contient trois Mosquées avec leurs minarets, & cinq ou six petites Eglises de Grecs. Il étoit apparemment bien peuplé, & comme une petite ville, du tems que les Vénitiens le possédoient ; car il y reste quantité de maisons, quoiqu'une partie tombe en ruine. C'est le refuge des Turcs contre les descentes des Corsaires. Au levant & au nord du rocher il y a deux petits châteaux attachés au grand, qui ont chacun leur Aga particulier qui les commande. Il y a dehors une éminence au sud-ouest un peu moins haute, par où Mahomet II battit le château, qui se défendit quatorze mois contre ce conquérant, & céda enfin à sa bonne fortune.

Pag. 199. *Le golfe de Lepanthe, &c.* Lepanthe étoit anciennement appellée *Naupactus*, d'un mot Grec qui signifie bâtir un vaisseau, soit que les Heraclides eussent fabriqué là le premier navire. Aujourd'hui ceux du pays l'appellent *Epactos*. Lepanthe est dans une situation assez bizarre, autour d'une petite montagne faite en pain de sucre, au haut de laquelle est le donjon de la forteresse. Avant que d'y arriver, il faut passer quatre ou cinq murailles. Quand on vient par mer, il semble qu'elle soit collée à la montagne la plus haute, qui est au nord ; mais elle

*& de quelques autres Contrées.* en est séparée par des vallons qui rendoient la place assez forte avant l'usage du canon. Le port est fort petit, & peut se fermer à chaîne, n'ayant pas cinquante pieds d'ouverture, & cinq cent de tour ; aussi n'y entre-t-il que des barques médiocres.

Pag. 205. *Patras dans le premier tems, &c.* Patras n'est qu'à un quart de lieue de la mer, sur une éminence, qui touche une montagne assez haute au nord. Au lieu le plus élevé de la montagne, il y a une forteresse, qui est vraisemblablement dans le même lieu où étoit celle des Romains.

Pag. 216. *Cette Isle est appellée par Homere Samos, &c.* L'Isle de Cephalonie, au siecle d'Homere, portoit le nom de *Samos*, & avoit une ville du même nom, qui ne devoit pas être loin du port de *Pescarda*. C'étoit la plus grande Isle des Etats d'Ulysse, & je m'étonne que Strabon ne lui donne que trois cents stades de tour, qui ne font que trente-cinq milles, & Pline quarante-quatre, quoiqu'elle en ait plus de six vingt.

Pag. 231. *L'Isle de Tine, &c.* Cette Isle est mieux cultivée & plus peuplée que les autres Isles Cyclades, qui sont sous la domination Ottomane, parce qu'elle est à couvert des infultes des Corfaires chrétiens. Elle n'a point de port, mais feulement une plage appellée Saint-Nicolas, où les vaiffeaux vont donner fond, auprès de laquelle étoit la ville de cette Ifle. L'Ifle eft fertile en bled, en figues & en raifins. Tout le roc y eft prefque de marbre, & il y en a encore des carrieres qui ont été autrefois travaillées. La foie n'y eft pas fort belle, & les ouvriers font fi mal adroits, qu'au lieu de lui donner du luftre en la travaillant, ils lui ôtent celui qu'elle avoit.

Pag. 274. *L'Ifle de Mycone, &c.* Mycone, qu'on appelloit anciennement *Myconos*, eft l'Ifle où les Poëtes difoient que les Centaures défaits par Hercule étoient enterrés. Elle n'eft féparée du Delos que de trois milles de trajet, & non pas de quinze. Entre cette Ifle & Delos il y a un écueil que les Francs appellent Dragonera, & les Grecs *Tragonifi*, comme qui diroit l'Ifle des Boucs. Les femmes n'y font point cruelles, quoique pour la plupart elles foient très-belles. Leur habit eft tout-à-fait particulier. Le corps eft de velours rouge ou brun; les man-

*& de quelques autres Contrées.* 305
ches sont de toile, & ont plus d'une aune de large, sur autant de long. Le cotillon fort plissé, ne descend qu'un peu plus bas que le genou, & la chemise paroît dessous jusqu'au soulier; elle est plissée de même, & ouvragée de soie.

Pag. 287. *Le mont Cynthe, &c.* Strabon nous en fait accroire, en voulant que le mont Cynthe, qui est au milieu de l'Isle, soit une haute montagne, puisqu'elle n'a que vingt ou trente toises de hauteur.

Pag. 298. *L'Isle de Joura, &c.* Cette Isle, qu'on appelloit autrefois *Scyros*, avoit la réputation d'être un très-mauvais séjour, & l'on y envoyoit en exil des personnes de qualité de Rome. Aujourd'hui elle est tout-à-fait inhabitée, la grande quantité de rats ayant fait déserter ces insulaires, si nous ajoutons foi au rapport de Pline. Juvenal lui donne le surnom de *Courte*, parce qu'en effet elle est très-petite ; & Virgile celui de profonde, parce que la mer qui l'entoure a beaucoup de fond.

Pag. 299. *L'Isle de Joura est le lieu le plus stérile & le plus désagréable de l'Archipel, &c.* Joura n'a que douze mille de tour, & Pline en a-bien connu le circuit. Dans la carte de Grece dreſſée ſur les mémoires de M. Baudrand, il eſt fait mention de l'Iſle de *Joura*, placée entre *Syra* & *Andros*, & beaucoup plus grande que la premiere de ces Iſles. Suivant les apparences on a voulu marquer *Joura* dont nous parlons, cependant l'auteur de la carte marque une autre Iſle de *Joura* près de *Delos*, où aſſurément il n'y en a point.

Quelques auteurs pour repréſenter la miſere du pays, ont dit que les mulets étoient contraints, pour vivre, de ronger le fer, tel qu'on le tiroit des mines.

Pag. 316. *Il n'y a qu'un méchant village dans l'Argentiere*, &c. Il n'eſt fait aucune mention de *l'Argentiere* dans l'hiſtoire ancienne; cette Iſle a toujours ſuivi la deſtinée de *Milo*. Dans le renverſement de l'Empire des Grecs par les Latins, Marc Sanude noble Vénitien la joignit au Duché de *Naxie*, avec quelques autres Iſles voiſines; elle ſe trouva enſuite enveloppée dans la conquête de l'Archipel par Barberouſſe.

Pag. 369. *Je paſſai de Meſſine à Reggio*, &c. Cette ville n'a rien de remarquable; mais en général elle est mieux bâtie & plus agréable que Modene. On vante beaucoup l'Eglise de Saint-Prosper, mais quand on vient de Rome & de Naples, il est difficile d'admirer les Eglises de *Reggio*. On a trouvé quelques anciennes inscriptions, dans lesquelles cette ville est appellée *Regium Lepidi*, mais ce *Lepidus* n'est pas autrement désigné. L'autre *Reggio* de la Calabre ultérieure étoit nommé *Regium Julium*, & l'on a remarqué que les habitans de la pemiere sont appellés par les auteurs Latins *Rhegienses*, & les autres *Rhegini*. La riviere d'*Ensa* est à huit milles de *Reggio* & on la passe sur un pont.

Pag. 383. *Je fus deux fois au sommet du mont Vesuve*, &c. Chacun sçait que le *Vesuve* est proche de Naples dans l'ancienne campagne qu'on nomme aujourd'hui *Terre de Labour*, la plus fertile & la plus agréable de l'Italie. Si les approches de cette montagne sont dans quelques endroits affreuses & stériles, le terroir, à peu de distance, est bon au souverain degré; & du côté de l'orient, elle est chargée de vignes qui s'élevent sur des grands peupliers, & qui donnent des vins excellens.

Les anciens auteurs parlent de cinq ou six éruptions furieuses avant l'Empire d'Auguste ; mais ils n'ajoutent aucune circonstance. On a observé que quand les feux souterreins peuvent se frayer une issue par l'ouverture de la montagne, les tremblemens de terre ne sont pas si grands ; mais qu'au contraire les secousses sont terribles, lorsque les matieres enflammées ne trouvent point d'issue.

Pag. 392. *Le rocher qui fait la pointe du cap a été autrefois fendu en deux par un tremblement de terre.* On appelle ce rocher *la Spaccata*, & la montagne de la Trinité. Il s'est séparé du haut en bas, depuis la cime jusques à la mer. La distance de cette séparation est de quatre à cinq pieds dans l'endroit par où l'on y entre, mais elle s'élargit un peu vers le haut ; & il est manifeste qu'il s'est véritablement ouvert. Les habitans disent que ce fut un des prodiges qui arriva lorsque notre Seigneur rendit l'esprit, & ils font voir contre un des côtés de l'ouverture de la montagne, comme l'empreinte d'une main sous laquelle le rocher s'est amolli. Ils racontent qu'il s'amollit en effet, sur le défi que lui en fit un incrédule,

*& de quelques autres Contrées.* & ils ont gravé ce distique au-dessous.

*Improba renuit mens verum quod fama fatetur*
*Credere ; at hoc digitis saxa liquata probant.*

On a construit des degrés pour descendre entre ce double rocher, & on a pratiqué assez avant une petite chapelle, qui est dédiée à la Trinité, à Saint Anne & à Saint Nicolas de Bary.

Pag. 399. *De Florence.* Florence contient huit mille huit cent maisons, & soixante mille ames, vingt-deux hôpitaux, quatre-vingt-neuf couvens, quatre ponts, sept fontaines de pierre grisâtre, qu'ils appellent *Pietra forte*, que l'on tire des carrieres voisines. Une bonne partie des maisons est bâtie de semblables pierres, & l'on prétend que ses Palais sont les mieux construits de toute l'Italie.

Pag. 401. On doit voir à *Modène la fameuse Sechia rapita, &c.* Quoique Modène soit située dans un bon pays, elle est fort pauvre faute de négoce. Ses fortifications tombent en ruine, ses rues sont petites & sales. Les belles maisons y sont rares, & cette ville seroit peu connue sans son ancienne réputation,

& sans le séjour qu'y fait son Duc.

Pag. 404. *Les statues d'Alexandre I. & de Ranuce I. Ducs de Parme, &c. méritent l'attention des voyageurs qui vont à Plaisance.* Plaisance est mal peuplée, & ses maisons sont presque toutes de brique. Ses fortifications ne valent pas grand chose, quoiqu'on les vante beaucoup.

Pag. 405. *Pavie que les Latins appellent Ticinum, &c.* La ville de Pavie a perdu tout son ancien lustre. On ne diroit pas à la voir, qu'elle a été le séjour de plus de vingt Rois, & la capitale de leur Royaume. Le château est une vieille masse comme abandonnée, & les fortifications de la ville sont dans un très-pauvre état.

Pag. 407. *J'assistai à Milan, &c.* Quoique la ville de Milan ait souvent été ravagée, & même détruite par les fléaux de la peste & de la guerre, elle s'est si bien rétablie, qu'on peut la compter aujourd'hui entre les plus grandes & les plus belles villes de l'Europe. Sa forme est circulaire, le circuit de ses murailles est d'environ dix milles, & l'on y compte trois cent mille habitans.

La citadelle de Milan est un hexagone régulier, bien revêtu, bien muni de canon, avec de bons foſſés & une bonne contreſcarpe. Si l'on raſoit les vieilles murailles, les tours, les donjons & quantité de maiſons qu'elle renferme, la place en vaudroit infiniment mieux.

L'Egliſe Cathédrale eſt un ouvrage prodigieux; elle eſt moins grande d'une ſixieme partie que Saint Pierre de Rome, mais il y a infiniment plus de travail.

Pag. 279. *Je me rendis de Milan au Lac Majeur & aux Iſles Borromées.* Les Iſles Borromées ſont à quarante mille de Milan. Elles ſont agréables dans l'éloignement, mais elles n'ont rien de rare ni d'extraordinaire. Un Provincial qui n'auroit rien vû, les admireroit, ſi on l'y tranſportoit tout-à-coup; mais la même choſe n'arrivera pas à ceux qui ont un peu rodé le monde. On y paſſe en allant de Milan à Genêve.

Pag. 413. Ni les cartes de Géographie, ni les autres deſcriptions qu'on a faites de Mantoue, ne donnent aucune idée de ſa ſituation. On repréſente ordinairement cette ville au milieu d'un lac, dont on la fait à-peu-près également environnée, ce qui n'eſt pas. La riviere du *Mincio* trou-

vant un pays-bas, elle s'élargit, &
forme une espece de marais douze ou
quinze fois plus long qu'il n'est large.
Mantoue est bâtie sur un terroir ferme
dans un des côtés de ce marais. Lorsqu'on vient de Crémone, on passe
une chaussée longue de deux ou trois
cent pas ; & de l'autre côté, quand on
va vers Véronne, le marais, ou le lac,
est beaucoup plus large. Il y a quelques endroits où ses eaux sont toujours
courantes, & d'autres où elles croupissent & infectent tellement l'air de
Mantoue, que dans la saison des plus
grandes chaleurs, tous ceux qui peuvent quitter la ville en sortent.

Pag. 421. *La plupart des étrangers qui vont en Allemagne passent ordinairement par Munich.* Munich est au centre de la Baviere. Les deux tours de l'Eglise dédiée à la Vierge, ont trois cent trois pieds de hauteur. Les tuyaux des orgues de cette même Eglise sont de buis, & ces orgues sont fort bonnes. Il se tient deux Foires par an à Munich; la premiere le Dimanche d'après l'Epiphanie, & la seconde, le jour de Saint Jacques.

Pag. 430. *On montre dans les Bibliotheques de Basle plusieurs choses relatives*

*& de quelques autres Contrées.* 313
à *Erasme*, &c. Basle est la plus grande, la plus belle & la plus riche ville de tous les cantons, quoiqu'elle n'ait pour toute clôture qu'une muraille appuyée de quelques tours. Son Université la rend aussi fort célébre. Le Rhin y est déja fort large & fort rapide ; il passe dans la ville, & un beau pont de pierre fait la communication des deux parties que ce fleuve sépare.

L'Eglise Cathédrale est un édifice assez considérable. On y voit le tombeau du fameux Erasme.

Les horloges de Basle avancent toujours d'une heure : à midi, par exemple, elles sonnent & marquent une heure, & ainsi du reste. Les uns rapportent cette coutume au tems que le Concile fut tenu dans cette ville en 1440, & disent que c'étoit afin que les personnes qui composoient l'assemblée se séparassent, & se retirassent un peu plutôt qu'elles n'auroient fait, si on ne les avoit pas ainsi trompées. Les autres racontent que les Magistrats ayant eu avis que des Conspirateurs devoient exécuter leur dessein à une certaine heure précise, ordonnerent qu'on fît avancer l'horloge, pour rompre leurs mesures ; & qu'en mémoire de ce stratagême qui réuffit heureufement, on a toujours fait avancer les horloges d'une heure.

Chacun fçait que le fameux Holbein étoit natif de Bafle. Ce peintre n'avoit point eu de maître, auffi remarque-t-on une maniere particuliere dans fes ouvrages. Sa danfe eft dans un lieu public, contre la muraille du cimetiere de l'Eglife Françoife. C'eft une fuite de toutes fortes de gens, qui fe tiennent par la main, & que la mort qui mene le branle, conduit au tombeau. Il y a des perfonnes de tout âge, de tout fexe & de toute condition.

Pag. 431. *Il y a dans l'Eglife de Saint Urfus à Soleurre, &c.* Soleurre eft dans une vallée fertile, fur la riviere d'*Aar*, laquelle paffe auffi à Berne. Cette ville fe vante d'une très-grande antiquité, & fe dit *Sœur de Troyes*. Son nom latin fe trouve écrit de diverfes manieres dans les auteurs modernes; mais dans l'itinéraire d'Antonin, elle eft appellée *Solothurum*, à caufe, difent quelques-uns, d'une tour qu'on y avoit érigée en l'honneur du foleil. Cette ville eft environnée de fortifications régulieres, & revêtues de grands quartiers d'une efpece de marbre blanc. Le peuple y eft fort fuperftitieux. On y voyoit autrefois un grand Crucifix habillé à la Suisse.

Il y a sur le bord du lac de *Morat* une espece de chapelle toute remplie des os des Bourguignons, qui y furent défaits au nombre de dix-huit mille, par l'armée des Suisses & des Lorrains, avec l'inscription suivante.

## DEO OP. MAX.

CAROLI INCLYTI ET FORTISSIMI DUCIS BURGUNDIÆ, EXERCITUS MURATHUM OBSIDENS AB HELVETIIS CÆSUS HOC SUI MONUMENTUM RELIQUIT ANNO M. CCCC. LXXVI.

Pag. 431. *Un tremblement de terre occasionna dans la Cathédrale de Lausanne, &c.* La situation de Lausanne est extrêmement rude, & cet endroit a je ne sçai quoi, qui paroît d'abord sauvage, cependant tous ceux qui connoissent cette ville l'aiment. Les promenades y sont fort agréables, particulierement vers le lac, & tout le monde se loue de la politesse des habitans. L'Eglise Cathédrale est assez grande & assez belle pour le pays, & il y a quelques années que la muraille, toute épaisse & toute forte qu'elle est, fut fendue au sud du chœur & entr'ouverte par un tremblement de terre, depuis le haut jusqu'au fondement. L'ouverture étoit si large, que les écoliers qui jouoient dans la place avoient coutume d'y mettre leurs manteaux & leurs porte-feuilles. Quelque tems après, un nouveau tremblement de terre rapprocha les deux côtés du mur, & les resserra si bien, qu'ils sont à-peu-près dans leur premier état.

Pag. 445. *L'Electeur de Cologne a à Bonne &c.* Bonne fut bâtie par *Drusus*. L'opinion commune est que cette ville fut ainsi nommée *ab Omine*, comme *Beneventum*, *Maleventum &c.* Le Palais est peu de chose.

*Id.* On voit à *Cologne*, que les Latins appelloient *Colonia Agrippina*, *&c.* Cologne fut faite ville Impériale par l'Empereur Othon l'an 993. Constantin y avoit bâti un pont de pierre qui fut détruit l'an 1124 par l'Evêque Brunon.

Pag. 446. *Il y a dans le Duché de Juliers*, *&c.* Juliers est située dans une plaine sur la *Roer*, & est assez bien fortifiée. Les Protestans y ont liberté d'exercice.

Id. *Aix-la-Chapelle*, qu'on appelloit anciennement *Aquisgranum*, &c. Cette célébre ville est toujours grande & belle, quoiqu'elle ait perdu de son ancien lustre. Elle a conservé presque toute sa liberté. Charlemagne l'ayant presque tout de nouveau rebâtie cette ville, qui pendant près de quatre siécles avoit été dans un triste état, depuis le sac qu'y fit Attila, l'honora de plusieurs priviléges, la déclara capitale de la Gaule Transalpine, & la choisit pour le lieu ordinaire de son séjour. Il érigea aussi la grande Eglise, qui donna lieu à la nouvelle dénomination de cettte ville qu'on nommoit *Aquisgranum*, dit-on, d'un Prince Romain, nommé *Granus*, frere ou cousin de Néron. Ce Prince ayant fait la découverte des eaux minérales, bâtit là un château, & jetta les premiers fondemens de la ville.

Voici une inscription qui est sur le bassin d'airain d'une fontaine publique, vis-à-vis celle de l'Hôtel de Ville.

*Hic, aquis per granum principem quemdam Romanum Neronis & Agrip-*

pæ fratrem inventis, calidorum fontium thermæ à principio conſtructæ. Poſtea vero, per Dominum Carolum Magnum Imp. conſtituto ut locus hic ſit caput & Regni ſedes trans Alpes, renovatæ ſunt, quibus thermis hic gelidus fons influxit olim, quem nunc demum hoc æneo vaſe illuſtravit S. P. Q. Aquiſgranis; Anno Domini 1620.

Charlemagne y mourut âgé de ſoixante-douze ans, l'an 14 de ſon Empire, le 48 de ſon régne, & l'an de grace 814. Depuis Charlemagne, pendant l'eſpace de plus de cinq ſiécles, beaucoup d'Empereurs voulurent être couronnés à Aix. Charles IV régla abſolument la choſe par une des conſtitutions de la Bulle d'or: il ordonna que les Empereurs y recevroient la premiere couronne.

Pag. 449. *La carriere de Maſtricht, &c.* Cette ville eſt de médiocre grandeur, aſſez bien bâtie & bien fortifiée. On trouve aux environs diverſes ſortes de coquillages, ſur-tout vers le village de *Zichen* ou *Tichen*, & ſur la petite montagne appellée *des Huns*.

La ville de Liége eſt aſſez grande,

bien peuplée & ornée de quelques beaux bâtimens : l'Eglife Cathédrale & le Palais Epifcopal font les deux principaux. Le Chapitre de Liége étoit autrefois le plus honorable de tout l'Empire. On lit dans les Annales de cette ville, que l'an 1131, lorfque le Pape Innocent deuxiéme y couronna l'Empereur Lothaire fecond, ce Chapitre, qui affiftoit à la Cérémonie, fe trouva compofé de neuf fils de Rois, & de quatorze fils de Ducs, Princes Souverains, de ving-neuf Comtes du Saint Empire & de huit Barons. Aujourd'hui cela eft bien déchû. Il n'y a point de bourgeois, docteur licencié dans l'Univerfité de Louvain, qui ne puiffe être Chanoine de Liége.

La Meufe fépare Liége en deux parties, mais la principale eft fur la rive gauche. Un beau pont de pierre les réunit; & les arches de ce pont donnent paffage à de grandes barques, qui y apportent toutes fortes de denrées, & qui fervent beaucoup à la commodité du négoce de cette ville.

## REMARQUES à ajouter à celles de l'Article d'Egypte, contenues dans le premier Volume.

L'Icneumon du Nil. Cet animal qu'on trouve dans la haute & la baſſe Egypte, ſe tient pendant les innondations du Nil dans les jardins & aux environs des villages, & lorſqu'il fait ſec dans les champs ſur les bords du Nil. Il ſe coule ſur le ventre pour ſurprendre ſa proie. Il ſe nourrit de plantes, d'œufs & de volaille, dont il fait un grand dégât. J'ai dit qu'il déterroit les œufs que le crocodile pond dans le ſable, & qu'il étoit ſon ennemi déclaré. Il gronde & abboie lorſqu'on le met en colere. Il eſt faux qu'il entre dans gueule du crocodile, & qu'il lui ronge les inteſtins.

La Chauve-ſouris d'Egypte. Cet oiſeau qui eſt de la groſſeur d'une petite ſouris, ſe tient dans les jardins de Roſette près du bord du Nil.

*Le Rat qui saute.* Il a la tête d'un liévre, les mouſtaches d'un écureuil, le grouin d'un pourceau, le corps, les oreilles & les jambes de devant comme celles d'un rat, celles de derriere, comme celles d'un oiſeau, & la queue d'un lion. Il eſt de la groſſeur d'un gros rat. Il ne ſe ſert que des pieds de derriere, auſſi ne marche-t-il que par bonds & par ſauts. Lorſqu'il s'arrête, il colle ſes pieds contre ſon ventre, & s'appuie ſur ſes genoux. Il ſe ſert pour manger des pattes de devant. Il dort le jour & ne marche que la nuit ; il eſt difficile à apprivoiſer, & ſe nourrit de pain de froment & de graine de ſeſame.

*L'Hippopotame.* Quoique j'aye parlé de cet animal dans nos remarques ſur l'article d'Egypte, j'ai cependant cru faire plaiſir au lecteur de lui communiquer les obſervations ſuivantes.

Son cuir ſeul fait la charge d'un chameau. Il eſt l'ennemi déclaré du crocodile, qu'il tue par-tout où il le rencontre. Il n'habite point au-deſſous des cataractes du Nil. Il fait des dégâts affreux par tout où il paſſe, & comme il eſt très-vorace, il ravage dans un inſtant des champs entiers de froment &

de trefle. Plus il fait de voyages à terre, plus on est assuré de la crue du Nil.

*Le Dromadaire.* Il pese mille livres, & au défaut de paturage, les Egyptiens le nourrissent avec des noyaux de dattes pilés.

*Le Giraffe.* Cet animal est de la grosseur d'un petit chameau. Il a le corps, la tête & les jambes couvertes de taches noirâtres de la largeur de la paume de la main, dont la couleur varie selon le jour où on les voit. Sa longueur depuis le bout du museau jusqu'à la queue est de vingt-quatre palmes.

*Le Vautour d'Egypte.* Cet oiseau fréquente la voirie qui est près du Caire, & se nourrit avec les chiens des charognes & des immondices qu'il y trouve. Il y a des personnes riches & charitables qui ont ordonné par leurs testamens de distribuer soir & matin à ces vautours de la viande fraîche. Cet oiseau est extrêmement hideux. Il a la face pelée & ridée, les yeux grands & noirs, le bec noir & crochu, les serres longues & crochues, le corps tout couvert d'immondices, & on ne peut le voir sans horreur. Il suit tous les ans la caravane de la Mecque, & mange les immondices & les chameaux qui meurent sur la route.

*Le Hibou cornu*. Cet oiseau est assez commun en Egypte. Il est de la grosseur d'un hibou ordinaire, & loge dans les masures, & même dans les maisons habitées. Il est si vorace dans la Syrie, que lorsqu'on laisse les fenêtre ouvertes, il entre la nuit dans les maisons, & tue les enfans.

*La Hupe noire*. Cet oiseau, qui est de la grosseur du choucas, vit dans les champs & les maisons de la basse Egypte dans le tems où le Nil baisse, savoir dans les mois de Septembre & d'Octobre, & se nourrit d'un insecte qui ressemble au cloporte.

*Le Corbeau d'Egypte*. Il est gros comme une alouette, il se loge dans le creux des arbres, & se nourrit d'insectes.

*L'Halcion d'Egypte*. On le trouve dans la basse Egypte ; il fait son nid sur les dattiers & les sycomores qui croissent aux environs du Caire, & se nourrit de grenouilles, d'insectes & de poisson. Il a à-peu-près le même cri que le corbeau.

On peut voir ce que j'en ai dit dans les remarques sur l'Egypte.

O vj

*Le Pluvier.* Il y a deux sortes de Pluviers en Egypte, sçavoir le pluvier d'Automne, & le pluvier à trois ergots. Le premier est gros comme une poule, & le second comme un pigeon.

*Charadrius Himantopus.* Cet oiseau se rend en Egypte au mois d'Octobre, & on le trouve dans les lacs.

Celui d'Alexandrie est de la grosseur d'une alouette. Il y en a un autre, appellé par Linnœus *Charadrius Agyptius*, qu'on trouve dans les plaines d'Egypte, & qui se nourrit d'insectes.

Le *Charadrius spinosus*, que les François appellent le *Dominicain*, a le bec noir & blanc comme l'habit de ces Religieux.

*Le Kervan.* On trouve cet oiseau dans la basse Egypte dans les bois d'Acacia, près des sépulcres des anciens Egyptiens, & dans les déserts. Il est de la grosseur d'une corneille. Il a la voix glapissante comme le pivert noir, mais plus agréable, ce qui fait qu'on le tient en cage. La chair est dure, savoureuse & sent l'aromate. Il est très-vorace & mange les rats & les loirs. Il boit fort peu, & lorsqu'on le met jeune en cage, il se passe d'eau plusieurs mois, pourvû qu'on le nourriffe avec de la viande crue macérée dans l'eau.

*Le Canard de Damiete.* On le trouve près des côtes de Damiete, & il eft de la groffeur d'un canard ordinaire. Il eft très commun dans les environs de cette ville, fur-tout entre Alexandrie & Rofette, près du port de Bichie, où on le prend au filet.

Celui du Nil fe trouve dans la haute Egypte & dans la mer Rouge. Il a le col & le deffus de la tête blancs, tachetés de gris, & une raie blanche qui s'étend derriere les yeux; la poitrine grifâtre rayée de noir; le ventre & les cuiffes de la même couleur, & les flancs rayés de gris. On le prive aifément, & les Arabes l'appellent *Bah.*

*L'Hirondelle du Nil.* Cet oifeau que les Arabes appellent *Abunures*, reffemble beaucoup à la mouette, & eft très-commun fur le canal de Trajan au commencement de Janvier. Il cherche fa nourriture dans le limon du Nil, & fe nourrit d'infectes fans aîles, de petits poiffons & d'immondices. Il a le bec noir, la tête & le col grifâtres vers le haut, avec de petites taches noires; le tour des yeux noir, tacheté de blanc, le dos, les aîles, & la queue grises; le ventre & le dessous du cou blancs; les jambes rouges, & les onglets noirs. Il est de la grosseur d'un pigeon, & on le trouve sur le Nil.

*La Perdrix.* Il y a dans les environs des pyramides d'Egypte & dans les déserts une perdrix grise plus petite que nos perdrix ordinaires. Les Arabes l'appellent *Katta*.

*Le Pélican.* Il arrive en Egypte à la mi-Septembre, & forme en volant un angle aigu comme les oies sauvages.

*L'oiseau Niais.* On en apporte quantité de vivants en Egypte vers le milieu & la fin du mois de Novembre. On le prend au filet pendant la nuit, peu de tems avant que les eaux se retirent.

*Le Cygne.* On le trouve sur la côte de Damiete.

*Le Crocodile.* J'en ai parlé dans mes remarques sur l'Egypte, auxquelles j'ajouterai les suivantes. Le crocodile a cela de commun avec les oiseaux qui se nourrissent de graines, qu'il avale des cailloux pour faciliter la digestion des alimens qu'il prend. Il rend ses excrémens par la bouche, & il se rend à terre toute les fois qu'il est obligé de se vuider. Les vieux crocodiles ont sous l'aisselle une folicule de la grosseur d'une noisette, dans laquelle est une matiere épaisse qui a l'odeur du musc. Comme ce parfum est fort estimé, les Egyptiens ont soin de l'enlever. Lorsque le mâle veut s'accoupler avec sa femelle, il la renverse sur le dos avec son museau.

Les œufs du crocodile sont plus gros que ceux des poules, & plus petits que ceux des oies. Leur coque est épaisse, ridée & d'un blanc sale.

Sa graisse employée en forme de topique est bonne contre le rhumatisme & la rigidité des tendons. Son fiel est bon pour les yeux, & contre la stérilité. On le donne aux femmes à la dose de six grains, & on en forme un pessaire avec du coton. Les Arabes regardent ses yeux comme un excellent aphrodisiaque. Cet animal cause des maux infinis dans la haute Egypte; il dévore souvent les femmes qui vont puiser de l'eau à la riviere, & les enfans qui se divertissent sur le rivage, ou qui ont l'imprudence de s'y baigner.

*Le Caméléon.* Cet animal est très-sujet à la jaunisse sur-tout lorsqu'il est en colere : ce cas excepté, il change rarement du noir au jaune ou au verd, qui est la couleur de son fiel, dont on apperçoit aisément le mélange avec le sang, parce que cet animal a les muscles minces, & la peau transparente. Le caméléon d'Egypte est plus petit & plus rare que celui d'Asie.

*Le Lézard d'Egypte.* On le trouve dans les montagnes & les plaines d'Egypte.

*Le Lézard Gecko.* Il est commun au Caire, tant dans les maisons qu'à la campagne. Son venin s'exhale des lobules des orteils, & il est si âcre qu'il cause à l'instant des pustules rouges & enflammées, accompagnées d'une démangeaison pareille à celle que cause la piquure de l'ortie. Il cherche tous les endroits & toutes les choses imprégnées de sel marin, & laisse ce venin dangereux par-tout où il passe.

*Le Lézard du Nil.* On le trouve dans les marais qui sont dans le voisinage du Nil.

*Le Stinc.* On trouve cet animal dans l'Arabie Pétrée, près de la mer Rouge, & dans la haute Egypte sur les bords du Nil. Les Orientaux l'emploient en qualité d'aphrodisiaque. Plusieurs auteurs croient mal-à-propos que le Stinc est un poison.

*La Vipere des boutiques.* On la trouve en Egypte, & on en envoie tous les ans quantité à Venise pour faire la thériaque.

*La Céraste.* L'Egypte est son pays natal.

*La Vipere hajè.* On la trouve en Egypte. Lorsqu'elle est irritée, elle enfle sa gorge & son cou quatre fois plus que ne l'est son corps.

*Le Serpent jaculus, la Couleuvre, le Serpent cornu.* On les trouve tous trois en Egypte.

*Du climat de l'Egypte.* On est surpris que les plantes puissent subsister sans pluie en Egypte pendant six mois. Cela nous paroît extraordinaire en Europe, où le tems est plus souvent pluvieux que sec. Cependant il y a des plantes qui subsistent depuis six cents ans, sur lesquelles il n'est peut-être pas tombé six onces d'eau. De ce nombre sont les sycomores qui sont autour du Caire & dans la haute Egypte, où il tombe peut-être dix gouttes de pluie tous les deux ou trois ans. Si les plantes d'Egypte manquent de pluie, elles ne manquent point d'eau. Le Nil leur procure un secours que le Ciel leur refuse. L'Egypte n'est qu'une riviere continue depuis le premier d'Août jusqu'à la fin d'Octobre. Un étranger qui arrive dans ce tems-là, & qui ignore la cause de cette inondation, la regarde comme un miracle de la nature. Il s'imagine voir une mer, dans laquelle croissent toutes sortes de végétaux, & d'où s'élevent des sycomores, des acacias, des cassiers, des saules & des tamarises. Telle paroît l'Egypte pendant tout le tems qu'elle est inondée. Les plantes, dont la plûpart sont des *semper virens*, ne manquent point d'eau, & l'art en fournit à celles auxquelles la nature en refuse; car les Egyptiens sont très-versés dans l'hydraulique, & ont grand soin d'arroser leurs jardins.

Depuis ce tems-là jusqu'au commencement d'Avril, il régne une autre saison; l'eau se retire peu-à-peu, & tout le pays est couvert d'un limon que le Nil a déposé, & qui rend l'Egypte le pays le plus fertile qui soit au monde. Le laboureur séme alors son froment avec moins de peine, & plus d'espérance d'une récolte abondante, que n'en ont les Européens. C'est là le travail auquel ils vaquent dans le mois d'Octobre & de Novembre. Viennent ensuite les plantes que le terrein produit naturellement ; elles font en petit nombre, & encore y a-t-il lieu de croire que les femences y ont été tranfportées par les oifeaux ou qu'elles font les mêmes que celles que nous avons en Europe. Les arbres fe dépouillent de leurs feuilles à la fin de Décembre & au commencement de Janvier, & il en vient d'autres avant qu'elles foient entiérement tombées.

Le Mufa & le Palmier, qui font les richeffes & l'ornement de l'Egypte, fe difpofent dans ce tems-là à donner leur fruit. Après que le premier s'eft dépouillé des vieilles feuilles qui font près de fa racine, il en pouffe d'autres au fommet, & les nouvelles pouffent dans les mois de Décembre & de Janvier. On fait la récolte dans le mois d'Avril ; après quoi l'on ne s'apperçoit plus que l'Egypte ait été inondée. Elle n'eft point entiérement dénuée de pluie dans les mois de Novembre, Décembre, Janvier, Février & Mars ; mais on obferve que cela n'a lieu que près de la Méditerranée ; & il pleut quelquefois fi fort à Alexandrie, Rofette & Damiete, que les habitans s'en trouvent incommodés. Il arrive quelquefois dans ce tems-là qu'un nuage répand en passant quelques gouttes de pluies au Caire. C'est ce qu'aucun voyageur n'a observé, & delà vient que les Européens n'ont aucune idée du climat de l'Egypte, les uns assurant qu'il y pleut, d'autres que non, en quoi tous deux ont raison. Après la récolte & avec le mois de Mai, commence la plus rude saison de l'Egyte, je veux dire l'été, qui fait que le pays ressemble à ceux du nord, dans les mois de Janvier & de Février. La terre est remplie de crevasses, de même que dans les plus fortes gelées, avec cette différence que dans ceux-ci elles sont cachées par la neige, au lieu qu'il n'y a rien en Egypte qui cache son misérable état.

L'Egypte, deux mois auparavant, méritoit que pour la voir, on fît un voyage du nord au sud. C'est de l'aveu de tous les voyageurs le plus beau pays de l'univers, sur-tout lorsqu'on la voit vers la fin de Décembre du haut des pyramides. Ce pays qui est si agréable pendant nos hivers, est horrible en été. Les oiseaux l'abandonnent, & se retirent vers le nord. Les plantes spontanées se flétrissent, on met à couvert celles que l'on cultive,

& il ne reste que l'arrête-bœuf & la chicorée. Tous les bords du Nil sont couverts de melons, de concombres & de sésame, qui mûrissent dans les champs, où on les a semés après le froment, ce qui a fait croire à bien des voyageurs qu'on faisoit deux ou trois récoltes en Egypte. Tout ce pays cependant ne se ressent pas également de la chaleur. Il faut en excepter les hauteurs qui sont aux environs de Rosette & de Damiete, lesquelles dans ce tems-là sont couvertes de riz qu'on y séme au mois de Mai, & qu'on recueille dans celui d'Octobre, graces à l'eau du Nil qu'on y conduit avec des travaux & des dépenses infinies. C'est pendant ces chaleurs excessives qu'on doit admirer la sagesse du Créateur, qui, pour prévenir la ruine totale du pays, a voulu qu'il tombât de la rosée matin & soir. Elle est sur-tout utile aux arbres, qui périroient sans elle, au lieu qu'avec ce secours ils réussissent à merveilles. Cette rosée tombe dans le tems que les nuages s'avancent du nord vers le sud, c'est par leur nombre que les Egyptiens jugent de la plus ou moins grande crue du Nil. Ces nuages courent le Ciel le matin, se dissipent lorsque le soleil commence à paroître, & les nuits sont aussi sereines dans le fort de l'été, qu'elles le sont dans le nord dans le cœur de l'hiver.

Le Ciel est toujours le même en Egypte, & c'est là vraisemblablement ce qui a porté les anciens Egyptiens, & les Arabes qui leur ont succédé, à cultiver l'Astronomie.

# REMARQUES

SUR

# LA PALESTINE

## ET LA MER MORTE.

1. Le sel est une craie friable, impregnée de sel, & extrêmement semblable à celui de l'Egypte.

2. Couvert d'une croûte de sel.

3. De globules de terre glaise, ronds & compactes. Il y en a dans la glaise près de la côte.

4. Du schistus ou de l'ardoise semblable au caillou, répandue çà & là sur le rivage.

5. De couches perpendiculaires d'une argile noirâtre, laminée parmi la glaise commune sur les bords.

6. Nuls roseaux.

7. Nulle plante sur le rivage. Une plante infecte avec une fleur labiée, à quelque distance, & une autre d'un goût salin dans la plaine.

8. Les Arabes amassent toutes les automnes une quantité considérable dasphalte sur le rivage. Ils le portent à Damiete, où on l'emploie à teindre les laines.

9. Quantité de coquillages sur le rivage.

10. Les Arabes prétendent qu'il n'y a point de poissons dans cette mer; mais les coquillages qu'on y trouve me paroissent prouver le contraire.

11. Point de navigation.

12. Les montagnes voisines sont composées d'une pierre calcaire fort tendre, que la mer paroît avoir formée.

13. L'ardoise qu'on trouve dans les montagnes, n'est autre chose que de l'asphalte pétrifié.

14. L'âpreté des montagnes éloignées.

15. L'asphalte ressemble au baume de mummie, & n'est que la même substance; ce qui donne lieu de croire qu'il y a en Egypte quelque lac impregné de la même matiere.

16. Les pétrifications que l'on trouve sur le rivage opposé, sont les mêmes que celles qu'on voit dans les lacs d'Egypte qui sont à sec.

17. La pomme de Sodôme est le fruit du Solanum melongena.

## Thermes de Tibériade.

1. La source est au pied d'une montagne, à la porté d'un coup de pistolet du lac de Génézareth, & à un quart de lieu de la ville de Tibériade.

2. La montagne est composée d'une pierre noire, fragile & sulphureuse, que l'on trouve par gros quartiers dans les environs de Tibériade, mais par morceaux détachés sur les côtes de la mer morte, tant ici, que près du lac de Génézareth. On tire de cet endroit des meules de moulin qu'on envoie par eau d'Acre en Egypte. Il y en a une quantité prodigieuse à Damiete.

3. La source qui vient de la montagne est d'un diametre égal à celui du bras d'un homme, & il n'y en a qu'une seule.

4. L'eau est si chaude, qu'on ne sçauroit y tenir long-tems la main sans s'échauder : elle approche du degré de l'eau bouillante.

5. Elle a une odeur sulfureuse très-forte.

6. Un goût amer approchant de celui du sel marin.

7. Le sédiment que l'eau dépose, est noir & pâteux ; il sent le soufre & est couvert de deux pellicules, dont l'inférieure est d'un beau verd foncé, & la supérieure de couleur de rouille. A l'entrée de l'orifice où l'eau forme des petites cascades en tombant sur les cailloux, on ne trouve que la premiere pellicule, & elle ressemble si fort à de la conserve, qu'on pourroit aisément prendre cette production minérale pour une production végétale : mais près de la riviere où l'eau est calme, on voit ces deux pellicules, la jaune dessus, & la verte dessous. Le bain est dans une misérable maison qui est auprès, & qui tombe en ruine, parce que personne ne fait usage de ces présens de la nature.

## Description du vrai Baume de la Mecque.

Le baume de la Mecque est jaune transparent. Il a une odeur résineuse & balsamique très-agréable. Il est tenace & gluant, il s'attache aux doigts & file beaucoup. Il ne se fond ni ne se liquéfie à la chaleur du soleil de la Natolie.

C'est le meilleur stomachique que

l'on connoisse, étant pris à la dose de trois grains. Il est admirable pour guérir les plaies récentes, & il suffit d'en verser quelques gouttes dessus, pour les consolider en peu de temps.

Pour connoître s'il est naturel ou falsifié, versez-en une goutte dans de l'eau; si elle reste dans la même place sur sa surface, le baume ne vaut rien; mais si elle s'étend en forme de pellicule mince, qu'on puisse enlever avec un cheveu, ou un brin de fil ou de soie, sans que l'eau perde sa transparence, c'est un signe qu'il est bon. Les Turcs conviennent eux-mêmes qu'il est difficile d'en trouver qui résiste à cette épreuve; le vrai baume de la Mecque ne se trouvant qu'entre les mains du Sultan, ou de quelques Grands Seigneurs qui l'ont reçu de quelqu'un qui a été à la Mecque.

## Maladies d'Egypte & de Syrie, & leurs remedes.

Les maladies qui régnent dans ces deux contrées sont, la peste, la fievre de Damiete, la fievre synoque, la fievre tierce, la céphalalgie, la colique, le calcul, l'asthme, l'affection histérique, le ver solitaire, l'ophthalmie, la vérole, la dartre d'Alep, l'hernie, la stérilité.

Les personnes attaquées de la peste, ont les yeux larmoyans, & la langue couverte de pustules blanches.

La fiévre de Damiete régne pendant l'hiver, mais encore plus dans le printems. Elle est accompagnée d'un pouls fort & fréquent, d'une grande chaleur & d'une soif ardente ; le malade a la langue séche & pâteuse, & les yeux rouges & enflammés. Elle se termine au bout de deux ou quatre jours par une stupeur & une tumeur d'un côté, accompagnée d'une douleur & d'une rougeur dans le bras, le pied, la jambe. Avant cette crise, on sent ondoyer quelque peu de sérosité dans le crâne au-dessous de l'os frontal. Cette crise n'est pas toujours d'un bon augure, car le malade meurt souvent. S'il en réchappe, l'enflure & la stupeur ne laissent pas que de continuer. Les Arabes l'appellent *Nysham*, fluxion chaude, pour la distinguer de l'appoplexie, qu'ils appellent *Nysbred*, fluxion froide.

Pour guérir la fiévre synoque, les Grecs pilent un coquillage & en font un cataplafme qu'ils appliquent fur la plante du pied du malade, où il fait élever une puftule. C'eft le feul reméde qu'ils emploient dans les fiévres, même dans le fort du mal, & il leur réuffit.

Voici la cure fympathique que les Grecs de la Morée prefcrivent pour la fiévre tierce. A l'inftant que le friffon commence, le malade va s'affeoir fous un pêcher, & y refte jufqu'à ce que l'accès foit paffé. Ils difent qu'il guérit de fa fiévre, mais que l'arbre meurt.

Les Arabes, pour appaifer les maux de tête, la rafent & fe font plufieurs incifions autour de la future coronale, laiffant couler le fang jufqu'à ce que la douleur foit appaifée, obfervant de ne point offenfer les vaiffeaux, & ne faifant ces incifions que dans la peau & dans les parties charnues.

Pour appaifer la colique, prenez le lumignon d'une chandelle & du favon d'Allemagne, mêlez-les enfemble, & faites-en des pillules; ou bien de la poix, faites-en des pillules de la groffeur d'un pois, & prenez-en trois ou quatre, lorfque l'accès commence.

Les Orientaux fe guériffent du calcul, en buvant de l'eau dans laquelle ils ont

fait infuſer des feuilles d'amandier ſé-
ches.

Voici un remede pour l'aſthme que j'ai appris à Smyrne. Coupez une mouette par morceaux, faites-la cuire dans l'eau, & buvez-en le bouillon.

Pour l'affection hiſtérique, prenez une datte, ôtez-en le noyau, & après l'avoir remplie de maſtic pulveriſé, mettez-la rôtir ſur le charbon. Humez-en la fumée par le nez, & après qu'elle aura ceſſé de fumer, & que le maſtic ſera fondu, mangez-la. Cela doit ſe faire dans le paroxiſme.

Le ver ſolitaire eſt un fléau dont les habitans d'Egypte ne ſont point exempts. Ce ver eſt ſi commun, que les deux tiers des habitans du Caire y ſont ſujets. Ceux qui en ſouffrent le plus, ſont les Juifs, le bas peuple & les Cophtes ; il y a peu de Turcs qui l'ayent. Les Médecins du Caire l'attribuent unanimement aux alimens dont ils uſent, & je ſuis perſuadé que les melons, les concombres & les fruits dont ils ſe nourriſſent, ne contribuent pas peu à l'engendrer. Les Juifs & les femmes y ſont plus ſujettes que les autres, à cauſe de la quantité de confitures qu'elles mangent. Ces Médecins ne connoiffent qu'un feul reméde, qui eft le pétrol pris intérieurement. On le donne les trois derniers jours du quartier de la lune, & au cas que le malade ne rende point les vers qu'on croit avoir tués, on réitére la dofe.

Les maux des yeux font très-communs en Egypte, fur-tout au Caire, où la plupart des habitans font fujets à l'ophthalmie & à la pforothalmie, ce que j'attribue à la chaleur exceffive du climat, & à la pouffiere dont l'air eft rempli. Cette caufe n'eft pas la feule, & en voici une autre beaucoup plus confidérable. Les habitans, fur-tout ceux qui habitent près du canal, ont dans leurs maifons un puits ou une foffe qui leur fert de latrines, & qui communique avec le canal qui traverfe la ville. On ouvre ce dernier une fois l'année pour le nettoyer, & cela dans le fort des chaleurs. Comme il eft rempli de limon du Nil & des matieres putrides qui s'y font rendues de ces foffes, il n'eft pas étonnant que le miafme qui en fort, occafionne ces fortes de maladies.

Un homme âgé de quarante ans avoit des ulceres vénériens au front, au nez, au menton & dans la gorge, qui lui avoient fait perdre la voix. Il but de l'eau de goudron environ une pinte & demie par jour. Au bout d'un mois les ulceres qu'il avoit dans la gorge se guérirent, & il recouvra la voix; les autres disparurent successivement, & trois mois après il n'en restoit plus qu'un au nez, qui diminuoit de jour à autre.

A l'égard de la dartre d'Alep, les enfans & les femmes, & non plus que les hommes qui vont à Alep ne sont jamais exempts de cette maladie. Il n'y en a pas un seul sur mille qui l'évite. Les seuls qui en soient exempts sont ceux qui ont les cheveux noirs, & qui sont d'un tempérament mélancolique. Elle dure ordinairement six mois, & quelques-uns l'ont pendant un an. Elle affecte souvent les joues des femmes, & leur cause plus de mal lorsqu'elle se guérit, que lorsqu'elle continue, laissant une cicatrice qui les défigure. Elle n'a point de siége fixe; elle attaque tantôt les joues, les épaules, le nez, & le gland de la verge. Les habitans l'attribuent à l'eau qu'ils boivent.

Quelques Syriens assurent qu'ils ont

été guéris de leur hernies, au moyen d'un cautere au scrotum.

A l'égard de la stérilité, le mari & la femme qui veulent la faire cesser, doivent boire en se couchant une tasse à thé d'eau de gérofle distillée. Ce remede passe pour souverain en Egypte dans ces sortes de cas.

Il y a des accoucheuses Turques & Grecques, qui n'ont jamais eu d'autre maître que l'expérience. Les femmes ont une grossesse heureuse, elles accouchent sans peine, & l'on en voit peu qui meurent en travail. Après que l'enfant est né, on lui coupe le cordon ombilical, & l'on applique dessus le cautere actuel. On lui saupoudre la tête avec de la poudre de noix de galle & de muscade mêlées ensemble; elle forme une croûte qu'on laisse jusqu'à ce qu'elle tombe d'elle-même. On a soin de lui plier les bras & les jambes, & delà vient que les Orientaux sont plus agiles que les Européens.

## Maniere dont on prépare la Casse en Egypte.

On cueille les siliques avant qu'elles soient tout-à-fait mûres, & on les porte dans une chambre sur une couche de feuilles de palmier & de paille, de six pouces de hauteur. On les amoncelle dessus, & l'on ferme la porte. On les arrose le lendemain avec de l'eau, & on les laisse ainsi amoncelées pendant quarante jours, jusqu'à ce qu'elles soient devenues noires. D'autres les enterrent, mais cette derniere méthode est inférieure à l'autre.

## De la Scammonée.

La meilleure vient de Marasch, à quatre journées d'Alep, près des frontieres de l'Arménie. On l'apporte à Alep dans de petits sacs de peau, d'où les marchands l'envoient à Londres & à Marseille. On la tiroit autrefois du Mont-Carmel par la voie d'Acre; mais il n'en vient plus aujourd'hui, les Arabes aimant mieux piller les voyageurs, que de la cultiver.

## Mummie minérale.

La mummie minérale est une substance bitumineuse, luisante, friable, noire, & presque sans odeur, qu'on tire de la Perse. Elle coûte depuis deux jusqu'à cinq sequins la drachme en Egypte, selon qu'elle est plus ou moins rare & plus ou moins bonne. On prétend que cette mummie est un vulnéraire excellent. Les Egyptiens en composent un onguent en la mêlant avec de l'huile de senteur; & disent que la jambe d'un homme qui a été fracturée se guérit au bout de vingt-quatre heures avec ce remede, ils l'appellent mummie minérale, parce qu'elle ressemble à la masse qu'on tire du crâne des mummies.

## Onguent de Mummie.

Les Egyptiens composent un onguent potable, en mêlant de la poudre de mummie avec du beurre. Ils l'appellent *Manteg*, & en boivent lorsqu'ils ont reçu quelque blessure. Un maure fut guéri en peu de temps d'un coup de couteau qu'il avoit reçu dans le flanc, & qui avoit percé les muscles intercostaux, en buvant deux livres de cet onguent, & en en frottant la plaie. Les Egyptiens l'emploient aussi pour les maladies de leurs bestiaux.

## La vertu nutritive de la Gomme Arabique.

Les Abyssiniens se rendent tous les ans au Caire, pour y vendre des esclaves, de l'or, des éléphans, des drogues, des singes & des perroquets. Ils traversent des déserts affreux; & comme leur voyage dépend du temps, ils sçavent aussi peu que les marins combien ils resteront en route, ce qui les expose souvent à manquer de vivres. C'est ce qui arriva en 1750 à la caravane; elle resta deux mois en chemin, & les vivres lui ayant manqué, ceux qui la composoient eurent recours à la gomme arabique, & elle servit à nourrir plus de mille hommes pendant deux mois.

## Richesses de l'Egypte.

On assure que l'Egypte paye mille bourses par jour, mais que le Grand Seigneur n'en reçoit qu'une petite partie. Le reste entre dans les coffres des Beys du Caire qui gouvernent le pays, & l'on ne peut y lever que quarante mille hommes en temps de guerre. Abdalha Pacha ayant été nommé Sultan d'Egypte, pria le Gouvernement de lui compter deux cents mille ducats, & on le satisfit au bout de quelques heures. Il en demanda cinq mille à Ibraïm Kiaja, qui les lui donna. De pareilles sommes prouvent que l'Egypte ne manque point d'argent. Ce même Ibraïm ayant usurpé l'Egypte, donna au Pacha, quelques jours après son arrivée, un festin somptueux & le servit à table avec son frere Rodoan Kiaja, qui étoit l'autre usurpateur. Après le repas, il fit des présens au Pacha pour la valeur de trente mille ducats; mais ce dernier dut sans doute être fâché de les recevoir des mains d'un homme, qui sous l'apparence d'un respect simulé, avoit dessein de lui faire connoître son pouvoir.

Lorsqu'on peut avoir une marchandise de la premiere main, & la vendre soi même sans que personne aille sur nos brisées, on peut faire tel gain que l'on veut. Le plus gros de la somme est pour le fabriquant, le marchand a le profit pour lui, & l'acheteur supporte la perte. C'est-là le fondement des richesses de l'Angleterre & de la

Hollande. Les François ont voulu suivre leur exemple en Egypte; mais ils ont toujours été obligés de céder une partie du profit à leurs maîtres. Un François achete du caffé à la Mecque de la premiere main; il le porte à Marseille, où il le vend aux Hollandois, aux Génois & aux Suisses, & gagne quelque peu dessus. Ces derniers le vendent aux Allemands, aux Suédois, aux Russes, &c. & y gagnent encore. Le François auroit eu ce profit, s'il l'avoit porté lui-même dans les lieux où les Hollandois &c. ont été le vendre.

Les Turcs, sans en excepter les plus pauvres, s'habillent de neuf à leurs *Beiram*, ce qui constitue les gens en place dans une dépense si considérable, qu'un Grand Seigneur au Caire ne peut habiller sa maison à moins de vingt mille ducats.

# DESCRIPTION

*De plusieurs Plantes curieuses qui croissent dans les Isles de l'Archipel, & dans quelques autres contrées du Levant.*

STACHYS *cretica latifolia.* Cette plante est une des plus remarquables des environs de la Canée. Sa racine est ligneuse, tortue, longue d'un pied, roussâtre, tirant sur le brun, garnie de fibres moins foncées, épaisses de deux lignes, longues de sept ou huit pouces. Ses tiges sont hautes de près de deux pieds, quarrées, épaisses de deux ou trois lignes, couvertes d'un duvet blanc & cotonneux accompagnées à chaque nœud de deux feuilles longues de trois pouces sur un pouce & demi de large, arrondies en oreillettes à leur base, d'où elles diminuent insensiblement jusqu'à la pointe, laquelle est émoussée. Ces feuilles sont chagrinées, veinées, verd-blanchâtre, ondées, légerement crénelées : elles diminuent confidérablement depuis le milieu de la tige vers le haut, & n'ont qu'environ un pouce & demi de long, fur huit ou neuf lignes de large; à peine ont-elles demi-pouce de largeur vers l'extrémité de la plante. Des aiffelles de toutes ces feuilles, le long de la tige & des branches, naiffent à plufieurs rangs affez ferrés, des fleurs difpofées par anneaux. Chaque fleur eft un tuyau, long de demi pouce, épais d'une ligne, percé vers le fond, blanchâtre, évafé en deux lévres couleur de rofe, dont la fupérieure a plus de demi-pouce de long, creufée en gouttiere, velue fur le dos, obtufe, & comme échancrée à la pointe : la lévre inférieure eft de même longueur, découpée en trois piéces, deux latérales fort petites, & celle du milieu qui a quatre lignes de long fur plus d'un demi-pouce de large. Le calice eft un autre tuyau de demi-pouce de long, blanc, cotonneux, évafé & divifé en cinq pointes purpurines, dures & piquantes. Il renferme un piftile à quatre embryons, furmonté par un filet gris de lin fourchu, accompagné de quelques étamines attachées à leur naiſſance au bord intérieur du tuyau de la fleur. Les embryons deviennent enſuite autant de graines longues d'une ligne, arrondies ſur le dos, pointues de l'autre côté, noirâtres. La fleur eſt ſans odeur, & les feuilles ſans ſaveur remarquable.

*Orchis cretica maxima, flore pallii episcopalis formâ.* La racine de cette plante eſt à deux tubercules blancs, charnus, preſque ovales, d'environ vingt-cinq lignes de long, pleins de ſuc, plus chevelus que ne le ſont les tubercules de ces eſpéces de genre, dont les fibres ſortent ſeulement du bas de la tige. La tige de celle-ci, eſt d'environ un pied de haut, ſur quatre lignes d'épaiſſeur, garnie à ſa naiſſance, en maniere de gaîne, de deux ou trois feuilles longues de trois pouces, ſur près d'un pouce & demi de largeur, veinées, verd-gai, beaucoup plus petites le long de la tige, ſur-tout dans les endroits où les fleurs naiſſent de leurs aiſſelles. La coëffe ou la partie ſupérieure de ces fleurs eſt à cinq feuilles, trois grandes & deux petites; les grandes ont ſix ou ſept lignes de longueur, ſur trois ou quatre de largeur, cambrées, pointues, couleur de rose, rayées de verd sur le dos: les deux petites feuilles sont posées alternativement parmi les grandes: à peine ont-elles trois lignes de longueur, sur une ligne de largeur. La feuille inférieure de cette fleur, qui est la plus grande & la plus belle de toutes, a près de quinze lignes de long, & commence par une maniere d'estomac de pigeon verd-jaunâtre, dont la tête tire sur le verd; le reste de la feuille est une espéce de chape d'Evêque, arrondie & chantournée en bas, retroussée, découpée en trois parties, dont la moyenne est la moindre, légerement crénelée, & qui paroît comme échancrée; les deux autres parties sont plus pointues. La chape est minime-tanné veloutée, relevée de je ne sçai quoi de purpurin & de brillant comme le dos des abeilles. Deux éminences pointues, verd-jaunâtre & velues, s'élevent un peu au-dessous & à côté de l'estomac de pigeon, lequel fait partie d'un cartouche oblong, dont le bas qui est minime fauve, est orné de fleurons jaunâtres, terminés en maniere d'ancre. Le fleuron inférieur est relevé d'une tache assez grosse de même couleur que le cartouche. La queue de cette fleur est longue d'environ un pouce, épaisse de deux lignes, & comme torse: elle devient le fruit dans la suite.

*Salvia cretica, frutescens, pomifera, foliis longioribus, incanis & crispis.* C'est un arbrisseau touffu, haut d'environ deux ou trois pieds; le tronc en est tortu, dur, cassant, épais de deux pouces, roussâtre, couvert d'une écorce grise, gersée, divisé en plusieurs branches grosses comme le petit doigt, subdivisé en rameaux dont les jets sont quarrés, opposés deux-à-deux, blanchâtres, cotonneux, garnis de feuilles opposées aussi par paires, longues de deux pouces & demi, quelquefois davantage, sur un pouce ou quinze lignes de largeur, chagrinées, blanchâtres, frisées, veinées fort proprement, roides, dures, pointillées par-dessous, soutenues par un pédicule long de sept ou huit lignes, cotonneux & sillonné. Les fleurs naissent en maniere d'épi, long d'un pied, rangées par étages assez serrés. Chaque fleur est longue d'un pouce ou de quinze lignes. C'est un tuyau blanchâtre, gros de quatre ou cinq lignes, évasé en deux lévres, dont la supérieure est creusée en cuilleron, velu, bleuâtre, plus ou moins foncé, longue de huit ou dix lignes. L'inférieure est un peu plus longue, découpée en trois parties, dont les deux latérales bordent l'ouverture de la gorge, qui est entre les deux lévres; la partie moyenne s'arrondit, & se rabat en maniere de collet, échancrée, bleu-lavé, frisée, marbrée, panachée de blanc vers le milieu. Les étamines sont blanchâtres, divisées à peu-près comme l'os hyoïde. Le pistile qui se courbe & se fourche dans la lévre supérieure, est garni de quatre embryons dans sa partie inférieure, lesquels deviennent autant de graines ovales, noirâtres, longues d'une ligne. Le calice est un tuyau long de demi-pouce, verd-pâle, mêlé de purpurin, découpé irrégulierement en cinq pointes, évasé en maniere de cloche.

Cette espece de sauge a une odeur qui participe de la sauge ordinaire & de la lavande. Les jets de cette plante piqués par des insectes, s'élevent en tumeurs dures, charnues, de huit ou neuf lignes de diametre, presque sphériques, gris-cendré, cotonneuses, d'un goût agréable, garnies assez souvent de quelques feuilles en maniere de fraise.

Leur chair est dure & transparente quelquefois comme de la gelée. Ces tumeurs se forment par le suc nourricier, extravasé à l'occasion des vaisseaux déchirés par la piquure.

*Caryophunus græcus, arboreus leucoii folio peramaro.* La racine de cet œillet est grosse comme le pouce, couverte d'une écorce brune, dure, ligneuse, divisée en plusieurs autres racines peu chevelues, & pousse au travers des fentes des rochers un tronc tortu, haut de deux pieds, gros d'environ deux pouces, ligneux, cassant, dur, blancsale en-dedans, revêtu d'une écorce noirâtre, gersée, raboteuse, & comme relevée de quelques anneaux. Ce tronc produit plusieurs tiges branchues, brunes aussi, si ce n'est vers le haut, où les jeunes jets sont verd de mer, garnies de feuilles de même couleur, longues d'un pouce, sur trois ou quatre lignes de largeur, obtuses à leur pointe, opposées deux à deux, charnues, cassantes, touffues, ameres comme du fiel. Ces jets s'allongent de la hauteur d'un demi-pied, chargés de feuilles semblables aux précédentes, mais plus étroites, & soutiennent ordinairement une seule fleur, quelquefois c'est un bouquet assez gros. Chaque fleur est à cinq feuilles, longue d'un pouce & demi, qui ne débordent que de demi-pouce hors du calice, arrondies & découpées en crête de coq, gris de lin, rayées de veines plus obscures, & marquées vers leur base d'autres rayes purpurin foncé. La queue de ces mêmes feuilles est étroite, blanche, & renfermée dans le calice. Ce calice est un tuyau long d'un pouce sur une ligne de diametre, un peu renflé vers le bas, où il est accompagné d'un autre calice à plusieurs écailles, pointues & couchées les unes sur les autres. Du fond du grand calice s'élevent des étamines minces & blanches, chargées chacune d'un sommet gris de lin : le pistile n'a que cinq lignes de long, cilindrique, verd-pâle, terminé par deux cornes blanches qui surmontent les étamines. Lorsque la fleur est passée, ce pistile devient une espece de coque roussâtre dans sa maturité, renflé vers le milieu, laquelle s'ouvre par la pointe en cinq parties, & laisse voir des semences noires, plates, minces, blanches en-dedans, les unes ovales, les autres circulaires, attachées à de petits filets, qui du corps du placenta leur porte le suc nourricier.

*Scrophularia, glauco folio, in amplas lacinias divifo.* La racine de cette plante eft longue d'un pied & demi, groffe au collet d'un pouce & quelques lignes, dure, rouffâtre en dedans, brune en dehors, piquant en fond, divifée en quelques fibres chevelues. La tige qui s'éleve fouvent à deux ou trois pieds, eft branchue dès le bas, ligneufe, & devient un fous-arbriffeau dégarni de feuilles, fi ce n'eft vers le haut. Ses feuilles ont huit pouces de long, elles font liffes, luifantes, divifées à-peu-près comme celles de la Thapfie, c'eft-à-dire, en parties oppofées fouvent deux à deux, incifées jufques à la côte, & recoupées profondément dans leur longueur. Cette côte embraffe une partie des branches, & fournit des vaiffeaux très fenfibles, dont les fubdivifions s'étendent vers les bords des feuilles : elles diminuent jufques à l'extrémité des branches parmi plufieurs brins chargés de fleurs femblables à celles des autres efpeces. Ces fleurs font des godets de cinq lignes de long, verdâtres, de trois lignes de diametre, divifés en deux lévres pourpre-foncé, dont la fupérieure eft partagée en deux parties affez rondes, terminées en pointe, au-dessous desquelles il y a deux autres petites parties de même couleur. Le calice de ces fleurs est un bassin d'une seule piece, partagé en cinq parties arrondies, du fond duquel sort un pistile terminé par un filet assez long. Ce pistile s'articule avec la fleur en maniere de gomphose, & devient ensuite une coque longue de quatre lignes presque ronde, terminée en pointe dure, piquante, brune, laquelle s'ouvre en deux parties & laisse voir deux loges remplies de semences noires assez menues. Cette plante vient dans les fentes des rochers de Zia le long de la marine, & n'est pas rare dans les autres Isles de l'Archipel. Elle est amere & sent mauvais.

*Heliotropium, humi fusum, flore minimo, semine magno.* La racine de cette plante est longue d'environ deux pouces, épaisse seulement d'une ligne, chevelue, blanche, & pousse quelques tiges tout-à-fait couchées par terre, dont les plus longues ont plus d'un demi-pied, verd-pâle, velues, branchues, accompagnées de feuilles presque ovales, longues de demi-pouce, sur quatre lignes de large, verd-pâle aussi, velues, veinées, & de même tissure

*& de quelques autres Contrées.* 361
ſure que celles de l'herbe auxe verrus, mais d'un goût un peu plus âcre. Elles ne diminuent pas vers le haut, excepté tout proche des ſommités où elles n'ont que deux ou trois lignes de long. Toutes les branches finiſſent par un épi en queue de ſcorpion, long d'un pouce à quinze lignes, chargé de deux rangs de fleurs blanches, de même figure que celles de l'eſpece ordinaire; mais à peine leur baſſin a-t-il demi-ligne de large. Le fond en eſt verdâtre, & les bords ſont découpés en dix pointes, cinq alternativement plus grandes que les autres. Le piſtile eſt accompagné de quatre embryons; mais pour l'ordinaire la plupart de ces embryons avortent, & lorſque la fleur eſt paſſée, l'on ne trouve qu'une ſeule graine longue d'une ligne & demie, boſſue d'un côté, plate de l'autre, pointue par un bout, couverte d'une peau blanchâtre, ſous laquelle il y en a une autre noirâtre, laquelle couvre une eſpece de coque pleine de moëlle blanche. Cette plante vient dans les champs autour du port de l'Iſle de Zia.

*Scorzonera Græca, ſaxatilis & maritima, foliis variè laciniatis.* La racine de cette plante, qui eſt longue d'un

*Tome VII.* Q

pied, grosse comme le pouce, peu fibreuse, produit une tige haute d'un pied & demi, droite, cassante, velue, rayée, verd-pâle, pleine de moëlle, accompagnée par le bas de feuilles velues aussi, roides, longues de sept ou huit pouces, larges de trois ou quatre, découpées profondément jusques vers la côte, & crénelées inégalement sur les bords. Celles qui naissent le long des tiges sont fort écartées les unes des autres, beaucoup plus petites, relevées d'une grosse côte blanche de même que celles d'en bas. Les dernieres feuilles sont menues & dentées seulement sur les bords. Les tiges se divisent quelquefois en branches presque nues, dont chacune soutient une fleur d'un pouce & demi de diametre, jaune, semblable à celle de la scorzonere ordinaire; les demi-fleurons ont un pouce de long; ils sont fistuleux & blancs à leur naissance, obtus & dentés à leur extrémité, garnis à l'ouverture de la fistule d'une gaîne, au travers de laquelle s'échappe un filet à deux cornes. Chaque fleuron porte sur un embryon de graine delié & barbu. Le calice a la forme d'une petite poire longue d'un pouce, sur sept ou huit lignes d'épaisseur, à plusieurs écailles verd-pâle ou rougeâtres vers le milieu, mais blanches & déliées sur les bords. Les demi-fleurons sont longs d'environ vingt lignes, blancs & fistuleux dans le calice, jaunes ailleurs, & débordent d'un pouce, équarris, dentés à leur pointe, larges de deux lignes. De la fistule s'éleve une gaîne longue de trois lignes, qui laisse échapper un filet jaune fourchu à cornes recoquillées en bas. Chaque demi-fleuron porte sur un embryon de graine blanc, long d'une ligne, lequel devient une semence grisâtre, velue, épaisse de près d'une ligne, canelée, longue de deux lignes & demie, pointue par le bas, remplie d'une chair blanche. Cette graine est un peu courbe, garnie d'une aigrette longue de neuf ou dix lignes, blanc-sale tirant sur le roussâtre, assez séche & cassante, composée d'une douzaine de grains.

*Ptarmica incana, pinnulis cristatis.*

Cette plante croît dans l'Isle de Stenosa. Sa racine est ligneuse, grisâtre vers le collet, épaisse de trois ou quatre lignes, accompagnée de fibres roussâtres, longues d'environ un demi-pied, tortues & chevelues. Elle pousse plusieurs têtes, d'où naissent quantité de feuilles très-blanches, longues de deux pouces & demi, sur la côte desquelles sont rangées tantôt alternativement, & tantôt par paires, d'autres feuilles de deux ou trois lignes de long, sur une ligne & demie de large, découpées en maniere de crête de coq, cotonneuses, blanches, aromatiques ameres. De ces têtes naissent des tiges hautes de neuf ou dix pouces, épaisses d'une ligne, cotonneuses aussi, blanches, garnies de quelques feuilles semblables aux inférieures, mais plus petites. Chacune de ces tiges est terminée par un bouquet, large d'un pouce & plat en dessus, composé de plusieurs fleurs serrées les unes contre les autres, soutenues par des queues inégales. Le calice de ces fleurs est long de deux lignes, sur une ligne de large, à plusieurs écailles blanches, velues, pointues, lesquelles embrassent des fleurons & des demi-fleurons de la maniere ordinaire. Les fleurons sont jaune pâle, découpés à cinq pointes; les demi-fleurons sont de même couleur, larges d'une ligne. Toutes ces pieces sont portées sur des embryons, lesquels dans la suite deviennent des graines plates, longues de demi-ligne, un peu plus étroites, brunes, avec une bordure blanchâtre, séparées par de petites feuilles membraneuses, pliées en gouttiere.

*Asparagus creticus fruticosus, crassioribus & brevioribus aculeis, magno fructu.* Cette plante sort au travers des fentes des rochers par des tiges longues depuis un pied jusqu'à deux, épaisses d'environ trois lignes, tortues, anguleuses, grisâtres, courbées souvent vers le bas, branchues dès leur naissance, subdivisées en plusieurs rameaux canelés épais d'une ligne, verd-pâle, tirant sur le verd de mer, garnies de tems à autres de gros piquans disposés par bouquets. Les plus gros de ces piquans ont sept ou huit lignes de long, sur une ligne d'épaisseur; les autres sont la moitié plus courts, mais ils sont tous fermes, verd-pâle, rayés, roussâtres, & quelquefois noirâtres à la pointe. De la base de ces piquans sortent plusieurs fleurs le long des branches, soutenues par des queues fort minces. Chaque fleur est à six feuilles verdâtres, tirant sur le jaune, disposées en étoile, recourbées ordinairement en bas, longues de deux lignes & demie, sur une ligne de largeur, pointues & rayées. Le piſtile eſt un bouton à trois coins, long d'une ligne, entouré de ſix étamines longues d'une ligne, chargées chacune d'un ſommet jaune. La fleur ſent comme le bouquin. Le fruit a un demi-pouce de diametre ; il eſt relevé de trois boſſes arrondies, charnu & partagé en trois loges, remplies chacune d'une ſemence ſphérique & dure. Cette plante varie, il y en a dont les piquans ont un pouce de long.

*Apium græcum ſaxatile, crithmi folio.* La tige de cette plante, qui ſort auſſi des fentes des rochers, s'éleve à la hauteur d'environ deux pieds, groſſe comme le petit doigt, entrecoupée de nœuds, tortue, branchue, accompagnée vers ſa naiſſance de pluſieurs bouquets de feuilles touffues, tout-à-fait ſemblables à celles de la percepierre, longues d'un demi-pied ſur trois ou quatre pouces de large, verd de mer, charnues, caſſantes, diviſées & ſubdiviſées en trois pieces, longues de neuf ou dix lignes, ſur une ligne de large, pointues, d'un goût aromatique & piquant. La baſe de ces feuilles eſt pliée en gouttiere, & embraſſe une partie de la tige, laquelle eſt rayée, pleine de moëlle, branchue ordinairement dès le bas, garnie de feuilles semblables aux précédentes, mais qui n'ont que deux ou trois pouces de long. Celles des branches n'ont qu'un pouce ou un pouce & demi. Toutes ces branches & leurs subdivisions se terminent par des bouquets larges d'environ deux pouces assez arrondis, dont les rayons n'ont qu'un pouce & demi de haut, velus de même que la sommité de la plante, & chargés d'autres petits bouquets de fleurs à cinq feuilles blanches, longues seulement d'une ligne & demie. Le pistile & le calice de ces fleurs deviennent des graines longues d'une ligne & un quart, grisâtres, larges de moins de demi-ligne, pointues par les deux bouts, un peu courbes, cannelées, ameres & aromatiques. Cette plante croît dans l'Isle de Nicouria.

*Origanum dictamni cretici facie, folio crasso, nunc villoso, nunc glabro.* Cette plante croît dans l'Isle d'Amorgos. Sa racine est quelquefois grosse comme le pouce, ligneuse, longue d'environ un pied, brune, gersée, rougeâtre en dedans, accompagnée de fibres chevelues & tortues. Elle pousse quelques têtes d'où naissent des tiges hautes de huit ou neuf pouces, quarrées, verd de mer, quelques-unes simples, les autres branchues, garnies de feuilles serrées, opposées deux à deux, rondes ou ovales, terminées insensiblement en pointes presque en acarde gothique, longues de neuf ou dix lignes, assez semblables à celles du Dictame de Crete; mais des feuilles de l'Origan dont je parle, les unes sont quelquefois épaisses comme un double, charnues & toutes lisses; les autres sont plus minces & légerement velues: il y en a d'insipides, d'autres piquantes, d'odoriférantes, & d'autres qui ne sentent rien du tout. Toutes ces feuilles ne diminuent gueres, si ce n'est vers le haut des branches & des tiges, lesquelles se divisent ordinairement en deux épis, où se terminent par un seul. Chaque épi est long de quinze ou vingt lignes, sur cinq ou six lignes de large, formé par quatre rangs d'écailles purpurin-lavé, ovales, pointues, longues de quatre ou cinq lignes, assez lâches entr'elles, & quelquefois verd-pâle à bords purpurins. De leurs aisselles naissent des fleurs qui s'épanouissent successivement, gris de lin lavé, longues de neuf ou dix lignes. Ce sont des tuyaux épais de demi-ligne, blanchâtres, évasés en deux lèvres, dont la supérieure est longue de deux lignes & demie, obtuse & pliée en gouttiere. L'inférieure est de même grandeur, arrondie & divisée en trois parties obtuses, terminée par derriere par un éperon de demi-ligne de longueur. Les étamines sont plus longues que la lèvre supérieure, mais de même couleur, & chargées de sommets divisés en deux bourses. Le calice est un tuyau long de deux lignes & demie, verd-pâle, coupé en flûte, dans le fond duquel meurissent deux ou trois graines fort menues, noirâtres; car de quatre embryons qui sont au bas du pistile, il y en a toujours quelqu'un qui avorte.

*Lunaria fruticosa, perennis, incana, leucoii folio.* Cette plante a la racine grosse comme le pouce, roussâtre & gersée, accompagnée de fibres longues & chevelues. Ses tiges sont ligneuses, hautes d'environ un pied, couvertes d'une écorce rougeâtre & gersée vers le bas, blanchâtres dans la suite, garnies à leur naissance de plusieurs bouquets de feuilles assez semblables à celles du violier blanc, touffues, longues d'un pouce ou dix-huit lignes, sur quatre ou cinq de large, drapées, cotonneuses, blanches, sans goût ni odeur. Elles diminuent le long des tiges, lesquelles s'allongent en maniere d'épi chargé de fleurs à quatre feuilles jaunes, longues de neuf ou dix lignes, ovales à l'extremité qui est opposée à leur queue. Cette fleur est couverte d'un calice à quatre feuilles blanches, lequel renferme un pistile de même couleur, oblong, terminé par une petite tête, & entouré d'étamines à sommets jaunes. Lorsque la fleur est passée, ce pistile devient un fruit presque ovale, d'environ un pouce de haut, sur huit ou neuf lignes de largeur, tout-à-fait plat, cotonneux & blanc, au chassis duquel sont attachées une ou deux semences plates, roussâtres, rondes, d'environ deux lignes de diametre, bordées d'un feuillet plus clair, très-délié, un peu échancré d'un côté. La chair de cette semence est brune aussi, amere & d'un goût brûlant. Cette plante croît dans l'Isle de Caloyero, & fleurit dès le printems.

*Campanula saxatilis, foliis inferioribus billedis, cæteris nummulariæ.* La racine de cette plante est grosse comme le pouce, engagée dans les fentes des rochers, blanche, douce, pleine de lait. Ses premieres feuilles sont semblables à celles de la Pasquerete, disposées en rond, verd-brun, luisantes, longues de deux pouces & demi, sur demi-pouce de large. Celles qui accompagnent les tiges ressemblent à celles de la Nummulaire, & sont charnues, lisses, verd-gai, longues de huit où neuf lignes, terminées insensiblement en pointe, soutenues par une queue fort courte, assez serrées sur des tiges longues de huit ou neuf pouces, & qui souvent pendent des fentes des rochers, épaisses d'une ligne, laiteuses & pleines de moëlle blanche. Des aisselles des feuilles naissent tout le long des tiges des fleurs en cloche, longues de sept ou huit lignes, sur quatre ou cinq de large, bleu-lavé, découpées en cinq parties, en arcade gothique. Le pistile sort du fond de cette fleur, blanc & terminé en ancre à trois crampons, environné à sa base de cinq étamines blanches, larges & longues d'une ligne, chargées chacune d'un sommet jaune fort étroit. Le calice est un bassin long de cinq lignes, verd-pâle, large de trois lignes, goderonné de cinq côtes, découpé à cinq pointes en étoile. Il devient un fruit à trois loges remplies de semences rougeâtres tirant sur le brun, lisses, polies, luisantes, ovales, longues d'une ligne. Toute la plante est insipide. Cette plante croît dans l'Isle de Cheiro.

*Cakile græca, arvensis, siliquâ striatâ, brevi.* Cette plante est branchue & touffue dès sa naissance, haute d'un pied & demi ou deux pieds. Sa tige est épaisse de trois lignes, verd-brun, légerement velue, anguleuse, remplie de moëlle blanche, subdivisée en plusieurs rameaux, accompagnée de tems en tems de feuilles assez semblables à celles qui naissent sur les branches de la roquette des jardins. Celles de la plante dont je parle ont environ deux pouces & demi de long, elles sont d'un verd foncé, charnues, âcres, brûlantes, mucilagineuses, découpées jusques vers la côte, & elles diminuent à mesure qu'elles approchent des fleurs. Des aisselles de ces feuilles naissent de petits brins garnis de feuilles encore plus menues. Les extrémités des branches sont chargées dans leur longueur de fleurs à quatre feuilles blanches, longues de cinq lignes, qui ne débordent hors du calice que d'environ deux lignes, sur une ligne & demie de large. Le calice est à quatre feuilles aussi, & de son centre s'élevent six étamines

& *de quelques autres Contrées.* 373
blanches, chargées de fommets jaunes. Le piftile qu'elles entourent n'a que trois lignes de long, il eft furmonté par un filet & devient dans la fuite un fruit long de cinq ou fix lignes, épais de deux, cannelé, terminé en pointe, compofé de deux pieces articulées bout-à-bout de telle forte que la partie inférieure qui eft un peu creufe, reçoit la tubérofité de la partie fupérieure. L'une & l'autre font d'une fubftance fpongieufe, & renferment chacune dans une loge particuliere une femence rouffâtre, longue de demi-ligne. Cette plante croît à Milo & dans quelques autres Ifles.

*Campanula græca faxatilis, jacobeæ fôlio.* Cette plante, qui n'eft haute que d'environ deux pieds, eft arrondie en fous-arbriffeau, touffu & branchu dès le bas. Ses premieres feuilles ont environ huit pouces de long, fur deux pouces & demi de large, & commencent par une queue de quatre pouces de long, creufée en gouttiere fort déliée fur les côtés. Au-delà de cette queue les feuilles vont en s'élargiffant, & font découpées profondément de chaque côté comme celles de la jacobée ordinaire, luifantes, parfemées de veines blanches de même que la côte. Les feuilles qui naissent le long des branches n'ont qu'environ deux ou trois pouces de long, & ne perdent que leur queue en conservant leur figure. Les dernieres n'ont que quatre ou cinq lignes de large, sur un pouce & demi de long; elles sont pointues & légerement crénelées. La tige de cette plante est ligneuse, grosse comme le pouce à sa naissance, toute chargée de fleurs à ses extrémités. Chaque fleur est une cloche haute d'environ quinze lignes, évasée jusqu'à près de deux pouces, bleu-layé, découpée en cinq parties taillées en arcade gothique, dont la pointe est tournée en dehors. Le calice a un pouce de long, découpé en pointe fort aiguë, rabattue en maniere d'aîle. Le pistile s'éleve du centre de la fleur, blanc & velu jusques vers le milieu, verdâtre ensuite, terminé en forme d'étoile à cinq rayons, accompagné à sa naissance de cinq étamines blanches, longues de deux lignes, sur trois lignes de large, courbées vers le pistile, chargées d'un sommet long de quatre lignes. Le calice devient un fruit arrondi en maniere de tête, de neuf ou dix lignes de diametre, partagé par des cloisons membraneuses en cinq loges dont chacune est garnie d'un placenta chargé de graines plates, luisantes, assez brunes. Toute la plante rend du lait & n'a aucune odeur. Ses feuilles sont un peu astringentes. Elle croît dans l'Isle de Policandro.

*Verbascum græcum, fruticosum folio sinuato candidissimo.* Cette plante croît dans l'Isle de Thermie. Sa racine est ligneuse, longue d'un pied, plus grosse quelquefois que le pouce, sur-tout au collet, gersée, un peu amere, accompagnée de fibres assez chevelues. Ses tiges sont aussi plus grosses que le pouce, dures, blanches en dedans, couvertes d'une écorce grisâtre, hautes d'un pied & demi, chargées de feuilles par bouquets, longues de sept ou huit pouces, blanches, cotonneuses, drapées, larges de trois ou quatre pouces, mais ondées & frisées beaucoup plus proprement que celles du bouillon blanc frisé. Les feuilles du centre des bouquets sont encore plus drapées, plus épaisses & d'un blanc jaunâtre. D'autres tiges s'élevent du milieu de ces bouquets à la hauteur d'environ deux pieds, garnies de quelques feuilles plus courtes, plus épaisses & plus blanches. De leurs aisselles naissent tout le long des tiges, & comme par pelotons, des fleurs jaune-pâle, larges d'un pouce, découpées en cinq parties arrondies, dont les deux supérieures sont un peu moindres que les autres. Toutes ces fleurs sont percées au fond, & du bord de ce trou sortent cinq étamines purpurines, couvertes d'un gros duvet blanchâtre, crochues, garnies de sommets rouge-orangé. Le calice est un godet long de cinq lignes, cotonneux, divisé en pointe, duquel sort un pistile terminé par un filet rougeâtre. Ce pistile devient une coque roussâtre, longue d'environ quatre lignes sur deux lignes de large, dure, pointue, partagée en deux loges, & qui s'ouvre en deux pieces garnies de graines menues & noirâtres.

*Aristolochia chia, longa, subhirsuta, folio oblongo, flore minimo.* La racine de cette plante a un pied & demi, ou deux pieds de long, épaisse de deux pouces, piquante en fond, dure, ligneuse, traversée par un nerf fort solide jaunâtre, marbrée par rayons de blanc & de roussâtre, couverte d'une écorce charnue, légerement purpurine.

Cette racine est garnie de peu de fibres, mais elle est d'une amertume insupportable, & pousse plusieurs têtes qui produisent quantité de jets blanchâtres, qui se terminent par des tiges hautes d'un pied dans le printems. Elles s'étendent ensuite jusqu'à vingt pieds, fermes, solides, épaisses de deux lignes, verd-pâle, rudes, cannelées, purpurines à leur naissance, & couchées par terre. Ces tiges sont garnies à chaque nœud d'une feuille longue d'environ trois pouces, sur deux pouces & demi de largeur à la base, qui est arrondie en deux oreilles, au-delà desquelles elle se retrécit insensiblement, & se termine par une pointe obtuse, qui finit par un petit bec fort court. Le dessus de la feuille est verd-brun, luisant, veiné, à carreaux irréguliers ; le dessous est verd-mat, relevé d'une nervure assez sensible. De leurs aisselles naît une fleur soutenue par un pédicule long d'un pouce ou deux, terminée par un calice anguleux à six grosses cannelures rudes, & long d'environ un demi-pouce. Chaque fleur est courbée en forme d'S, longue de trois pouces & demi. Elle commence par une vessie grosse de huit ou neuf lignes, verd-pâle, mêlée de purpurin, anguleuse, laquelle se prolonge en tuyau recourbé, épais de demi-pouce, terminée par une grande gueule presque ovale, de dix-huit ou vingt lignes de diametre, dont les bords sont également arrondis. Le creux de cette gueule est tout parsemé de poils blancs, longs d'une ligne & demie. Le fond en est purpurin, noir & livide, marqueté de quelques taches plus claires qui tirent sur le jaunâtre, & relevé d'une grosse éminence dans l'endroit où la gueule commence à se retrécir en tuyau. L'intérieur de ce tuyau est aussi purpurin, noirâtre, couvert de poils, de même que le dedans de la vessie qui est plus pâle. On trouve au fond de cette vessie un bouton hexagone de deux lignes & demie de diametre, relevé de grosses côtes, entre lesquelles il y a des sommets qui répandent une poussiere jaune. Cette fleur n'a point d'odeur, toute la plante est amere.

*Borrago Constantinopolitana, flore reflexo, cæruleo, calyce vesicario.* La racine de cette plante est grosse comme le petit doigt, longue de quatre ou cinq pouces, noirâtre en dehors, charnue, garnie de fibres de même couleur, longues de près de demi-pied, blanchâtres, en dedans, remplies d'une humeur glaireuse & fade. Elle pousse des feuilles longues de demi-pied sur quatre ou cinq pouces de large, terminées en pointe; mais divisées à leur base en deux oreilles arrondies. Ces feuilles sont soutenues par un pédicule long de sept ou huit pouces, arrondi sur le dos, creusé en gouttiere de l'autre côté, blanchâtre & qui se distribue en plusieurs nerfs assez gros, lesquels se répandent jusques sur les bords. Ces feuilles sont verd-brun, rudes & parsemées de petites bubes couvertes de poil ras : elles sont d'un goût fade & mucilagineux comme les racines. La racine est haute d'un pied ou de quinze lignes, solide, rude, velue, épaisse de deux ou trois lignes, branchue dès le bas, garnie de petites feuilles semblables aux autres, mais longues seulement d'environ deux pouces, sur un pouce & demi de largeur. Les fleurs naissent vers le haut le long des branches, elles sont assez déliées & rouge-brun. Chaque fleur est de huit ou neuf lignes de diametre, soutenue d'une queue de près de demi-pouce de long, gonflée par derriere en maniere de veſſie blanchâtre, qui n'a gueres plus d'une ligne de large en tout ſens. Le devant de cette fleur qui eſt d'un bleu céleſte, eſt diviſé en cinq parties diſpoſées en roue, larges d'une ligne, réfléchies par derriere, obtuſes à leur pointe. Du milieu de la fleur qui eſt blanchâtre, quoique le reſte ſoit bleu, ſortent cinq étamines longues de trois lignes, velues à leur baſe, blanches auſſi, chargées chacune d'un ſommet bleu. Le calice eſt un godet long & large d'une ligne & demie, découpé en cinq pointes, velu, & pouſſe de ſon centre un piſtile quarré, ſurmonté d'un filet purpurin, long d'un demi-pouce. Ce calice ſe dilate en veſſie de quatre ou cinq lignes de diametre, ſur un demi-pouce de long, anguleuſe, hériſſée de poils longs d'une ligne & demie. Le piſtile devient un fruit à quatre graines qui ont la figure d'une tête de vipere, mais qui n'ont qu'une ligne de long, luiſantes, verdgai d'abord, puis noirâtres.

*Symphytum Conſtantinopolitanum, Borraginis folio & facie, flore albo.* Sa racine eſt longue d'un demi-pied, épaiſſe de cinq ou ſix lignes, diviſée en groſſes fibres chevelues, blanchâtres en dedans, couvertes d'une peau noire, mince & comme gercée; les tiges ont plus d'un pied de haut, & font épaisses d'environ quatre lignes, verd-pâle, légerement velues, assez pleines de suc, de même que le reste de la plante, creuses, inégalement cannelées, accompagnées de feuilles sans ordre, assez éloignées les unes des autres, semblables à celles de la bourrache. Les inférieures ont quatre ou cinq pouces de longueur, sur deux pouces ou deux pouces & demi de largeur, terminées en ovale pointu, verd-brun, d'un goût fade & mucilagineux comme la racine, soutenues par un pédicule large à sa naissance d'environ trois lignes, creusé en gouttiere d'un côté, arrondi de l'autre; ces feuilles diminuent à mesure qu'elles approchent de la plante. De leurs aisselles sortent de petits bouquets d'autres feuilles, & les branches se subdivisent en brins, chargés pour l'ordinaire de deux petites feuilles, au milieu desquelles se trouvent quelques fleurs blanches, rangées en queue de scorpion, & qui ne s'épanouissent que les unes après les autres. Chaque fleur est un tuyau penché en bas, long d'environ sept lignes. La moitié de cette fleur qui est hors du calice est évasée en maniere de cloche d'environ trois lignes d'ouverture, découpée légerement sur les bords en huit pointes, qui ont à peine demi-ligne de long, terminées en arcade gothique ; l'autre moitié de la fleur qui est enfermée dans le calice ; n'a qu'une ligne de diametre. De l'intérieur du tuyau où il commence à s'évaser, s'élevent cinq feuilles blanches, longues d'une ligne & demie, sur un quart de ligne de largeur à leur base, & c'est de leurs aisselles que naissent cinq étamines de même couleur, hautes d'une ligne, chargées de sommets. Le fond du tuyau est percé par le pistile, qui est surmonté d'un filet très-délié, long d'environ huit lignes. Le calice est un autre tuyau long de près de quatre lignes, velu, découpé en cinq parties. Les quatre embryons du pistile deviennent autant de semences faites comme la tête d'une vipere.

*Geranium orientale columbinum, flore maximo, asphodeli radice.* La racine de cette plante est à plusieurs navets longs d'environ deux pouces & demi, charnus, cassants, styptiques, rougeâtres en dedans, bruns en dehors, épais d'environ six lignes, quelquefois davantage, terminés en une queue déliée & chevelue. Le corps de cette racine qui est ordinairement couché en travers & ligneux, lorsque la plante est vieille, produit des tiges hautes de huit ou neuf pouces, épaisses d'une ligne, verd-pâle, velues, couchées sur terre vers leur naissance, relevées ailleurs, opposées deux à deux à chaque nœud, semblables par leur grandeur, leur couleur & leur tissu à celles du *Bec de Grue* qu'on appelle *Pied de Pigeon*. Celles de l'espece dont je parle ont des pédicules longs de trois pouces, déliés, velus. Les fleurs naissent le long des branches, & sortent des aisselles des feuilles, qui vont en diminuant à mesure qu'elles approchent de la sommité. Ces fleurs s'épanouissent les unes après les autres, soutenues par des queues ordinairement fourchues, & longues de trois ou quatre pouces. Chaque fleur est à cinq feuilles disposées en rose, longues d'environ un demi-pouce, sur trois lignes & demie de largeur, arrondies à la circonférence, pointues à leur naissance, purpurin-lavé, rayées dans leur longueur de quelques lignes plus foncées. De leur centre s'éleve un pistile haut de deux lignes, surmonté par une houpe purpurine. Les étamines sont blanches, très-déliées, & les sommets jaunâtres. Le calice est à cinq feuilles longues de quatre lignes, pointues, verd-pâle, rayées, disposées en étoile.

*Orchis Orientalis, & Lusitanica, flore maximo, papilionem referente.* La racine de cette plante est composée de deux tubercules charnus, presque ronds, tirant sur l'ovale, blanc-sale, pleins d'une humeur glaireuse & fade: le plus gros a un pouce de diametre; l'autre est plus petit & comme flétri, & tous deux n'ont que des filets chevelus. Sa tige est haute d'environ un demi-pied, épaisse de deux ou trois lignes, enveloppée de quelques feuilles alternes, dont les graines sont couchées les unes sur les autres, & se dilatent ensuite en feuilles semblables à celles du lys, luisantes, lisses, veinées, pointues, longues de deux ou trois pouces, sur un pouce de large. Celles qui sont près des fleurs sont beaucoup plus petites & plus pointues. Ces fleurs forment un bouquet à l'extrémité de la tige. Chaque fleur est à six feuilles, dont cinq qui sont élevées, font une espece

espece de coëffe pupurine & rayée ; les trois extérieures ont près d'un demi-pouce de longueur ; les deux inférieures sont plus étroites & plus courtes, mais très-aiguës. La feuille inférieure est la plus grande de toutes, & fait l'ornement de la fleur, car elle lui donne la forme d'un papillon qui vole. Cette feuille se termine au haut par une petite gorge surmontée d'une tête purpurine foncée : elle finit par derriere par une queue ou éperon blanchâtre long de quatre lignes ; le reste est éparpillé en forme de rabat large d'environ un pouce, frisé sur les bords, haut de plus d'un demi-pouce, blanc, rayé très-proprement de veines de couleur de pourpre. Le pédicule de la fleur est long de quatre lignes, sur une & demie d'épaisseur ; il est tors en spire, verd-pâle, & devient dans la suite une capsule semblable à un petit fanal long de demi-pouce, sur trois lignes de large, composé de trois côtes assez fortes, lesquelles reçoivent autant de panneaux membraneux & roussâtres, dont la surface intérieure est chargée d'une bande veloutée qui n'est autre chose qu'un duvet de semences très menues;

mblables à de la fciure de bois. La fleur eft fans odeur & paroît vers la fin d'Avril ; toute la plante a un goût fade & glaireux.

*Thymelæa pontica, citrei foliis.* La racine de cette plante qui a demi-pied de long eft groffe au collet comme le petit doigt, ligneufe, dure, divifée en quelques fibres, couverte d'une écorce de couleur de citron. Cette racine pouffe une tige d'environ deux pieds de hauteur, branchue quelquefois dès fa naiffance, épaiffe d'environ trois lignes, ferme, mais fi pliante qu'on ne fçauroit la caffer, revêtue d'une écorce grife accompagnée vers le haut de feuilles difpofées fans ordre, femblables par leur figure & leur confiftance à celles du citronier. Les plus grandes ont environ quatre pouces de long fur deux de large ; elles font pointues par les deux bouts, liffes, verd-gai, & luifant, relevées au-deffous d'une côte affez groffe, laquelle diftribue des vaiffeaux jufques vers les bords. De l'extrémité des tiges & des branches, pouffent, vers la fin d'Avril, de jeunes jets terminés par de nouvelles feuilles, parmi lefquelles naissent les fleurs attachées ordinairement deux à deux sur une queue longue de neuf ou dix lignes. Chaque fleur est un tuyau jaune-verdâtre, tirant sur le citron, gros d'une ligne sur plus de demi-pouce de long, divisé en quatre parties divisées en croix, longues de près de cinq lignes sur une ligne de large, un peu pliées en gouttiere, & qui vont en diminuant jusques à la pointe. Quatre étamines fort courtes se trouvent à l'entrée du tuyau, chargées de sommets blanchâtres & déliés, surmontées de quatre autres étamines de pareille forme. Le pistile qui est au fond du tuyau est un bouton ovale, long d'une ligne, verd-gai, terminé par une petite tête blanche. Le fruit n'étoit encore qu'une baie verte & naissante, dans laquelle on distinguoit la jeune graine. Toute la plante est assez touffue. Les feuilles écrasées ont l'odeur de celles du sureau, & sont d'un goût mucilagineux, qui laisse une impression de feu assez considérable, de même que tout le reste de la plante. L'odeur de la fleur est douce, mais elle se passe aisément. Cette plante croît sur les collines & dans les bois éclaircis. C'est de toutes les éspeces connues de ce genre celle qui a les feuilles les plus grandes.

*Blattaria Orientalis, Bugulæ folio, flore maximo virescente, lituris luteis in semicirculum striato.* La racine de cette plante est composée de trois ou quatre navets charnus, longs depuis un pouce jusqu'à trois, épais d'environ deux lignes jusques à un demipouce, blancs, cassants, couverts d'une peau brune gercée, garnis de quelques fibres assez déliées, attachés à un collet gros comme le petit doigt. Les premieres feuilles que cette racine pousse, sont presque ovales, semblables à celles de la bugle, bosselées, ondées sur les bords, longues d'un pouce & demi ou deux, sur quinze lignes de large, soutenues par un pédicule de deux lignes de long, plat par-dessous, purpurin & répandu jusques à l'extrémité des feuilles en plusieurs vaisseaux de même couleur. La tige n'a le plus souvent qu'environ neuf à dix pouces de haut sur une ligne d'épaisseur : elle est légerement velue, accompagnée de feuilles de sept ou huit lignes de long, sur quatre ou cinq de large. Celles d'en bas sont lisses, les autres parsemées de quelques poils de même que la tige. De leurs aisselles naissent vers le haut des fleurs assez serrées & disposées en maniere d'un gros épi. Chaque fleur est un bassin de près de quinze lignes de diametre, découpé en cinq parties arrondies, dont les deux supérieures sont un peu moindre que les autres. Le fond de cette fleur est d'un verd celadon de même que les bords, lesquels tirent un peu sur le jaune; mais les parties arrondies dont on vient de parler, sont rayées en demi-cercle d'un jaune vif qui perce de part en part. Du trou qui occupe le centre de cette fleur, partent deux bandes purpurines, mêlées de blanc, lesquelles vont aboutir au demi-cercle jaunâtre des deux parties supérieures; & du même bord de ce trou naissent deux étamines blanchâtres, terminées par des sommets courbes remplis de poussiere jaune. Outre ces étamines, on voit sur les bords du même trou des floccons purpurins, velus, cotonneux, & soyeux. Le calice est un bassin verd-pâle, long de quatre lignes, découpé en cinq parties jusques vers le centre, dont il y en a trois plus étroites que les autres. Le pistile qui est au milieu, est arrondi, velu, long d'une ligne, terminé par un filet beaucoup plus long. Cette plante est une véritable espece d'*herbe aux mites*, qui varie non-feulement par la hauteur de sa tige, mais encore par la couleur & la grandeur de ses fleurs.

*Sphondilium Orientale, maximum.*
La racine de cette plante est haute d'environ cinq pieds, épaisse d'un pouce & demi, creuse d'un nœud à l'autre, cannelée, verd-pâle, accompagnée de feuilles de deux pieds & demi de long sur deux pieds de large, découpées jusques à leur tête en trois grandes parties, dont celle du milieu est recoupée en trois pieces, & la moyenne de celle-ci est encore taillée de même. Toutes ces feuilles sont lisses par-dessus, blanches & velues par-dessous, soutenues par une tête plus grosse que le pouce, solide, charnue, embrassant la tige par deux grandes aîles, qui forment une espece de gaîne de neuf ou dix pouces de long. Des aisselles de ces feuilles sortent de grandes branches aussi hautes que la tige, & quelquefois davantage, chargées de

*& de quelques autres Contrées.* 391
fleurs blanches tout-à-fait semblables à celles du *Sphondylium* commun; mais les ombelles qui les soutiennent ont un pied & demi de diametre. Les graines, quoique vertes & un peu avancées, sont un peu plus grandes que celles des autres especes de ce genre.

# DISSERTATION
## HISTORIQUE

*Sur l'Egypte, & sur les Rois qui l'ont gouvernée.*

L'EGYPTE dont j'ai parlé dans la premiere partie de cet ouvrage, renfermoit anciennement vingt mille villes, & une multitude incroyable d'habitans. Elle est bornée au levant par la mer Rouge & l'Isthme de *Suès*, au midi par l'Ethiopie, au couchant par la Libye, & au nord par la mer méditerranée. Le Nil la parcourt du midi au nord l'espace de près de deux cents lieues. Le pays est resserré de côté & d'autre par deux chaînes de montagnes, qui dans quelques endroits ne laissent entr'elles & le Nil qu'une plaine d'une demi-journée de chemin, & quelquefois moindre.

On peut divifer l'ancienne Egypte en trois parties principales, la haute Egypte, qu'on appelle autrement *Thébaïde*, qui étoit la partie la plus méridionale; l'Egypte du milieu, nommée *Heptanome*, à caufe de fept Nomes qu'elles enfermoit; la baffe Egypte, qui comprenoit le *Delta*, & tout ce qu'il y a de pays jufqu'à la mer Rouge, & le long de la méditerranée jufqu'à *Rhinocorure*, & au mont *Cafius*. Toute l'Egypte fut réunie fous Séfoftris en trente-fix Nomes, favoir dix dans la Thébaïde, dix dans le *Delta*, & feize dans le pays qui eft entre deux. Les villes de *Syenne* & d'*Eléphantine* féparoient du tems d'Augufte l'Egypte de l'Ethiopie, & fervoient de bornes à l'Empire Romain.

*Thebes*, qui donna fon nom à la Thébaïde, le pouvoit difputer aux plus belles villes de l'Univers, ainfi qu'on peut le voir dans la defcription que j'en ai donnée. L'Heptanome avoit pour capitale *Memphis*, à laquelle le grand Caire femble avoir fuccédé. La baffe Egypte, à qui les Grecs donnoient le nom de *Delta*, à caufe de sa figure triangulaire, forme une espece d'Isle.

L'Egypte a toujours été regardée par les anciens comme l'école la plus renommée en matiere de politique & de sagesse, d'art & de sciences. Ses travaux consistoient à former les hommes, & les plus grands hommes, un Homere, un Pythagore, un Platon, Lycurgue, Solon y allerent pour se perfectionner. L'Ecriture loue Moyse d'avoir été instruit dans toute la sagesse des Egyptiens.

Les Egyptiens sont les premiers qui ayent connu les régles du Gouvernement. Ils comprirent que la vraie fin de la politique étoit de rendre les peuples heureux en leur rendant la vie commode. Le Royaume étoit héréditaire; mais, selon Diodore de Sicile, les Rois ne se conduisoient pas comme dans les autres Monarchies, dont le Prince ne reconnoît d'autres régles de ses actions que sa volonté. Ils étoient obligés plus que les autres de se conformer aux loix qu'ils appelloient sacrées; & la coutume ancienne ayant tout réglé, ils se fussent deshonorés, s'ils avoient vécu autrement que leurs ancêtres.

L'emploi de les servir n'étoit confié qu'aux personnes les plus distinguées par leur naissance & par leur vertu ; car, comme dit Diodore, il est rare que les Rois se portent au vice, s'ils ne trouvent dans ceux qui les approchent des approbateurs de leurs déréglemens, & des Ministres de leurs passions. Les loix leur marquoient non-seulement la qualité des viandes, & la mesure du boire & du manger, mais encore leurs heures, & ce qu'ils devoient faire dans la journée. On ne leur servoit que des mets communs ; la simplicité régnoit dans tout le reste, & Plutarque rapporte qu'il y avoit dans un temple de *Thébes* une colonne sur laquelle on avoit gravé des imprécations contre un Roi, qui le premier avoit introduit la dépense & le luxe parmi les Egyptiens.

Le principal devoir des Rois étant de rendre la justice à leurs peuples ; c'étoit aussi à quoi ceux d'Egypte donnoient le plus d'attention, persuadés que de ce soin dépendoit le repos des particuliers & le bonheur de l'Etat.

Ce qu'il y avoit de meilleur parmi les loix des Egyptiens, étoit que tout le monde étoit obligé de les obferver. Une coutume nouvelle, ainfi que le dit Platon, étoit un prodige, & tout s'y faifoit toujours de même. Le meurtre volontaire & le parjure y étoient punis de mort; le calomniateur étoit condamné au fupplice qu'auroit fubi l'accufé, fi le crime s'étoit trouvé véritable. On puniffoit auffi de mort celui qui pouvant fauver un homme, ne le faifoit pas. Il n'étoit pas permis d'être inutile à l'Etat. Chaque particulier étoit obligé de faire infcrire fon nom & fa demeure dans un regiftre public, d'y marquer fa profeffion, & de déclarer de quoi il vivoit, & il étoit puni de mort s'il énonçoit faux. Les emprunts étoient également défendus, parce que c'eft d'eux que naiffent la fainéantife & les fraudes; & le Roi Afychis avoit fait à ce fujet une loi qui ne permettoit à un homme d'emprunter qu'à condition d'engager à fon créancier le corps de fon pere; & c'étoit une impiété & une infamie de ne pas le retirer. Celui qui mouroit fans le faire, étoit privé des honneurs qu'on avoit coutume de rendre aux morts.

La polygamie étoit permise en Egypte, excepté aux Prêtres; ils ne pouvoient épouser qu'une femme, & de quelque condition qu'elle fût, les enfans étoient réputés libres & légitimes. Les vieillards étoient fort respectés en Egypte; les jeunes gens étoient obligés de se lever devant eux, & de leur céder par tout la place d'honneur. Cette loi avoit passé d'Egypte à Lacedemone. La principale vertu des Egyptiens étoit la reconnoissance.

Les Prêtres Egyptiens tenoient le premier rang après les Rois; ils avoient de grands priviléges & de grands revenus, & leurs terres étoient exemptes de toute imposition. Le Prince leur donnoit beaucoup de part dans sa confiance & dans le gouvernement. Les Egyptiens au rapport d'Herodote, prétendent être les premiers qui ont établi des fêtes & des processions pour honorer les Dieux. Ils immoloient différens animaux selon les pays. C'est d'eux que Pythagore emprunta son dogme de la métempsycose. Les Prêtres étoient les gardiens des livres sacrés, & jamais nation ne fut plus superstitieuse que celle des Egyptiens, ainsi qu'on peut le voir dans l'article où je parle de leurs Dieux. Le bœuf Apis, nommé par les Grecs *Epaphus*, étoit le plus célébre ; on lui avoit bâti des temples magnifiques ; on lui rendoit des honneurs extraordinaires pendant sa vie, & de plus grands encore après sa mort. Sous Ptolémée Lagus, le bœuf Apis étant mort de vieillesse, la dépense de son convoi, outre les frais ordinaires, monta à plus de cinquante mille écus.

Je ne dirai rien ici des cérémonies des funérailles, parce que j'en ai parlé ailleurs. La profession militaire étoit fort considérée en Egypte, & les familles destinées aux armes étoient après les familles sacerdotales celles qu'on estimoit les plus illustres. Les soldats avoient douze arures, ( c'étoit une portion de terre labourable, qui valoit à-peu-près un demi-arpent ) exemptes de toute imposition. On fournissoit par jour à chacun cinq livres de pain, deux livres de viande, & une pinte de vin. L'Egypte entretenoit quatre cents mille soldats, bien qu'elle fût peu guerriere. Elle aimoit la paix, parce qu'elle aimoit la justice, elle n'avoit des soldats que pour sa défense, & elle ne songeoit point à faire des conquêtes, bien qu'elle ait produit d'illustres conquérans.

Les Egyptiens avoient l'esprit inventif, mais ils le tournoient aux choses utiles. Leurs Mercures avoient rempli l'Egypte d'inventions merveilleuses, & les inventeurs de choses utiles recevoient de leur vivant & après leur mort des récompenses proportionnées à leurs travaux. Ils ont été les premiers à observer le cours des astres, & à régler les cours de l'année sur celui du soleil. Ils ont aussi inventé & perfectionné la médecine. Les laboureurs, les pastres, les artisans, qui formoient les trois conditions du bas étage en Egypte, ne laissoient pas d'y être fort estimés, sur-tout les laboureurs & les pasteurs. Nulle profession n'étoit regardée comme basse, & par ce moyen tous les arts acquéroient leur perfection. La loi assignoit à chacun son emploi, qui se perpétuoit de pere en fils; on ne pouvoit ni en avoir deux, ni changer de profession. Passons aux Rois d'Egypte.

Il n'y a point dans l'antiquité d'histoire ni plus obscure, ni plus incertaine que celle des premiers Rois d'Egypte. Cette nation follement entêtée de son antiquité & de sa noblesse, s'imaginoit qu'il étoit beau de se perdre dans un abîme de siécles qui sembloit l'approcher de l'éternité. A l'en croire, les Dieux d'abord, & ensuite les demi-Dieux ou Héros, la gouvernerent successivement l'espace de plus de vingt mille ans. Après les Dieux & les demi-Dieux régnerent des hommes, dont Manéthon nous a laissé trente Dynasties.

L'Histoire ancienne d'Egypte contient 2158 ans, & on la divise en trois parties. La premiere commence à l'établissement de la Monarchie fondée par Ménès ou Mesraïm fils de Cham, l'an du monde 1816, & finit à la destruction de cette même Monarchie par Cambyse Roi de Perse l'an 3479, & cette premiere partie comprend 1663 ans.

La seconde partie est mêlée avec l'histoire des Perses & des Grecs, & s'étend jusqu'à la mort d'Alexandre le Grand arrivée en 3681, & renferme 202 ans.

La troisieme est celle où s'éleva une nouvelle monarchie sous les Lagides, c'est-à-dire, sous les Ptolémées descendans de Lagus, jusqu'à la mort de Cléopatre en 3974. Ce dernier espace renferme 293 ans.

Voici la liste des Rois d'Egypte.

*Menès.* Tous les Historiens conviennent que Ménès est le premier Roi d'Egypte. On prétend qu'il est le même que Mesraïm, fils de Cham. Ce fut lui qui établit le premier le culte des Dieux, & les cérémonies des sacrifices.

*Busiris* bâtit longtems après la fameuse ville de Thébes. Il ne faut pas le confondre avec le Busiris si connu par sa cruauté.

*Osymandyas.* Diodore de Sicile décrit fort au long plusieurs édifices magnifiques que ce Prince avoit fait construire, & dont j'ai donné la description. Son tombeau, ainsi qu'on l'a pu voir, étoit d'une magnificence extraordinaire.

*Uchoreus,* l'un des successeurs d'Osymandias, bâtit la ville de Memphis. Elle avoit cent-cinquante stades de tour, c'est-à-dire, plus de sept lieues. Il la plaça à la pointe du *Delta*, dans l'endroit où le Nil se partage en plusieurs branches.

*Moeris.* C'est lui qui construisit ce lac fameux, qui porta son nom, & dont j'ai parlé.

L'Egypte avoit été long-tems gouvernée par des Princes nés dans le pays même, lorsque l'an 1920 du monde, des étrangers, qu'on nomma Rois Pasteurs, Arabes ou Phéniciens, s'emparerent de Memphis & d'une grande partie de la basse-Egypte, mais non point de la haute, & le Royaume de Thébes subsista jusqu'au tems de Sésostris. Leur domination dura environ 260 ans.

L'an du monde 2179 *Thethmosis*, ou *Amosis*, ayant chassé les Rois Pasteurs, régna dans la basse-Egypte.

*Ramesses-Miamun*, selon Ussérius, étoit le même que l'écriture nomme Pharaon. Il régna pendant 66 ans, & fit souffrir aux Israëlites des maux infinis. Il régna l'an du monde 2427, & eut deux fils Aménophis & Busiris.

*Amenophis*, qui étoit l'aîné, lui succéda l'an du monde 2494. C'est ce Pharaon qui fut submergé au passage de la mer rouge. Ussérius dit qu'il laissa deux fils, l'un nommé Séthosis ou Séſoſtris, l'autre Armaïs. Les Grecs l'ont appellé Belus, & ſes deux enfans, Agyptus & Danaus.

*Séſoſtris* a été non-ſeulement un des plus puiſſans Rois qu'ait eu l'Egypte, mais encore un des plus grands conquérans de l'antiquité. Il fut inſtruit par Mercure, qui lui apprit la politique & l'art de régner. Ce Mercure eſt celui que les Grecs ont appellé *Triſmégiſte*, c'eſt-à-dire, *trois fois grand*.

*Pheron* ſuccéda l'an du monde 2547 aux Etats de Séſoſtris, mais non à ſa gloire. Il dégénéra des ſentimens religieux de ſon pere. Le Nil s'étant débordé, il lança un javelot contre le fleuve & il fut puni de ſon impiété par la perte de la vûe.

*Protée*; qui régna l'an du monde 2800, étoit de Memphis, où du tems d'Hérodote, on voyoit encore ſon temple, dans lequel il y avoit une chapelle dédiée à Vénus l'étrangere, que l'on conjecture être Hélene.

*Rhampſinit*. Juſqu'à ce dernier Roi, il y avoit eu dans le Gouvernement de l'Egypte, quelque ombre de juſtice & de modération, mais ſous les deux régnes suivans, la violence & la dureté en prirent la place.

*Chéops* & *Chephren.* Ces deux Princes se signalerent à l'envi l'un de l'autre par une impiété ouverte à l'égard des Dieux, & par leur inhumanité à l'égard des hommes. Le premier régna 50 ans, & le second après lui 56. Ils tinrent les temples fermés pendant tout le tems de leur régne ; ils accablerent leurs sujets de travaux, & firent périr un nombre infini d'hommes, pour satisfaire la folle ambition qu'ils avoient de s'immortaliser par des bâtimens d'une grandeur énorme.

*Mycerinus* étoit fils de Céops, mais loin de marcher sur les traces de son pere il détesta sa conduite, & suivit une route opposée. Il r'ouvrit les temples des Dieux, rétablit les sacrifices, & s'appliqua à soulager les peuples.

*Asychis.* Ce fut lui qui établit la loi sur les emprunts, dont j'ai parlé ci-dessus. Il surpassa tous ses prédécesseurs par la construction d'une pyramide de brique, plus magnifique que toutes celles qu'on avoit vûes jusqu'alors.

*Pharaon* régnoit l'an 2991 du monde, & donna sa fille en mariage à Salomon Roi d'Israël.

*Séſao*, appellé autrement *Seſonchis*, régnoit l'an 3026 du monde, & ce fut vers lui que se réfugia Jéroboam, pour éviter la colere de Salomon qui vouloit se faire mourir.

*Zara*, Roi d'Ethiopie, l'an du monde 3063, & sans doute Roi d'Egypte, fit la guerre à Aſa Roi de Juda. Son armée étoit composée d'un million d'hommes, & de trois cents chariots de guerre, mais Aſa la mit en déroute.

*Anyſis*. Il étoit aveugle, & ce fut sous son régne que *Sabacui*, Roi d'Ethiopie, entra avec une armée nombreuse en Egypte, & s'en rendit maître. Il régna avec beaucoup de douceur & de justice. Au lieu de faire mourir les criminels, il les faisoit travailler chacun dans leurs villes aux réparations des levées sur lesquelles elles étoient situées. Il bâtit plusieurs temples magnifiques, un entr'autres dans la ville de *Bubaſte*, dont Hérodote nous a donné la description.

*Sethon* régna quatorze ans. C'est

le même que *Sevéchus*, fils de *Sabacon*, ou *Sual* Ethiopien, qui avoit régné si long-tems en Egypte. Ce Prince au lieu de s'acquitter des fonctions d'un Roi, affecta celles d'un Prêtre, s'étant fait consacrer Souverain Pontife de Vulcain. Il méprisa les gens de guerre, qui à leur tour l'abandonnerent dans une guerre qu'il eut avec Sannacherib, dont il ne se tira, selon Hérodote, que par une protection miraculeuse.

*Tharaca* régnoit l'an du monde 3299. C'est le même qui vint avec une armée d'Ethiopiens au secours de Jérusalem avec Séthon. Lorsque celui-ci mourut, après avoir occupé le thrône pendant quatorze ans, Tharaca y monta, & le tint pendant dix-huit ans. Ce fut le dernier des Rois Ethiopiens qui régnerent en Egypte. Après sa mort, les Egyptiens furent dans un état d'anarchie accompagné de grands désordres.

L'an 3319 du monde, 685 ans avant Jesus-Christ, douze des principaux Seigneurs s'étant ligués ensemble, se saisirent du Royaume, & le partagerent entr'eux en douze parties. Ce font eux que l'on nomme les douze Rois.

Le premier fut *Pfammitique*, qui régna l'an 3334 du monde, 670 ans avant J. C. Il établit les Ioniens & les Cariens dans l'Egypte, & leur affigna de bons fonds de terre, & des revenus qui leur firent bientôt oublier leur patrie. Il leur donna de jeunes enfans Egyptiens à élever, à qui ils apprirent leur langue, au moyen de quoi les Egyptiens entrerent en commerce avec les Grecs. Ce Prince mourut l'an vingt-quatre de Jofias Roide Juda, & eut pour fucceffeur fon fils *Néchao*.

*Néchao.* L'écriture fait fouvent mention de ce Prince fous le nom de Pharaon Néchao. Il entreprit de joindre le Nil avec la mer rouge, en tirant un canal de l'un à l'autre. L'efpace eft de cinquante lieues, & après avoir fait périr cent vingt mille hommes dans ce travail, il fut obligé de l'abandonner, l'oracle lui ayant répondu que par ce nouveau canal, il ouvriroit une entrée aux barbares. Il réuffit mieux dans une autre entreprife. D'habiles mariniers de Phénicie qu'il avoit pris à fon fervice, étant partis de la mer rouge, firent le tour de l'Afrique, & retournerent au bout de trois ans en Egypte par le détroit de Gibraltar. Néchao étant mort après avoir régné seize ans, laissa le Royaume à son fils.

*Psammis.* Son régne ne fut que de six ans. Il fit une expédition dans l'Ethiopie.

*Apriès.* Il est appellé dans l'écriture Pharaon Ephrée ou Ophra. Il succéda à son pere Psammis l'an du monde 3410, & régna vingt-huit ans. Il porta ses armes contre l'Isle de Chypre, il attaqua par terre & par mer la ville de Sidon, la prit, & se rendit maître de la Phénicie & de la Palestine.

*Amasis.* Après la mort d'Apriès, Amasis devint possesseur de l'Egypte l'an du monde 3435, & en occupa le thrône pendant quarante ans. Il étoit selon Platon, de la ville de Saïs, & de basse naissance. Comme les peuples en faisoient peu de cas & le méprisoient, il crut devoir ménager les esprits, & les rappeller à leur devoir par la douceur & par la raison. Il avoit une cuvette d'or, où lui & tous ceux qui mangoient, geoient à sa table, se lavoient les pieds. Il la fit fondre, & en fit faire une statue, qu'il exposa à la venération publique. Les peuples rendirent à cette statue toutes sortes d'hommages. Le Roi les ayant assemblés, leur exposa le vil usage auquel cette statue avoit d'abord servi, ce qui ne les empêchoit pas de se prosterner devant elle. Cette parabole eut tout le succès qu'il en pouvoit attendre, & les peuples, depuis ce jour, eurent pour lui tout le respect qui est dû à la Majesté Royale.

Ce fut lui qui obligea les particuliers d'inscrire leurs noms chez le Magistrat, & de marquer de quelle profession ils vivoient. Il bâtit plusieurs temples magnifiques, particulierement à Saïs. Il consideroit fort les Grecs, & leur accorda de grands priviléges. Il conquit l'Isle de Chypre & la rendit tributaire. Ce fut sous son régne que Pythagore vint en Egypte.

*Psammenit.* Ce Prince monta sur le thrône d'Egypte l'an du monde 3479, & ne régna que six mois. Cambyse le fit mourir, & toute l'Egypte se soumit au vainqueur. C'est ici que finit la suite des Rois d'Egypte, & depuis lors l'histoire de ce pays se trouve confondue avec celle des Perses & des Grecs jusqu'à la mort d'Alexandre, que s'éleva une nouvelle Monarchie, fondée par Ptolémée fils de Lagus.

*Fin du Tome VII.*

# TABLE
## DES CHAPITRES,

Contenus dans le septieme Volume.

Chap. III. Du Cercle de la Haute-Saxe, 1.
Chap. IV. De la Bohême, 19.
Chap. V. Le Cercle de Bavière, 28.
Chap. VI. de la Haute & de la Basse-Autriche, 31.
Chap. VII. De quelques villes de la Hongrie qui sont dans les environs de Vienne, & entre Presbourg & Bude, 41.
Chap. VIII. De Bude, & de quelques autres Contrées de la Hongrie & de la Croatie, 57.
Chap. IX. De la Stirie, 69.
Chap. X. De la Carinthie, 76.
Chap. XI. Du Comté de Gorice, & du Duché de Carniole, 84.
Chap. XII. De l'Istrie, 100.
XIII. Du Frioul & de quelques autres Contrées d'Italie, 106.
Chap. XIV. Des Isles de Grado, Gos-

gli, & de quelques autres Contrées d'Italie, 116.

# LIVRE VI.

Obfervations Géographiques.

Chap. I. Remarques fur l'ancienne Géographie, 119.
Chap. II. Itinéraire d'Europe, 127.
Chap. III. Conclufion, avec des réflexions fur les voyages, les mœurs, les coutumes des peuples, & la viciffitude des chofes humaines, 243.
Additions & Remarques Hiftoriques & critiques du tome IV, 247.
Additions & Remarques Hiftoriques & critiques du tome V, 254.
Additions & Remarques Hiftoriques & critiques du tome VI, 294.
Remarques à ajouter à celles de l'article d'Egypte contenues dans le premier volume, 320.
Sur la Paleftine & la mer morte, 235.
Defcription de plufieurs plantes curieufes qui croiffent dans les Ifles de l'Archipel, & dans quelques autres Contrées du levant, 351.
Differtation Hiftorique fur l'Egypte & fur les Rois qui l'ont gouvernée, 392.

www.ingramcontent.com/pod-product-compliance
Lightning Source LLC
Chambersburg PA
CBHW071945220426
43662CB00009B/998